高职高专"十二五"规划教材

# 现代物流基础与实务

主　编　申作兰　戴　航　李海民
副主编　王　韦　林德山　李文杰

中国轻工业出版社

图书在版编目(CIP)数据

现代物流基础与实务/申作兰,戴航,李海民主编. —北京:中国轻工业出版社,2019.12
高职高专"十二五"规划教材
ISBN 978-7-5019-8149-6

Ⅰ. ①现… Ⅱ. ①申… ②戴… ③李… Ⅲ. ①物流—高等职业教育—教材 Ⅳ. ①F252

中国版本图书馆 CIP 数据核字(2011)第 082239 号

责任编辑:张文佳  责任终审:劳国强  封面设计:锋尚设计
版式设计:王超男  责任校对:燕 杰  责任监印:张 可

出版发行:中国轻工业出版社(北京东长安街6号,邮编:100740)
印　　刷:三河市万龙印装有限公司
经　　销:各地新华书店
版　　次:2019 年 12 月第 1 版第 4 次印刷
开　　本:720×1000　1/16　印张:14.25
字　　数:301 千字
书　　号:ISBN 978-7-5019-8149-6　定价:30.00 元

邮购电话:010-65241695
发行电话:010-85119835　传真:85113293
网　　址:http://www.chlip.com.cn
Email:club@chlip.com.cn
如发现图书残缺请与我社邮购联系调换
191485J2C104ZBW

# 前言

随着世界经济的快速发展和现代科学技术的进步,物流产业作为国民经济中一个新兴的服务部门,正在全球范围内迅速发展。在国际上,物流产业被认为是国民经济发展的动脉和基础产业,其发展程度成为衡量一国现代化程度和综合国力的重要标志之一,被喻为促进经济发展的"加速器"。在中国加入WTO后,中国经济融入世界经济一体化进程加快的背景下,无论是在国际市场还是在国内市场,我国企业都面临着巨大的、全方位的国际竞争压力。加快中国物流产业的发展已经不仅仅是强化物流领域的竞争能力问题,更重要的是,为所有的中国企业和整个国民经济创造一个高效的物流环境,提供高水平的物流服务,从整体上提高中国企业和中国经济的竞争能力,这对促进中国经济发展有十分重要的现实意义。

现代物流业对我国未来经济发展的作用巨大,但由于我国现代物流业起步晚、底子薄,现阶段我国物流业的发展面临着各种各样的困难。最主要的困难就在于我国物流行业中缺乏大量合格的各级各类物流专业人才。其中,物流职业技能人才的需求缺口尤为突出。

为适应我国现代物流业的发展,满足职业技术院校开展物流专业教育和物流职业技能人才培养的需要,为使本书能真正成为贴近职业教育需求的教材,作者在总结多年物流教学经验教训的基础上编写了本书。本书在借鉴和吸收国内外现代物流先进基本理论和最新研究成果的基础上,密切结合我国物流发展与物流职业教育的实际,对现代物流做了全面的介绍。本书的特点主要有:1.采用模块化的编写体例设计,紧紧围绕高职高专培养岗位第一线所需要的高技能专门人才的目标,以先进的编排理念、独创的知识结构为基础,力求理论知识简洁明了,编写中尽量做到简明扼要、条理清晰,便于教学。每个项目附有学习目标、引导案例、任务实施(步骤、方法、应用)、拓展知识等。既适应高职高专学校非物流专业应用型人才培养的需要,又给物流专业学生留出进一步深入学习的空间。2.结合我国物流发展的现状,针对物流活动和物流管理实践提出问题,以专业的实践性、应用性和普及性为主,抽象叙述少,图谱力求精良,形象资料多、生动实例多。3.为方便教学,本书配备了相应的电子教案。

本书由日照职业技术学院申作兰、东莞职业技术学院戴航、山东交通职业技术学院李海民任主编,安徽工商职业学院王韦、日照职业技术学院林德山、李文杰任副主编。具体分工如下：申作兰编写第一、第二模块，戴航编写第三模块，李海民编写第七模块，王韦编写第四模块，林德山编写第五模块，李文杰编写第六模块。

由于编者水平有限，成稿时间仓促，书中难免有不妥之处，真诚地希望得到广大读者的批评、指正。

编者

2011年4月

# 目录

模块一　现代物流与现代物流管理概述 ..................................................... 1

模块二　现代物流功能 ............................................................................. 22
 项目一　仓储 .................................................................................... 22
 项目二　运输 .................................................................................... 36
 项目三　装卸搬运 ............................................................................. 56
 项目四　配送 .................................................................................... 65
 项目五　流通加工 ............................................................................. 83
 项目六　包装 .................................................................................... 95
 项目七　物流信息 ........................................................................... 106

模块三　第三方物流与国际物流 ........................................................... 126
 项目一　第三方物流 ....................................................................... 126
 项目二　国际物流 ........................................................................... 137

模块四　供应链与企业物流 ................................................................... 148
 项目一　供应链 .............................................................................. 148
 项目二　企业物流 ........................................................................... 159

模块五　物流信息技术 ........................................................................... 170
 项目一　条形码技术 ....................................................................... 170
 项目二　RFID技术、EDI技术、GIS技术、GPS技术、EOS系统 ......... 178

模块六　电子商务物流 ........................................................................... 193

模块七　绿色物流与冷链物流 ............................................................... 210

参考文献 ................................................................................................. 220

## 模块一  现代物流与现代物流管理概述

### 学习目标

1. 掌握物流管理的含义、性质及作用
2. 了解物流管理的分类
3. 掌握现代物流管理的含义、三个阶段，了解其发展趋势

### 技能知识

现代物流的含义、性质及作用，现代物流的特点，物流的分类，现代物流管理的含义、三个阶段及发展趋势

### 引导案例

#### 奥康物流运作三个零

**物流管理零库存**

1998年以前，奥康沿用以产定销营销模式。当时整个温州企业的物流形式都是总部生产什么，营销人员就推销什么，代理商就卖什么。这种模式导致与市场需求脱离、库存加大、利润降低。

1999年，奥康开始实施产、销两分离，全面导入订单制，即生产部门生产什么，不是生产部门说了算，而是营销部门说了算。营销部门根据市场的信息、分公司的需求、代理商的订单进行信息整合，最后形成需求，向生产部门下订单。这样，奥康的以销定产物流运作模式慢慢形成。

2004年以前，奥康在深圳、重庆等地外加工生产的鞋子必须通过托运部统一托运到温州总部，经质检合格后方可分销到全国各个省级公司，再由省级公司向各个专卖店和销售网点进行销售。没有通过质检的鞋子需要重新打回生产厂家，修改合格以后再托运到温州总部。这样一来，既浪费人力、物力，又浪费了大量的时间，加上鞋子是季节性较强的产品，错过上市最佳时机，很可能导致这一季的鞋子积压。

经过不断探索与实践，奥康运用将别人的工厂变成自己仓库的方法，解决这一问

题。具体操作方法是：假如奥康在深圳、重庆生产加工的鞋子无需托运回温州总部，只需温州总部派出质检人员前往生产厂家进行质量检验，质量合格后生产厂家就可直接从当地向奥康各省级公司进行发货，再由省级公司向各营销点进行分销。当时机成熟时，奥康完全可以撤销省级的仓库，借用别人的工厂和仓库来储存奥康的产品，甚至可以直接从生产厂家将产品发往当地直销点。这样，既节省大量人力、物力、财力，又节省了大量时间，使鞋子紧跟市场流行趋势。同时，可以大量减少库存甚至保持零库存。按照这样的方法，奥康在30多家省级公司不需要设置任何仓库，温州总部也只需设一个中转仓库就可以了。

**物流运营零成本**

奥康提出的物流运营零成本并非是物流运营不花一分钱，只是通过一种有效的运营方式，极大限度地降低成本，提高产品利润。

现代市场的竞争，就是比谁看得准、谁下手狠。特别是对皮鞋行业而言，许多产品是季节性的。对这类产品，就是比时间、比速度。对一些畅销品种，如果能抢先对手一星期上货、一个月出货，就意味着抢先占领了市场。而对于市场的管理终极目标也在于此，如果你的产品慢于对手一步，就会形成积压。

积压下来无法销售掉的鞋子将会进行降价处理，如此一来，利润减少，物流成本加大。实在处理不掉的鞋子，将统一打回总部，二次运输成本随之产生，物流成本也就在无形之中增加了。据了解，奥康将一年分为8个季，鞋子基本上做到越季上市。一般情况下，在秋季尚未到来的半个月前，秋鞋必须摆上柜台。这在一定程度上考验奥康的开发设计能力，必须准确地把握产品的时尚潮流信息。为此，奥康在广州、米兰等地设立信息中心，将国际最前沿的流行信息在第一时间反馈到温州总部。这样就可以做到产品开发满足市场需求、减少库存、增加利润。

很多消费者可能都有这样一种经历，电视台上有些大打广告的产品，当你心动准备去购买的时候，跑遍了所在城市的每一个角落，也找不到它们的踪影。如此一来，信息成本加大，进一步导致利润降低。

奥康的广告策略是广告与产品同时上市或广告略迟于产品上市。这样既可以使产品在上市之初进行预热，又可以收集到产品上市后的相关信息，有利于对返单的鞋子进行产品宣传及进一步的开发设计，达到高销量的要求。同时也降低了物流运营成本。

**物流配送零距离**

以最短的时间、路程对产品进行配送。传统的库存管理主要通过手工做账与每月盘点的方法来实现，但面对当今市场高速运行、皮鞋季节分化日益明显的态势，不能及时清晰对库存结构及数量做出准确的反映，就会在企业的运营中出现非常被动的局面。有时你的库存处于警戒线后，你必须在一个月后，经过全国大盘点后才可以得知，而这时，当你想进行调整的时候已经有些晚了。

为此，奥康采用了用友U8系统，并已在整个集团公司应用ERP系统。着手建立了全国营销的分销系统，为每个分公司、办事处配备电脑，并与总部电脑进行连接，使各网点与总部联网，最后达到信息快速共享的目的。

这样，总部与分公司、分公司与终端网点的信息沟通、反馈及处理就全部在电脑上操作完成。形成一个快速的信息反应链，这样每个销售分公司的销售网点每天的销售情况就一目了然了。

现在，无论到奥康全国任何一个分公司、办事处的任何一台电脑上，都可以了解到公司产品的库存总数、当天销售、累计销售、某一类型产品的数量及尺码，总部对一些畅销品种就能马上做出反应，打好时间战，产品的南货北调迅速完成。促进了总部的决策活动与全国物流整体把握，把全国物流风险降低，提高整体的经济效益。

奥康现在除了在中国台湾、香港、澳门三地没有设立营销机构外，在全国31个省市、自治区都拥有自己的营销网络，106个营销机构，2000多家连锁专卖店，1000多家店中店，并在意大利的米兰成立了分公司，在西班牙的马德里设立办事处。强大的终端网络，促使奥康物流"能流"、"速流"。现在，奥康产品三天之内就可以通过专卖店及商场专柜等终端出现在消费者面前，实现了营销工作的第一步"买得到"。

同样一款夏季凉鞋，出现在吉林和海南两地市场上的时间差绝不会超过一天，出现在浙江和北京市场上的时间差不会超过两天，只有这种完善的营销网络才能做到物畅其流。

分析：奥康采取了哪些措施使物流运作为三个零？

资料来源：考试吧http://www.exam8.com

# 相关知识

## 一、物流的概念与含义

"物流"这个概念虽然只有几十年的历史，但物流活动却是历史悠久，从人类社会开始有产品交换行为就存在物流活动。人类对于物流的认识是社会生产力发展状况在人们头脑中的必然反映。因此，物流也是一个不断演进的概念，它经历了从传统意义上的实物配送PD（physical distribution）到今天的现代物流（logistics）的转变过程。

### （一）物流概念的演变

#### 1."Distribution"的出现及其含义

"Distribution"一词最早出现在美国。1915年阿奇·萧在《市场流通中的若干问题》（Some Problems in Market Distribution）一书中提到："物资经过时间或空间的转移，会产生附加价值。"20世纪30年代初，在一部关于市场营销的基础教科书中，开始涉及物流运输、物资储存等业务的实物供应这一名词，该书将市场营销定义为"影响产品所有权转移和产品的实物流通活动"。1935年，美国销售协会最早对物流进行了定义："物流（Physical Distribution）是包含于销售之中的物质资料和服务以及从生产地点到消费地点流动过程中伴随的种种活动"。上述历史被人们普遍地认为是物流的早期阶段。

### 2."Logistics"的出现及其含义

1986年，美国物流管理协会（NCPDM；National Council of Physical Distribution Management）改名为CLM，即The Council of Logistics Management。改名后的美国物流协会（CLM）对Logistics所做的定义是："以适合于顾客的要求为目的，对原材料、在制品、制成品及与其关联的信息，从产业地点到消费地点之间的流通与保管，为求成本收益率最高而进行计划、执行和控制。"Logistics与Physical Distribution的不同在于Logistics已突破了商品流通的范围，把物流活动扩大到生产领域。

## （二）现代物流的含义

简单地说，现代物流指的是将信息、运输、仓储、库存、装卸搬运以及包装等物流活动综合起来的一种新型的集成式管理，其任务是尽可能降低物流的总成本，为顾客提供最好的服务。对于现代物流的定义还有多种不同的阐述：

（1）美国后勤管理协会认为现代物流是："有计划地将原材料、半成品及产成品由产地送至消费地的所有流通活动。"

（2）日本通产省的研究所认为："现代物流是商品从卖方到买方的全部转移过程。"

（3）美国物流协会的7R（Right）定义认为："现代物流是在合适的时间、地点和合适的条件下，将合适的产品以合适的方式和合适的成本提供给合适的消费者。"

（4）在我国国家标准《物流术语》的定义中指出：物流是"物品从供应地到接收地的实体流动过程，根据实际需要，将运输、储存、装卸、搬运、包装、流通加工、配送、信息处理等基本功能实施有机结合。"

# 二、物流的性质和作用

物流自始至终构成流通的物质内容，没有物流，也就不存在实际的物资流通过程，物资的价值和使用价值就不能实现，社会再生产就无法进行。

## （一）物流的性质

### 1.物流的生产性质

从事物资的包装、装卸、运输、储存、加工等物流工作与从事物质资料生产的工业企业虽然在生产内容和形式上有所不同，但都具有生产性质。无论是生产企业的物流，还是流通领域的物流都是一样。这是因为：

（1）物流是社会再生产中的必要环节。物流虽然不能使物资的使用价值增加，但是能够保持已创造的使用价值不受损失，解决产品的生产和消费在时间上和空间上的矛盾，从而为物资的使用价值的最后实现创造条件。从这个意义上说，这种从事物流的一系列工作同样像物资的生产一样能够创造价值。正因为物流所付出的劳动与实现物资的使用价值直接联系，所以它是社会必要劳动。

（2）物流同样具备生产力三要素，即劳动力、劳动资料和劳动对象。为了保证物流活动的正常进行，就必须具备各种机械设备和工具等，这是劳动资料要素；物流的劳动对象是流动着的各种实物；从事物流工作的人是物流生产的劳动者。从这个意义上说，物流活动是具有一定物流工作技能的劳动者通过各种物流设施、物流机械、劳动工具对物质资料进行时间和空间的转移而进行的社会经济活动。

物流的生产性质是由物资供求的时空矛盾以及物资自身的物理、化学性能即自然属性所决定的。因此，它与生产力发展有着直接联系，故我们可称之为物流的自然性质。

**2. 物流的社会性质**

物流的社会性质是由一定的社会生产关系决定的性质。在不同的社会经济形态中物流除受到它自身运动规律的影响之外，亦常常受到物资所有者和物流组织者个人意志的影响。这种由社会形式和一定生产关系所决定的物流的社会属性，提醒人们在研究物流时应注重社会形式的研究，使物流能满足我国社会主义市场经济建设的需要，能反映出我国社会主义市场经济的交换关系，并为运行物流的主体提供经济效益。

**3. 物流的服务性质**

正如我们在前文所述，军事后勤为部队和战争服务，工业后勤为制造业的生产和经营服务，商业后勤为商业运行和顾客服务。企业物流是企业生产和经营的基础；国民经济物流是国民经济的命脉；国际物流是国际贸易最终的实现手段，也是经济全球化的基石。总之，物流的核心是服务。

（二）物流的作用

**1. 物流是实现商品价值和使用价值的条件**

无论是生产资料商品还是生活资料商品，在其进入生产性消费和生活消费之前，其价值和使用价值始终是潜在的。为了能把这种潜在变为现实，物资必须借助其实物运动即物流来得以实现。物流是实现商品价值和使用价值的条件。

从生产资料的物流上看，物流具有将生产资料按质、按量、及时、齐备、均衡地供应给生产单位以各种物资的功能。生产资料物流的畅通与否将直接影响生产能否顺利进行。物流的合理组织能按照生产的需要及时为生产提供劳动资料和劳动对象，从而促进生产的迅速发展。

从生活资料的物流上看，国民收入中的消费基金能否实现最终还需要取决于物流的畅通。消费基金最终都要转化为实物。物流一方面能有效地促进资金的周转、货币的回笼,另一方面又不断地满足消费者对生活资料的需求。

**2. 合理的物流对提高全社会的经济效益起着十分重要的作用**

所谓经济效益一般是指各种社会实践活动劳动占用和物质消耗有效性的评价。合理的物流不仅能够节约大量的物质资料,对于消除迂回、相向、过远等不合理运输,节约运力也具有重要作用。合理的物流,还可以减少库存,加速周转,更充分地发挥现有物资的效用。物资的储存应在满足期望的服务水平的前提下,储量越少越好。

### (三) 物流在国民经济中的地位

**1. 物流是国民经济的动脉,是连接国民经济各个部分的纽带**

任何一个国家的经济,都是由众多的产业、部门和企业组成的整体。企业间相互依赖而又相互竞争,形成了极其复杂的关系。物流是维系这种复杂关系的纽带。随着科学技术的发展和新技术革命的兴起,由此带来的巨大变化在我国国民经济发展中出现了经济结构、产业结构、消费结构的一系列变化。把国民经济中众多的企业、复杂多变的产业结构以及成千上万种产品连接起来形成一个整体,物流起到的作用如同人体上的动脉系统。

**2. 物流技术的进步与发展是决定国民经济生产规模和产业结构变化的重要因素**

我国社会主义市场经济和商品生产的发展要求生产社会化、专业化、规范化。但是,如果没有物流技术的进步和发展,这些要求是很难实现的。例如,煤炭、石油、钢铁、水泥的大量生产和大量消费要求运输事业与高速发展相适应。物流技术的发展,从根本上改变了产品的生产和消费条件,为经济的发展创造了重要前提。而且,随着现代科学技术的发展,物流对生产发展的这种制约作用也就越为明显。

**3. 物流是生产过程不断进行的前提,又是实现商品流通的物质基础**

国民经济是一个不断生产、不断消费、连续不断的循环过程。一个企业的生产要不间断地进行,一方面必须按照生产所需要的数量、质量、品种、规格和时间不间断地供给原材料、燃料、工具和设备等生产资料。另一方面,它又必须把自己生产的产品供应给其他企业。这就是说物流是保证物质资料不间断地流入生产企业,又是生产企业生产的产品不间断地流向国民经济各部门的保证。当然,在生产企业内部,各种物质资料在各个生产场所和工序间的相继传送,是保证生产顺利进行的前提条件。

商品流通是商流与物流的有机结合,没有物流就无法完成商品的流通过程。物流能力的大小,包括运输、装卸、包装、储存等能力的大小强弱,都直接决定着商品流通的规模和速度,也影响着流通的深度和广度。要达到"货畅其流",物流是其坚实的基础。

## 三、物流的特点

随着市场经济的发展和科学技术的不断进步，加之世界经济一体化的逐步形成，生产社会化的范围已经越出一个国家的界限。而现代物流也是现代经济发展的一个环节，同时也是现代社会生活对物流发展提出的新要求。因此，现代物流具有如下特征。

**1. 市场化**

现代物流是市场化的产物，也是市场化高度发达的标志。也许有人认为市场化不能作为现代物流的基本特征。实际上，现代物流作业的各个方面都是在市场化的前提下实现的，没有市场化就更不会有完善的现代化的大物流。在市场不发达的简单商品生产条件下，所有应由现代物流完成的工作全部由企业自己承担。将我国物流发展现状和国际上发达国家作一比较，更可以清楚地看出现代物流的市场化基本特征。在发达国家，几乎所有企业都实现了采购配送物流和产品销售物流的第三方服务，相比之下我国则少得可怜（不足10%）。这是为什么？答案就是市场化程度的差距。也许有人认为，以国家宏观计划调拨的方式不是也可以解决吗？殊不知现代物流是十分复杂的体系，各方面的配合十分严密，只有以市场竞争的方式调动各种因素，才能发展起来，任何超越市场机制的人工方式都是难以实现的。

**2. 集约化**

目前人们对集约化经营虽然有不同的理解，但是高效率则是其中应有之意。集约化经营之所以效率高，有两方面的主要原因：一是实现了社会化服务的大物流，二是物流技术水平高。在社会化服务的条件下，商业、仓储、港口、码头（包括公路、铁路、航空等）、会展等基础设施建设比较发达，委托代理机构健全，大部分企业都实现了物资采购的配送，第三方物流服务也较为普遍。同时，现代物流的技术高度发达，在上述各方面的基础设施基本上都实现了机械化、自动化和信息化。所以，生产效率很高，每个物流行业职工所完成的以市场价值表示的工作量大大高出社会平均数，而且作为第三产业的物流产业，在国民经济中占据重要位置。

**3. 漩涡式**

和上一个问题相联系的是，在集约化经营的条件下，就必然会形成现代化所特有的漩涡式物流。所谓漩涡式物流就是众多的企业生产所需要的原材料物资和生产出来的产品，由少数物流企业供给或销售，也就是说一个物流企业承担多个生产企业所需要的生产资料的供给，或一个物流企业推销多个生产企业生产出来的产品。这样，如同广阔的水面，从不多的几个水口下泄，从而形成漩涡式水流。这样就克服了在小生产的条件下每个企业都有自己的物质采购员和产品推销员，在实现物流社会化服务的同时，实现了集约化经营的高效率。运输也是如此。不论是哪种企业，其运输都不应当自我服务，都应当实现服务的社会化。毕竟一个企业的运输量太小了，那种小生产式的自我服务，投资大，效率低，成本高，管理难度大。漩涡式的物流是物流企业大型化、规模化的在物流形态上的表现形式。

**4. 系统性**

由于物流社会化服务本身就是社会化大生产的产物，其生产过程涉及很多部门，很多环节，所以现代物流的生产过程体现了十分明显的系统性特征。而且物流涉及的每一方面都是不可或缺的，它们起着各自的作用，共同构成了一个物流产业。例如商业，有人认为物流不包括商业，其实不然，商业在物流中起着掘渠的作用。假定简单地说物流就是商品的位移是正确的，那么顺着什么方向位移呢？这里就离不开商业的先导位置。一个商人将北京的产品贩卖到广州，另一个商人将中国的产品贩卖到欧洲，这就决定了商品的流向，所以商业是物流中的重要环节。再如运输，有人认为物流就是运输，这也不全面。运输可以说是物流的动力，是机械性的载体，它以各种方式将商品由一个地方运送到另一个地方，使商品的位移得以实现。再如仓储，犹如物流系统中的水库，仓储在物中起着蓄水池的作用，没有仓储就没有社会化的大物流。还有车站、码头、港口、机场、商检等，就是物流的闸门，开启闸门，商品就顺着事先开掘好的渠道，在运输工具的承载下流向目的地。以上各个方面（其实还有其他一些方面）都有各自的工作内容和程序，而且环环紧扣，相互连接，形成一个完整的社会化物流体系。

**5. 国际化**

国际化是现代物流的发展趋势，它是物流国际市场不断开拓的结果，也是国际贸易发展的需求。由于物资资料的生产和贸易发展已经越出一国的界限，为其服务的物流也必然在世界范围展开。因而使得物流作为一个产业在外延上更加庞大，在内涵上更加丰富，在组织上更加复杂，在技术上水平更高。和其他方面一样，物流在国际上的发展，使国际经济的联系也更加密切了。同时在组织管理方面，涉及外贸的法律、政策以及与其相配套的口岸、商检等成为国家政权不可或缺的重要组成部分。为了使物流能够在国际间实现，以大型远洋运输船队、航空货运等运输手段快速发展起来以及与此相配套的港口、机场、大型仓储等也得到相应发展。至于实现物流生产的货代等组织，更是成为典型的国际化企业。

## 四、物流的分类

根据物流的需求、物流在社会再生产过程中的地位与作用等不同角度，可以将物流划分为不同类型。在物流研究与实践过程中，针对不同类型的物流，需要采取不同的运作方式、管理方法等；针对相同类型的物流活动，可以进行类比分析、规模整合等。

## （一）物流按其研究范围的大小可分为微观物流和宏观物流

### 1. 微观物流

消费者、生产者企业所从事的实际、具体的物流活动；在整个物流活动中，其中的一个局部、一个环节的具体物流活动；在一个小地域空间范围发生的具体物流活动都属于微观物流。

针对某一种具体产品所进行的物流活动也是微观物流。我们经常涉及的下述物流活动皆属于微观物流，即：供应物流、生产物流、销售物流、回收物流、废弃物流、生活物流等，微观物流研究的特点是具体性、实务性、局部性和可操作性。

由此可见，微观物流是更贴近具体企业的物流，其研究领域十分广阔。

### 2. 宏观物流

宏观物流是指社会生产总体的物流活动，从社会再生产总体角度认识和研究物流活动。这种物流活动的参与者是构成社会总体的大产业、大集团。宏观物流也就是研究社会再生产的总体物流，研究产业集团的物流活动和物流行为。

宏观物流还可以从空间范畴来理解，在很大空间范畴的物流活动，往往带有宏观性，在很小范围的物流很多往往带有微观性。

宏观物流也指物流全体，是从总体来看物流，而不是从物流的某一个构成环节即个体来看物流。

## （二）物流按其活动的空间范围的不同，可分为城市物流、区域物流和国际物流

### 1. 城市物流

城市物流是众多企业的微观物流向城市之间的宏观物流的一种过渡，即输入城市的宏观物流通过城市物流将其分散成成千上万的微观物流；而成千上万企业输出的微观物流又必须通过城市物流汇集成输出城市的宏观物流。

城市物流要研究的问题很多。例如：城市的发展规划问题，不但要直接规划物流设施及物流项目，如建公路、修桥梁、建物流园地、建仓库等；而且，需要以物流为约束条件，来规划整个市区，如工厂、住宅、车站、机场等。物流已成为世界各大城市规划和城市建设研究的一个重点。

在城市形成之后，整个城市的经济、政治、文化及民众活动也是以物流为依托的，所以城市物流还要研究城市生产、生活所需商品如何流入，又如何以更有效的形式供应给每个工厂、每个机关、每个学校和每个家庭，城市巨大的耗费所形成的废物又如何组织回收物流等。可以说城市物流的内涵十分丰富，很有研究价值。

### 2. 区域物流

在一个国家范围内的一个经济区域的物流都处于同一法律、规章、制度之下，都受相同文化及社会因素的影响，都处于基本相同的科学技术水平和装备水平之中，因而，都有其相同的特点，即区域性。研究各个国家的物流，找出其区

别及差异所在，找出其连接点和共同因素，这是研究国际物流的重要基础。物流有共性，但不同国家有其特性，例如日本的物流，海运是其非常突出的特点，日本国土狭小，覆盖全国的配送系统也很有特点。美国的物流中，大型汽车的作用非常突出，欧洲各国由于一体化进程，各国分工的特点也很突出等。这种研究不但对认识各国的物流特点会有所帮助，而且对促进互相学习、促进发展方面作用巨大。日本就是在研究了美国物流的基础上，吸收、消化、发展起独具特色的现代日本物流。

区域物流研究的侧重点，是城乡之间、城市之间的物流。鉴于区域物流涉及领域较多，既要有利于促进物流合理化，也要有利于从社会经济可持续发展的角度考虑缓解诸多社会问题，所以可以把区域物流表述为"在某些区域规划和建立促进社会经济最佳战略实现的物流系统及其运营与管理的有关活动"。世界各国经济的发展，一个非常重要的共同点：社会分工的细化和国际合作的加强，以致使一个城市及周边地区，都逐渐形成小的经济区域，这成了社会分工、国际合作的重要微观基础。城市经济区域的发展有赖于物流系统的建立和运行。

**3. 国际物流**

国际物流是相对于国内物流而言的，是不同国家之间的物流。当前世界经济发展的主流是一体化，国家与国家之间的经济交往越来越频繁，如果一个国家不投身于国际经济大环境中，那么本国的经济技术也得不到良好的发展。目前各国的工业生产、商业贸易和服务业已走向了社会化和国际化，出现了许多跨国公司，一个企业的经济活动范围可以遍及世界各大洲。国家之间、洲际之间的原材料与产品的流通越来越畅通。因此，国际物流的研究已成为现代物流研究的一个重要课题。

**（三）按物流的范畴可分为企业物流和社会物流**

**1. 企业物流**

企业物流即微观物流。企业是一种从事商务活动的经济实体，即为满足顾客需要而提供产品或服务、以赢利为目的的组织。一个生产企业，要首先购进原材料，然后经过若干道生产工序的加工，最后形成产品销售出去。一个运输企业要按照客户的要求将货物运送到指定的地点。这样在经营范围内由生产或服务活动所形成的物流系统就称为企业物流。

依据物流活动发生的先后顺序，可将企业物流细分为供应物流、生产物流、销售物流、回收和废弃物流。

（1）供应物流。包括原材料等一切生产资料的采购、进货、存储、运输、仓库管理和用料管理。为生产企业提供原材料、零部件或其他物品时，物品在提供者与需求者之间的实体流动，称之为供应物流。也就是物品生产者、持有者到使用者之间的物流。对于工厂而言，是指生产活动所需要的原材料、燃料、半成品等的采购、供应活动所产生的物流；对于流通企业而言，是指交易活动中，从买方角度出发的交易行为中所发生的物流。

（2）生产物流。包括生产计划与控制、厂内运输（搬运）、在制品仓储与管理等活动。在生产过程中，从原材料、燃料购进入库起，直到工厂的在制品、半成品、产成品发送为止这一全过程的物流活动称为生产物流。生产物流是制造产品的工厂企业所特有的，它和生产流程同步。生产物流可分为：原材料、零部件、燃料等辅助材料从企业仓库或企业入口开始，进入到生产线的开始端，原材料本身被加工，同时产生一些余料、废料，直到生产加工终结。如果生产物流中断，生产过程也将随之停顿。

（3）销售物流。包括产成品的库存管理、仓储发货运输、订货处理与客户服务等活动。生产企业、流通企业售出产品或商品时，物品在供应方与需求方之间的实体流动过程称为销售物流。对生产企业，是指售出产品；对流通企业是交易活动中，从卖方角度出发的交易行为中所发生的物流。在现代经济活动中，市场主要为买方市场，销售往往以配送到用户并经过售后客户服务才结束。

销售物流的特点是通过包装、送货、配送等一系列的物流活动实现的，这就需要我们研究送货方式、包装水平和运输路线等。

（4）回收和废弃物物流。包括废旧物资、边角余料等的回收利用；各种废弃物的处理（废料、废气、废水等）。在社会生产和商品流通中有一些是要回收并加以再利用的材料。例如作为包装容器的纸箱、塑料框、酒瓶，建筑行业的脚手架、钢模板等就属于这一类物品。还有因时间、质量等原因形成的不合格品。例如，旧报纸、书籍可以通过回收、分类，再造成纸浆加以利用；废旧金属物，由于金属具有良好的再生性，可以回收并重新熔炼成为有用的原材料。因此，回收物流品种繁多，流通渠道复杂，且时常发生变化。

社会生产、人民生活和商品流通活动中所产生的失去原有使用价值的物品即废弃物，可根据物品自身的物理和化学性质进行收集、分类、包装、搬运和储存，并分送到专门的处理场所时所形成的物品实体流动为废弃物物流。例如开采矿山时产生的土石、炼钢生产中的钢渣、工业废水以及其他一些无机物生活垃圾等，已没有再利用的价值。但是如果不妥善处理，会造成严重的环境污染。

**2. 社会物流**

社会物流是指在流通领域里发生的物流，是全社会物流的整体，所以有人也称之为大物流或宏观物流。社会物流的一个重要标志是：它是伴随商业活动（贸易）发生的，也就是说物流过程和所有权的更迭相关。

社会物流属于宏观范畴，包括设备制造、运输、仓储、装饰包装、配送、信息服务等，公共物流和第三方物流贯穿其中。就物流学的整体而言，可以认为其研究对象主要是社会物流。社会物流的流通网络是国民经济的命脉，流通网络分布是否合理，渠道是否畅通都是至关重要的问题。必须对其进行科学管理和有效控制，采用先进的技术手段，保证高效能、低成本运行，这样做可以带来巨大的经济效益和社会效益。

（四）物流按其属性的不同，可分为一般物流和特殊物流

**1. 一般物流**

一般物流是指物流活动的共同点和一般性，物流活动的一个重要特点是涉及全社会、各企业，因此，物流系统的建立，物流活动的开展必须有普遍的适用性。物流系统的基础也在于此，否则，物流活动便有很大的局限性和很小的适用性，物流活动对国民经济和社会发展的作用便大大受限了。

一般物流研究的着眼点在于物流的一般规律，建立普遍实用的物流标准化系统，研究物流的共同功能要素，研究物流与其他系统的结合、衔接，研究物流信息系统及管理体制等。

**2. 特殊物流**

在专门范围、专门领域、特殊行业，遵循一般物流规律的基础上，带有特殊制约因素、特殊应用领域、特殊管理方式、特殊劳动对象、特殊机械装备特点的物流，皆属于特殊物流的范围。特殊物流活动的产生是社会分工的深化、物流活动合理化和精细化的产物，在保持通用的、一般的物流活动前提下，能够有特点并能形成规模，能产生规模经济效益的物流便会形成本身独特的物流活动和物流方式。特殊物流的研究对推动现代物流的发展，其作用是巨大的。特殊物流可进一步划分如下：

（1）按劳动对象的特殊性，有水泥物流、石油及油品物流、煤炭物流、腐蚀化学物品物流、危险品物流等；

（2）按数量及形体不同有多品种、少数量、多批次产品物流，有超大、超长型物品物流等；

（3）按服务方式及服务水平，有"门到门"的一体物流、配送等；

（4）按装备及技术不同有集装箱物流、托盘物流；

（5）在特殊领域里有军事物流、废弃物物流等；

（6）按组织方式有加工物流等。

（五）物流按其运作方式和程度的不同，可分为第三方物流和第四方物流

**1. 第三方物流**

第三方物流是指物流劳务的供方和需方之外的第三方去完成物流服务的物流运作方式。第三方是指提供物流交易双方的部分或全部物流功能的外部服务提供者。第三方物流服务的提供者可分两种：一种是物流代理，自身没有多少固定资产，靠合同或联盟形式调度大批运输或仓储企业，这是典型意义的第三方物流企业，所以有时第三方物流也称合同制物流；一种是综合型物流企业，国外能够提供第三方物流服务者非常多，典型的综合型物流企业，如联邦快递（FedEx）、联合包裹（UPS）、敦豪（DHL）等。在某种意义上可以说，它是物流专业化发展的一种重要形式。第三方物流的发展程度反映和体现着一个国家物流产业发展

的整体水平。

### 2. 第四方物流

第四方物流是指一个供应链集成商，它调集和管理组织自己的且具有互补性的服务提供商的资源、能力和技术，以提供一个综合的物流解决方案。第四方物流是在解决企业物流的基础上，整合社会资源，解决物流信息充分共享、社会物流资源充分利用的问题，同时也是发挥政府职能，在推进中国现代物流产业发展所能做的唯一切入点。而且，中国在加入WTO后，为了提高中国物流企业的国际竞争力，应对跨国物流公司的竞争，短期内不可能通过改造落后的物流企业来实现，只有通过第四方物流才可能实现，这也是中国政府在如何发展现代物流方面所要考虑的一个重点。

### （六）根据作用领域的不同，物流分为生产领域的物流和流通领域的物流

生产领域的物流贯穿生产的整个过程。生产的全过程从原材料的采购开始，便要求有相应的供应物流活动，即采购生产所需的材料；在生产的各工艺流程之间，需要原材料、半成品的物流过程，即所谓的生产物流；部分余料、可重复利用的物资的回收，就是所谓的回收物流；废弃物的处理则需要废弃物物流。

流通领域的物流主要是指销售物流。在当今买方市场条件下，销售物流活动带有极强的服务性，以满足买方的需求，最终实现销售。在这种市场前提下，销售往往以送达用户并经过售后服务才算终止，因此企业销售物流的特点便是通过包装、送货、配送等一系列物流实现销售。

### （七）根据发展的历史进程，将物流分为传统物流、综合物流和现代物流

传统物流的主要精力集中在仓储和库存的管理和派送上，而有时又把主要精力放在仓储和运输方面，以弥补在时间和空间上的差异。综合物流不仅提供运输服务，还包括许多协调工作，是对整个供应链的管理，如对陆运、仓储部门等一些分销商的管理，还包括订单处理、采购等内容。由于很多精力放在供应链管理上，责任更大，管理也更复杂，这是与传统物流的区别。

现代物流是为了满足消费者需要而进行的从起点到终点的原材料、中间过程库存、最终产品和相关信息有效流动及储存计划、实现和控制管理的过程。它强调了从起点到终点的过程，提高了物流的标准和要求，是各国物流的发展方向。国际上大型物流公司认为现代物流有两个重要功能：能够管理不同货物的流通质量；开发信息和通讯系统，通过网络建立商务联系，直接从客户处获得订单。

## 五、网络时代物流的特点

### 1. 经营全球化趋势

由于电子商务的出现，加速了全球经济的一体化，致使企业的发展趋向多国化、全球化的模式。

面对全球化激烈竞争的趋势，企业的战略对策之一是专注于自己所擅长的经

营领域，力争在核心技术方面领先；而本企业不擅长的业务则分离出去，委托给在该领域有特长的、可信赖的合作伙伴。这种趋势为现在所谓的第三方物流、第四方物流的发展创造了条件。这一方面最著名的例子是DELL计算机公司的经营模式，它们只做订货与最终组装，而将零部件的制造和物流系统运作委托给合作伙伴，通过供应链的管理与重组，有效地减低了库存、缩短了生产周期，大大地提高了竞争力。耐克鞋公司也有类似的方法，没有制鞋厂只做经营与产品设计，又如运输公司把烦琐的收费业务委托给卡片公司去管理等。

企业注重核心技术的趋势使物流业务从生产企业分离，为物流企业带来良好机遇；物流企业也必须按照同一原则精心发展自己的业务、提高服务水平，确实保证委托方的利益并建立本企业的信誉。

现在，世界五百强企业已有400多家进入中国市场，今后必将有更多的跨国公司、大企业进入中国的制造业和流通业。进入WTO以后，由于和世界经济接轨，中国经济现代化的速度将加快，对于物流业的发展将起到有力的推动作用，许多跨国物流公司为了在中国这个世界未来最大的市场中占领一席之地，已在中国建立办事处或建立了合资企业。这将给中国物流企业的发展带来威胁，同时也将加速中国地区物流网络的全球化进程。

**2. 系统网络化**

物流的网络化是电子商务时代物流活动的主要特征之一。当今世界全球信息资源的可用性及网络技术的普及为物流的网络化提供了良好的技术支持，物流网络化必将迅速发展。

完善的物流网络是现代高效物流系统的基础条件。今后数年，全国性物流系统的基础建设如大型物流中心的建设将会有较快发展，现代化的物流配送系统亦将逐步成熟。

**3. 供应链的简约化**

供应链是指涉及将产品或服务提供给消费者活动全过程的上、下游企业所构成的网络。无数供应链构成了极为复杂的社会经济网络体系。在同一供应链中的所有企业都需要上游企业供应原材料或货品，同时也不断地向下游企业供应自己的产品，形成了递阶式的体系，因此这些企业之间具有相互依存的关系。所谓市场竞争实际上不是供应链内部上下游企业之间的竞争，而是一个供应链与另一个供应链之间的竞争。

互联网技术为供应链所有环节提供了强大的信息支持，生产者、最终消费者和中间经营者都能够及时地了解供应链的全部动态。也就是说供应链具有了更好的透明度。在供应链中，任何多余的环节、任何不合理的流程与作业都能被及时发现。特别是由于互联网提供的信息支持，供应链中原有的多余环节将被消除。因此，供应链将变得更为紧凑，供应链的这种变化将直接影响到企业的经营与发展战略。

**4. 企业规模化**

由于在电子商务时代，物流的小批量、多品种以及快速性的特征更为显著，配送的难度更大，必须达到一定规模才能产生相应的经济效益。为了更快地在规模效益方面领先，企业的兼并、联合趋势加强。当然，在选择合伙人时，弱者将被淘汰出局，形成强强联合。企业必须依靠自己先进的经营模式、高质量的服务和强大的实施能力为依托，寻求合适的合作伙伴；与此同时，也可能有条件被其他优秀的企业选为合作伙伴，在联合中不断得到发展。

中国企业面临的竞争是国内外两方面，物流企业也是如此。一些国营储运公司，规模虽大但存在体制不灵活的问题；一些新型物流公司大多规模偏小。它们需要在竞争中求联合，依据双赢战略选择战略伙伴，以图结成实业联盟创造规模效益。可以预见，物流企业的强强联合趋势将加强。我国现代化超大型物流企业将出现在社会经济舞台上。

**5. 服务一体化**

由于物流系统的复杂化和对物流服务水平的要求越来越高，为第三方物流的发展提供了广大的市场。物流是服务行业，服务水平是竞争因素的最重要部分。第三方物流业者最时髦的口号是"提供一体式物流服务"，把用户的物流业务从规划设计到运行管理全部承担下来。在保证成本的条件下，使用户拥有一个高效、通畅的物流体系。

在供应链急剧变化的时代，第三方物流业通过增值服务扩大营业额也是重要的手段。加强增值服务是今后物流业发展的一个重要方向。其目的不仅是降低成本，更重要的是提供用户期望以外的增值服务，如配货、配送和各种提高附加值的流通加工服务项目以及其他按客户的需要提供的服务。

增值服务的内容除一般的装配、改包装之外，还在于不断扩大范围，发展有特色的增值服务。如德国FIEGE公司对服装进行配送，在送达最终用户之前把衣服熨好、进行商业包装或悬挂在衣架上送达商店；又如生产吉他的FENDER国际公司委托UPS公司对其配送系统进行集约化和系统化整合，UPS的增值服务包括为吉他调好音。

扩大的增值服务不仅是增加了物流企业的收入，更重要的是由于承担了上游企业和下游企业所分离出来的业务，使自己成为供应链中不可缺少的组成部分，从而稳定了客户群。

在引进国外信息技术和管理模式的基础上，我国的第三方物流服务产业也将有较大幅度的增长，各种增值服务也将成为第三方物流服务的重要内容。

## 六、现代物流管理的含义

物流管理是指在社会生产过程中，根据物质资料实体流动的规律，应用管理的基本原理和科学方法，对物流活动进行计划、组织、指挥、协调、控制和监督，使各项物流活动实现最佳的协调与配合，以降低物流成本，提高物流效率和经济效益的活动。

## 七、现代物流管理的发展经历

现代意义上的物流管理出现在20世纪80年代。人们发现利用跨职能的流程管理的方式去观察、分析和解决企业经营中的问题非常有效。通过分析物料从原材料运到工厂，流经生产线上每个工作站，产出成品，再运送到配送中心，最后交付给客户的整个流通过程，企业可以消除很多看似高效率却实际上降低了整体效率的局部优化行为。因为每个职能部门都想尽可能地利用其产能，没有留下任何富余，一旦需求增加，则处处成为瓶颈，导致整个流程的中断。又比如运输部作为一个独立的职能部门，总是想方设法降低其运输成本，但若其因此而将一笔必须加快的订单交付海运而不是空运，这虽然省下了运费，却失去了客户，导致整体的失利。所以传统的垂直职能管理已不适应现代大规模工业化生产，而横向的物流管理却可以综合管理每一个流程上的不同职能，以取得整体最优化的协同作用。

在这个阶段，物流管理的范围扩展到除运输外的需求预测、采购、生产计划、存货管理、配送与客户服务等，以系统化管理企业的运作，达到整体效益的最大化。高德拉特所著的《目标》一书风靡全球制造业界，其精髓就是从生产流程的角度来管理生产。相应地，美国实物配送管理协会在20世纪80年代中期改名为美国物流管理协会，而加拿大实物配送管理协会则在1992年改名为加拿大物流管理协会。

一个典型的制造企业，其需求预测、原材料采购和运输环节通常叫做进向物流，原材料在工厂内部工序间的流通环节叫做生产物流，而配送与客户服务环节叫做出向物流。物流管理的关键则是系统管理从原材料、在制品到成品的整个流程，以保证在最低的存货条件下，物料畅通地买进、运入、加工、运出并交付到客户手中。对于有着高效物流管理的企业的股东而言，这意味着以最少的资本做出最大的生意，产生最大的投资回报。

## 八、现代物流管理的内容及其三个阶段

### （一）现代物流管理的内容

物流管理的内容包括三个方面的内容：对物流活动诸要素的管理，包括运输、储存等环节的管理；对物流系统诸要素的管理，即对其中人、财、物、设备、方法和信息等六大要素的管理；对物流活动中具体职能的管理，主要包括物流计划、质量、技术、经济等职能的管理等。

物流管理科学是近一二十年以来在国外兴起的一门新学科，它是管理科学的新的重要分支。随着生产技术和管理技术的提高，企业之间的竞争日趋激烈，

人们逐渐发现，企业在降低生产成本方面的竞争似乎已经走到了尽头，产品质量的好坏也仅仅是一个企业能否进入市场参加竞争的敲门砖。这时，竞争的焦点开始从生产领域转向非生产领域，转向过去那些分散、孤立的、被视为辅助环节而不被重视的，诸如运输、存储、包装、装卸、流通加工等物流活动领域。人们开始研究如何在这些领域里降低物流成本、提高服务质量，创造"第三个利润源泉"。物流管理从此从企业传统的生产和销售活动中分离出来，成为独立的研究领域和学科范围。物流管理科学的诞生使得原来在经济活动中处于潜隐状态的物流系统显现出来，它揭示了物流活动的各个环节的内在联系，它的发展和日臻完善，是现代企业在市场竞争中制胜的法宝。

（二）现代物流管理的三个阶段

现代物流管理按管理进行的顺序可以划分为三个阶段，即计划阶段、实施阶段和评价阶段（图1-1）。

**1. 物流计划阶段的管理**

计划是作为行动基础的某些事先的考虑。物流计划是为了实现物流预想达到的目标所做的准备性工作。

物流计划首先要确定物流所要达到的目标以及为实现这个目标所进行的各项工作的先后次序。

其次，要分析研究在物流目标实现的过程中可能发生的任何外界影响，尤其是不利因素，并确定对这些不利因素的对策。

最后，做出贯彻和指导实现物流目标的人力、物力、财力的具体措施。

**2. 物流实施阶段的管理**

物流的实施阶段管理就是对正在进行的各项物流活动进行管理。它在物流各阶段的管理中具有最突出的地位。这是因为在这个阶段中各项计划将通过具体的执行而受到检验。同时，它也把物流管理与物流各项具体活动进行紧密的结合。

（1）对物流活动的组织和指挥。物流的组织是指在物流活动中把各个相互关联的环节合理地结合起来，而形成一个有机的整体，以便充分发挥物流中的每个部门、每个物流工作者的作用。物流的指挥是指在物流过程中对各个物流环节、部门、机构进行的统一调度。

（2）对物流活动的监督和检查。通过监督和检查可以了解物流的实施情况，揭露物流活动中的矛盾，找出存在的问题，分析问题发生的原因，提出克服的方法。

（3）对物流活动的调节。在执行物流计划的过程中，物流的各部门、各环节总会出现不平衡的情况。遇到上述问题，就需要根据物流的影响因素，对物流各部门、各个环节的能力做出新的综合平衡，重新布置实现物流目标的力量，这就是对物流活动的调节。

#### 3. 物流评价阶段的管理

在一定时期内，人们对物流实施后的结果与原计划的物流目标进行对照、分析，这便是物流的评价。通过对物流活动的全面剖析，人们可以确定物流计划的科学性、合理性如何，确认物流实施阶段的成果与不足，从而为今后制定新的计划、组织新的物流提供宝贵的经验和资料。

按照对物流评价的范围不同，物流评价可分为专门性评价和综合性评价。按照物流各部门之间的关系，物流评价又可分为物流纵向评价和横向评价。应当指出无论采取什么样的评价方法，其评价手段都要借助于具体的评价指标。这种指标通常表示为实物指标和综合指标。

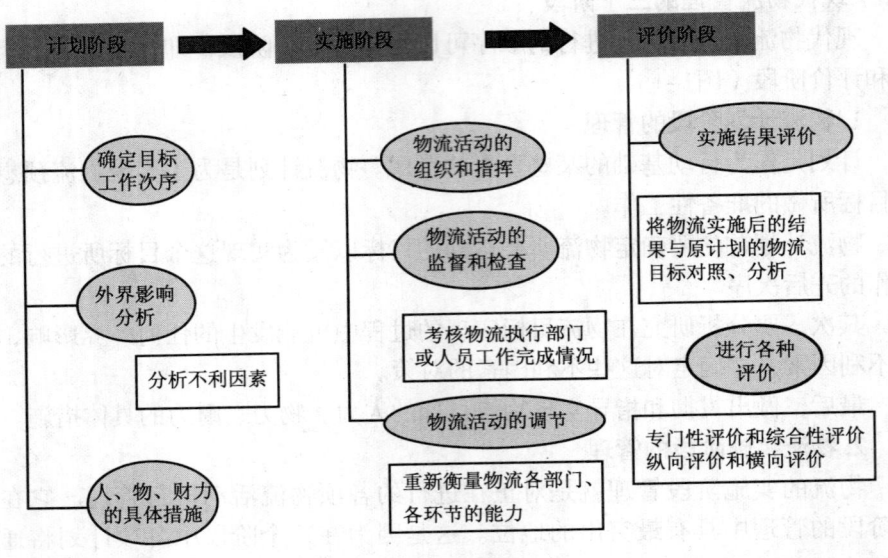

图1-1  现代物流管理的三个阶段

## 九、现代物流管理十大趋势

随着物流业的发展，物流业出现了新的十大趋势。

**1. 物流管理从物的处理，提升到物的加值方案设计、解决和管理上**

可以为客户提供度身订造式的，并带有个性化的服务，企业逐渐转向强调跨企业界限的整合，使得顾客关系的维护与管理变得越来越重要。

**2. 由对立转向联合**

传统商业通道中，企业间多半以自我为中心，追求自我利益，因此往往造成企业间对立的局面。然而在追求更大竞争力的驱动下，许多企业开始在各个商业流通机能上整合，通过联合规划与作业，形成高度整合的供应链通道关系，使通道整体成绩和效果大幅提升。

### 3. 由预测转向终测

传统的流通模式通过预测下游通道的资源来进行各项物流作业活动，不幸的是预测很少会是准确的，因而浪费了许多自然及商业资源。新兴的物流管理趋势是强调通道成员的联合机制，成员间愿意互换营运及策略的信息，尤其是内部需求及生产的资料，使得上游的企业无需去预测，流通模式是逐渐由预测基础转向终测基础发展。

### 4. 由经验积累转向变迁策略

一直以来经验曲线是企业用来分析市场竞争趋势及发展对应策略的方法，并以企业长年积累的经验作为主要竞争武器，然而科技的突飞进步，企业固守既有经验反而成为企业发展的障碍，因此在调度变化的环境下，经验及现存通道基础结构反变为最难克服的障碍，成功的企业要建立对策略方向的嗅觉和持续变迁管理体系才能生存。

### 5. 由绝对价值转向相对价值

传统财务评价只看一些绝对数值，新的评估方法将着重在相对价值的创造，亦即在通道中提供加值服务，顾客所增加的价值中企业可占多少比例。

### 6. 由功能整合转向程序整合

在竞争渠道日趋激烈的环境中，企业必须更快响应上、下游顾客的需要，因而必须有效整合各部门的营运，并以程序式的操作系统来动作，物流作业与活动多半具有跨功能，跨企业的特性，故程序式整合是物流管理成功的重点。

### 7. 由垂直整合转向虚拟整合

在传统渠道中，一些大企业进行通道的垂直整合，以期掌握更大的力量，事实证明这并不成功，反而分散了企业的资源，并将主业削弱。今日企业经营的趋势是专注核心业务，将非核心业务委托给专业管理公司去做，形成虚拟企业整合体系，使主体企业能够提供更好的产品及服务。

### 8. 由信息保留转向信息分享

在供应链管理结构下，供应链内相关企业必须将供应链整合所需的信息与其他企业分享，否则，无法形成有效的供应链体系。

### 9. 由技能训练转向基础知识学习

在可预见的未来，任何物流程序均以人力来完成。然而，物流作业多半需要在各个物流据点和运输网络中进行，大约有90%的时间，物流主管无法亲自加以监控。全球化的发展趋势，也增加了物流人力资源管理的复杂度。物流主管必须将以个别人员技能训练的方式，转向知识基础的学习发展。

### 10. 由管理会计转向价值管理

未来许多企业愿意投入许多资源建立基本会计系统，着重在提供增值创造，跨企业的管理信息，以期能确认可创造价值的作业，而非仅在于收益增加，成本升降上。

> **拓展知识**

## 物流管理机构

当前物流所处的环境发生了变化，在重新构筑物流结构的要求日益增长的形势下，应推进物流体制的物流管理机构改革。物流管理机构如何适应企业的需要是物流战略成败的关键。

首先，在物流管理机构中存在一些问题：

（1）尽管物流的功用提高了，但在公司里却没有主管部门，没有把物流部门放在一个最能够产生效益的地位，而只是把物流部门看做是生产或销售部门的一个从属机构。也就是说只是把物流部门随便放在一个已有的部门里，而没有给予足够的重视。

（2）没有将日常的物流业务工作和部门，物流规划与开发等综合性前瞻性工作的职能部门分开。

（3）总公司关于物流的指示命令不能直接下达到分公司或工厂。即使能够下达也常常与分公司或工厂发生矛盾。也就是说，下边闹独立性的较多，物流部门的指示常常受到阻挡或干扰。

（4）物流作用发生变化，物流机构不适应需要。

（5）只要物流状态正常就可以了，至于物流机构则是次要而又次要的问题。

（6）总公司的物流组织是单独成立一个职能部门还是分散在其他职能部门中抑或是二者结合，性质不清楚。

（7）物流机构与生产、销售机构，没有处于平等地位，也就是不把物流看做是与生产和销售的对等力量。

其次，物流管理机构究竟应该是怎样的。

一般说来，物流管理机构是从全局出发对整个公司的物流活动进行管理的机构，对分散在企业各个部门的物流管理业务实行一元化领导，也可以说将任务分散了的物流予以系统化的机构就是物流管理组织机构。

物流管理机构由进行日常物流业务的现场（工厂、分公司、营业所、物流中心等现场部门）和作为职能部门的总公司的物流组织（如物流部、物流管理部、物流系统部等）组成。在企业机构中没有比对物流管理机构的看法分歧更大的了。

最后，物流机构具有的性质和特点。

（1）因为物流部门的定位不确定，物流管理机构也不确定。这就是说，只有确定物流组织的地位之后，物流管理机构的形式才能随之确定。

（2）物流管理机构的性质是依其按功能来组织还是按部门来组织而有所不同。

（3）企业对于物流工作开展的早晚，或对其改革热情的高低，可以直接反映在物流管理上。

（4）企业希望物流管理机构由于发挥作用的不同，物流的性质或企业规模的不同而有所不同。因此，物流管理机构并不是只有一种形式，而应根据公司的特点，建立符合本公司需要的形式。

## 知识回顾

现代物流指的是将信息、运输、仓储、库存、装卸搬运以及包装等物流活动综合起来的一种新型的集成式管理，其任务是尽可能降低物流的总成本，为顾客提供最好的服务。

物流的性质包括物流的生产性质、物流的社会性质与物流的服务性质。

物流的作用主要体现在：（1）物流是实现商品价值和使用价值的条件；（2）合理的物流对提高全社会的经济效益起着十分重要的作用。

物流在国民经济中的地位主要体现在：（1）物流是国民经济的动脉，是连接国民经济各个部分的纽带；（2）物流技术的进步与发展是决定国民经济生产规模和产业结构变化的重要因素；（3）物流是生产过程不断进行的前提，又是实现商品流通的物质基础。

物流具有市场化、集约化、漩涡式、系统性、国家化的特点。

物流按其研究范围的大小可分为微观物流和宏观物流；按其活动的空间范围的不同，可分为城市物流、区域物流和国际物流；按其系统性质的不同，可分为企业物流和社会物流；按其属性的不同，可分为一般物流和特殊物流；按其运作方式和程度的不同，可分为第三方物流和第四方物流。

网络时代物流的特点：（1）经营全球化趋势；（2）系统网络化；（3）供应链简约化；（4）企业规模化；（5）服务一体化。

现代物流管理是指在社会生产过程中，根据物质资料实体流动的规律，应用管理的基本原理和科学方法，对物流活动进行计划、组织、指挥、协调、控制和监督，使各项物流活动实现最佳的协调与配合，以降低物流成本，提高物流效率和经济效益的活动。

现代物流管理按管理进行的顺序可以划分为三个阶段，即计划阶段、实施阶段和评价阶段。

现代物流管理十大趋势：（1）物流管理从物的处理，提升到物的加值方案设计、解决和管理上；（2）由对立转向联合；（3）由预测转向终测；（4）由经验积累转向变迁策略；（5）由绝对价值转向相对价值；（6）由功能整合转向程序整合；（7）由垂直整合转向虚拟整合；（8）由信息保留转向信息分享；（9）由技能训练转向基础知识学习；（10）由管理会计转向价值管理。

## 复习思考

1. 物流管理的含义、性质及作用是什么？
2. 物流管理的分类有哪些？
3. 现代物流管理的发展趋势有哪些？

## 技能训练

将学生分成5人一组，每一组调查所在地区某个企业的物流管理的现状，形成简短的小报告，在课堂上相互交流。

## 模块二　现代物流功能

### 项目一　仓储

**学习目标**

1. 理解仓储的含义
2. 了解仓储的功能
3. 掌握仓库与货架的分类及功能
4. 掌握仓储合理化的相关内容

**技能知识**

仓储的含义，仓储的功能，仓库与货架的分类及功能，仓储合理化

**引导案例**

美国某机械公司仓库数量决策

　　美国某机械公司是一家以机械制造为主的企业，该企业长期以来一直以满足顾客需求为宗旨。为了保证供货，该公司在美国本土建立了500多个仓库，因此仓库管理成本一直居高不下，每年大约有2 000万美元。所以该公司聘请一调查公司作了一项详细调查，结果为：以目前情况，如果减少202个仓库，则会使仓库管理总成本下降200万～300万美元，但是由此可能会造成供货紧张，销售收入会下降18%。

资料来源：中国物流采购联合会http://www.chinawuliu.com.cn

思考题：

1. 如果你是企业总裁，你是否会根据调查公司调查的结果来减少仓库数量？为什么？
2. 如果不这样做，你又如何决策？

## 相关知识

### 一、仓储的含义

从物流管理的角度看，可以将仓储定义为：根据市场和客户的要求，为了确保货物没有损耗、变质和丢失，为了调节生产、销售和消费活动以及确保社会生产、生活的连续性，而对原材料等货物进行储存、保管、管理、供给的作业活动。对仓储概念的理解要抓住以下要点：

第一，满足客户的需求，保证储存货物的质量，确保生产、生活的连续性是仓储的使命之一。

第二，当物品不能被即时消耗，需要专门的场所存放时，形成了静态仓储。对仓库里的物品进行保管、控制、存取等作业活动，便产生了动态仓储。

第三，储存的对象必须是实物产品，包括生产资料、生活资料等。

第四，储存和保管货物要根据货物的性质选择相应的储存方式。不同性质的货物应该选择不同的储存方式。例如，食品、生物药品等对温度有特殊要求的货物需要采用冷藏库储存；液体性的原油或成品油就需要使用油品库储存。

### 二、仓储的功能

从整个物流过程看，仓储是保证这个过程正常运转的基础环节之一。仓储的价值主要体现在其具有的基本功能、增值功能以及社会功能三个方面。

**1. 基本功能**

基本功能指为了满足市场的基本储存需求，仓库所具有的基本的操作或行为，包括储存、保管、拼装、分类等基础作业。其中，储存和保管是仓储最基础的功能。通过基础作业，货物得到了有效的、符合市场和客户需求的仓储处理，例如，拼装可以为进入物流过程中的下一个物流环节做好准备。

**2. 增值功能**

通过基本功能的实现，而获得的利益体现了仓储的基本价值。增值功能则是指通过仓储高质量的作业和服务，使经营方或供需方获取除这一部分以外的利益，这个过程称为附加增值。这是物流中心与传统仓库的重要区别之一。增值功能的典型表现方式包括：一是提高客户的满意度。当客户下达订单时，物流中心能够迅速组织货物，并按要求及时送达，提高了客户对服务的满意度，从而增加了潜在的销售量。二是信息的传递。在仓库管理的各项事务中，经营方和供需方都需要及时而准确的仓库信息。例如，仓库利用水平、进出货频率、仓库的地理位置、仓库的运输情况、客户需求状况、仓库人员的配置等信息，这些信息为用户或经营方进行正确的商业决策提供了可靠的依据，提高了用户对市场的响应速度，提高了经营效率，降低了经营成本，从而带来了额外的经济利益。

**3. 社会功能**

仓储的基础作业和增值作业会给整个社会物流过程的运转带来不同的影响，良好的仓储作业与管理会带来下面的影响。例如，保证了生产、生活的连续性，反之会带来负面的效应。这些功能称之为社会功能，主要从三个方面理解：第一，时间调整功能。一般情况下，生产与消费之间会产生时间差，通过储存可以克服货物产销在时间上的隔离（如季节生产，但需全年消费的大米）；第二，价格调整功能。生产和消费之间也会产生价格差，供过于求、供不应求都会对价格产生影响，因此通过仓储可以克服货物在产销量上的不平衡，达到调控价格的效果。第三，衔接商品流通的功能。商品仓储是商品流通的必要条件，为保证商品流通过程连续进行，就必须有仓储活动。通过仓储，可以防范突发事件，保证商品顺利流通。例如，运输被延误、卖主缺货。对供货仓库而言，这项功能是非常重要的，因为原材料供应的延迟将导致产品的生产流程的延迟。

## 三、仓库与货架

**（一）仓库**

仓库泛指供贮存物品之用的建筑。与旧式仓库相比，现代仓库从运输周转、贮存方式和建筑设施上更重视通道的合理布置，货物的分布方式和堆积的最大高度，并配置经济有效的机械化、自动化存取设施，以提高贮存能力和工作效率。

从不同的角度来分析，仓库可以有不同的分类标准。

**1. 按仓库用途来分类**

仓库按照它在商品流通过程中所起的作用可以分为以下几种：

（1）采购供应仓库。采购供应仓库主要用于集中储存从生产部门收购的和供国际间进出口的商品，一般这一类的仓库库场设在商品生产比较集中的大、中城市，或商品运输枢纽的所在地。

（2）批发仓库。批发仓库主要是用于储存从采购供应库场调进或在当地收购的商品，这一类仓库一般贴近商品销售市场，规模同采购供应仓库相比一般要小一些，它既从事批发供货，也从事拆零供货业务。

（3）零售仓库。零售仓库主要用于为商业零售业做短期储货，一般是提供店面销售，零售仓库的规模较小，所储存物资周转快。

（4）储备仓库。这类仓库一般由国家设置，以保管国家应急的储备物资和战备物资。货物在这类仓库中储存时间一般比较长，并且储存的物资会定期更新，以保证物资的质量。

（5）中转仓库。中转仓库处于货物运输系统的中间环节，存放那些等待转运的货物，一般货物在此仅做临时停放，这一类仓库一般设置在公路、铁路的场站和水路运输的港口码头附近，以方便货物在此等待装运。

（6）加工仓库。仓库的加工延迟功能，一般具有产品加工能力的仓库被称为加工仓库。

（7）保税仓库。保税仓库是指为国际贸易的需要，设置在一国国土之上，但在海关关境以外的仓库。外国企业的货物可以免税进出这类仓库而办理海关申报手续，而且经过批准后，可以在保税仓库内对货物进行加工、存储等作业。

### 2. 按保管货物的特性分类

（1）原材料仓库。原材料仓库是用来储存生产所用的原材料的，这类仓库一般比较大。

（2）产品仓库。产品仓库的作用是存放已经完成的产品，但这些产品还没有进入流通区域，这种仓库一般附属于产品生产工厂。

（3）冷藏仓库。它是用来储藏那些需要进行冷藏储存的货物，一般多是农副产品、药品等对于储存温度有要求的物品。

（4）恒温仓库。恒温仓库和冷藏仓库一样也是用来储存对储藏温度有要求的产品。

（5）危险品仓库。危险品仓库从字面上就比较容易理解它是用于储存危险品的，危险品由于可能会对人体以及环境造成危险，因此在此类物品的储存方面一般会有特定的要求，例如许多化学用品就是危险品，它们的储存都有专门的条例。

（6）水面仓库。像圆木、竹排等能够在水面上漂浮的物品来说，它们可以储存在水面。

### 3. 按照场库的构造分类

（1）单层仓库。单层仓库是最常见的，也是使用最广泛的一种仓库建筑类型。单层仓库设计简单，所需投资较少，由于仓库只有一层，因此在仓库内搬运、装卸货物比较方便；同时，各种附属设备（例如通风设备、供水、供电等）的安装、使用和维护都比较方便。由于只有一层，仓库全部的地面承压能力都比较强。

（2）多层仓库。有单层仓库，必然对应的有多层仓库，多层仓库一般占地面积较小，它一般建在人口稠密，土地使用价格较高的地区，由于是多层结构，因此货物一般是使用垂直输送设备来搬运货物的。

（3）立体仓库。立体仓库又被称为高架仓库，它也是一种单层仓库，但同一般的单层仓库的不同在于它利用高层货架来储存货物，而不是简单地将货物堆积在库房地面上，在立体仓库中，由于货架一般比较高，所以货物的存取需要采用与之配套的机械化、自动化设备，一般在存取设备自动化程度较高时也将这样的仓库称为自动化仓库。

（4）筒仓。筒仓就是用于存放散装的小颗粒或粉末状货物的封闭式仓库，一般这种仓库被置于高架上，例如筒仓经常用来存储粮食、水泥和化肥等。

（5）露天堆场。露天堆场是用于在露天堆放货物的场所，一般存储大宗原材料，或者不怕受潮的货物。

#### 4.按仓库的管理体制分类

根据仓库隶属关系的不同，可以分为以下几类：

（1）自用仓库。自用仓库就是指某个企业建立的供自己使用的仓库，这种仓库一般由企业自己进行管理。

（2）公用仓库。这是一种专业从事仓储经营管理的，面向社会的，独立于其他企业的仓库。

一般自用仓库称为第一方或第二方物流仓库，而公用仓库被称为第三方物流仓库，在这里简单说明一下第一方、第二方、第三方物流的意思。

按物流组织的主体进行划分：可以将物流分为第一方物流、第二方物流和第三方物流。一般来讲，由物品供应商提供的物流服务称为第一方物流，由物品的需求方提供的物流服务被称为第二方物流，由物品的提供方和需求方以外的中介组织提供的物流服务常常被称为第三方物流。随着生产的一体化，第三方物流正在成为现代物流的主要内容，是物流业发展的主要趋势之一。第三方物流是生产经营企业为集中精力搞好主业，把原来属于自己处理的物流活动，以合同方式委托给专业物流服务企业，同时通过信息系统与物流服务企业保持密切联系，以达到对物流全程的管理和控制的一种物流运作与管理方式，因此第三方物流又叫合同制物流。提供第三方物流服务的企业，其前身一般是运输业、仓储业等从事物流活动及相关的行业。从事第三方物流的企业在委托方物流需求的推动下，从简单的存储、运输等单项活动转为提供全面的物流服务，其中包括物流活动的组织、协调和管理、设计建议最优物流方案、物流全程的信息搜集、管理等。

### （二）货架

就一般字面而言，货架泛指存放货物的架子。在仓库设备中，货架是指专门用于存放成件物品的保管设备。货架在物流及仓库中占有非常重要的地位，随着现代工业的迅猛发展，物流量的大幅度增加，为实现仓库的现代化管理，改善仓库的功能，不仅要求货架数量多，而且要求具有多功能，并能实现机械化，自动化要求。

货架在现代物流活动中，起着相当重要的作用，仓库管理实现现代化，与货架的种类、功能有直接的关系。货架的作用及功能有如下几方面：一是货架是一种架式结构物，可充分利用仓库空间，提高库容利用率，扩大仓库储存能力。二是存入货架中的货物，互不挤压，物资损耗小，可完整保证物资本身的功能，减少货物的损失。三是货架中的货物，存取方便，便于清点及计量，可做到先进先出。四是保证存储货物的质量，可以采取防潮、防尘、防盗、防破坏等措施，以提高物资存储质量。五是很多新型货架的结构及功能有利于实现仓库的机械化及自动化管理。

货架按不同的划分标准有不同的分类，如图2-1所示。

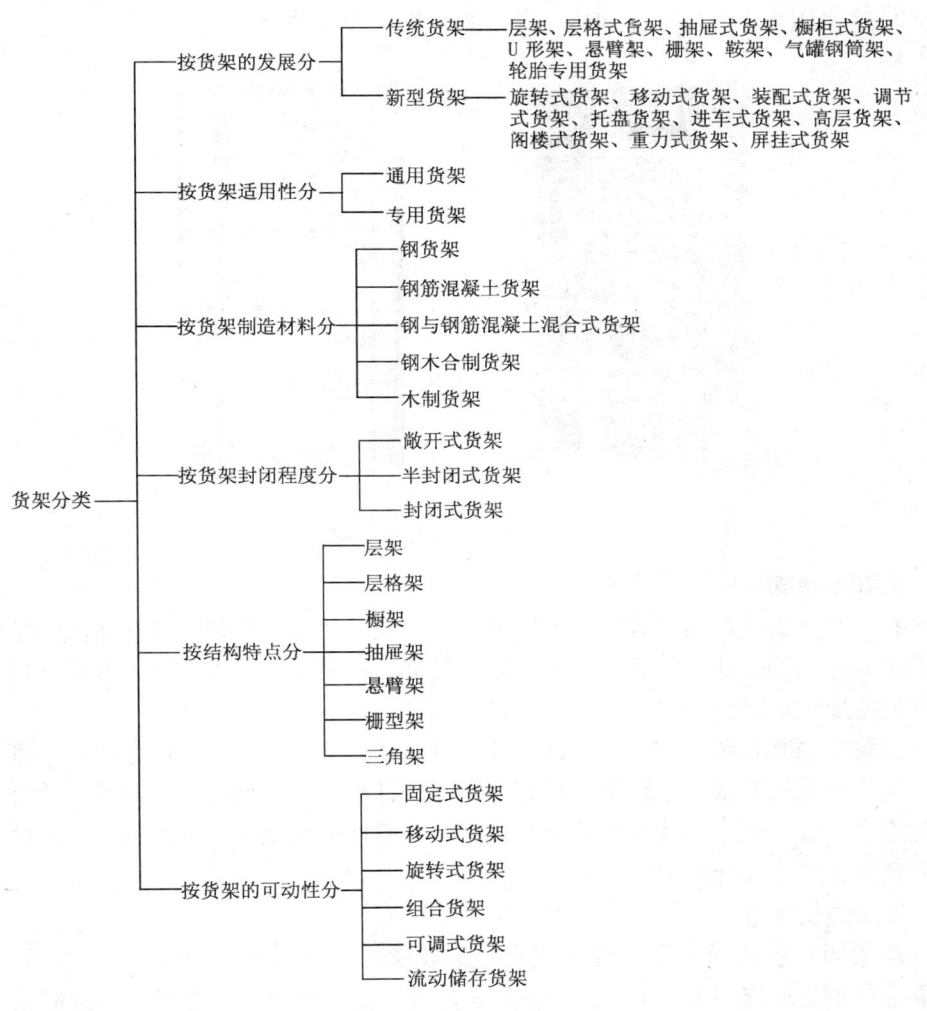

图2-1 货架的类型

除此之外，还可以按照货架结构、货架的载货方式、货架的构造、货架高度、货架重量等标准划分。以下介绍几种常见的货架。

**1. 轻型货架**

轻型货架是相对"托盘货架"而言，一般采用人力（不用叉车等）直接将货物（不采用托盘单元）存取于货架内，因此货物的高度、深度较小，货架每层的载重量较轻。

一般而言，该货架的立柱采用薄钢板（$\delta=1\sim2.5$mm）冷弯冲孔而成，其截面呈三角形，故又称"带孔角钢货架"。为提高载重量，也有截面呈开口方形。

货架构件间的连接有螺栓连接和插接两种。其特点是结构简洁、自重轻、装配方便，广泛应用于工厂企业、商店、办公室、厨房等（图2-2）。

图2-2　轻型货架

**2. 托盘货架**

托盘型货架是相对"轻型货架"而言，一般采用叉车等装卸设备作业，是以托盘单元货物的方式来保管货物的货架，又称工业货架。是机械化、自动化货架仓库的主要组成部分。

这种货架都是装配式结构，即立柱、主柱片、横梁等之间采用螺栓或插接组成，又称装配式货架。这种货架具有刚性好、自重轻，层高可自由调节，适合规模化生产、成本低、运输和安装便利，并易于实现模块化设计等优点，目前已是工业企业各类货架仓库的主流（图2-3）。

**3. 重力货架**

在货架每层的通道上，都安装有一定坡度的、带有轨道的导轨，入库的单元货物在重力的作用下，由入库端流向出库端。这样的仓库，在排与排之间没有作业通道，大大提高了仓库面积利用率。但使用时，最好同一排、同一层上的货物，应为相同的货物或一次同时入库和出库的货物。此外，当通道较长时，在导轨上应设置制动滚道，以防止终端加速度太大（图2-4）。

**4.移动货架**

在货架的底部安装有运行车轮，可在地面上运行的货架。适用于库存品种多，出入库频率较低的仓库；或库存频率较高，但可按巷道顺序出入库的仓库。因为只需要一个作业通道，可大大提高仓库面积的利用率。广泛应用于办公室存放文档，图书馆存放档案文献，金融部门存放票据，工厂车间、仓库存放工具、物料等（图2-5）。

图2-3 托盘货架

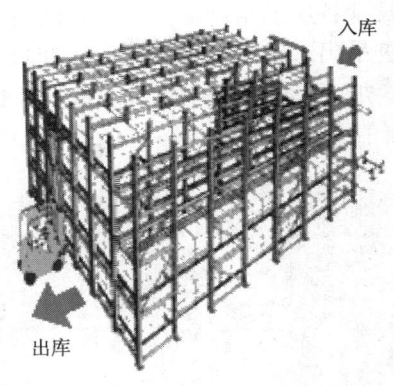

图2-4 重力货架

图2-5 移动货架

**5. 阁楼式货架**

底层货架不但是保管物料的场所，而且是上层建筑承重梁的支撑（柱），承重梁的跨距大大减小，建筑费用也大大降低。也适用于现有旧仓库的技术改造，提高仓库的空间利用率。也可以是多层结构（图2-6）。

**6. 贯通（驰入）货架**

可供叉车（或带货叉的无人搬运车）驰入、存取单元托盘货物的货架。因为叉车作业通道与货物保管场所合一，仓库面积利用率大大提高。但同一

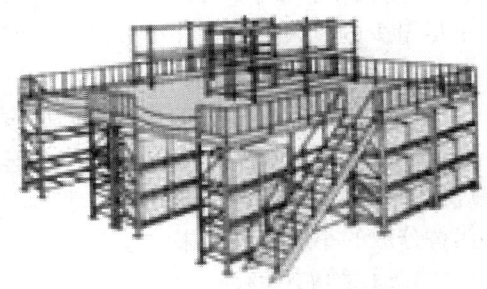

图2-6 阁楼式货架

通道内的货物品种必须相同或同一通道内的货物必须一次完成出入库作业（图2-7）。

### 7. 滑动式货架

货架各层的承载面为抽屉式的可滑动的货板，可利用车间钢绳起重机等将重物吊进吊出，省去叉车用通道，在狭小空间内管理存放重物。如：冲压车间存放模具，加工车间存放机床动力头等。也可存放长大物料（图2-8）。

图2-7 贯通（驰入）货架

图2-8 滑动式货架

## 四、仓储合理化

### （一）含义

仓储合理化就是用最经济的办法实现仓储的功能。仓储的功能是对需要的满足，实现被储物的"时间价值"，这就必须有一定储量。

商品储备必须有一定的量，才能在一定时期内满足需要，这是仓储合理化的前提或本质。如果不能保证储存功能的实现，其他问题便无从谈起了。但是，储存的不合理又往往表现在对储存功能实现的过分强调，因而是过分投入储存力量和其他储存劳动所造成的。所以，合理储存的实质是，在保证储存功能实现前提下尽量少的投入，也是一个投入产出的关系问题。

### （二）仓储合理化的要求

一般来说，仓储合理化的实施要点可以归纳如下：进行仓储物的ABC分析；在ABC分析基础上实施重点管理；在形成了一定的社会总规模前提下，追求经济规模，适当集中库存。所谓适度集中库存是利用仓储规模优势，以适度集中仓储代替分散的小规模仓储来实现合理化。

#### 1. 适度集中库存

适度集中库存是"零库存"这种合理化形式的前提。

（1）加速物资总的周转，提高单位产出。具体做法诸如采用单元集装存储，建立快速分拣系统都利于实现快进快出，大进大出。

（2）采用有效的"先进先出"方式，保证每个被储物的仓储期不致过长。"先进先出"是一种有效的方式，也成了仓储管理的准则之一。

**2. 减少仓储设施的投资**

提高单位仓储面积的利用率，以降低成本、减少土地占用。

**3. 采用有效的仓储定位系统**

仓储定位的含义是被储物位置的确定。仓储定位系统可采取先进的计算机管理，也可采取一般人工管理，行之有效的方式主要有："四号定位"方式；计算机定位系统。

**4. 采用有效的监测清点方式**

（1）"五化"码。是中国手工管理中采用的一种科学方法。储存物堆垛时，以"五"为基本计数单位，堆成总量为"五"的倍数的垛形，如梅花五、重叠五等，堆码后，有经验者可过目成数，大大加快了人工点数的速度，且少差错。

（2）光电识别系统。在货位上设置光电识别装置，该装置对被存物扫描，并将准确数目自动显示出来。这种方式不需人工，清点就能准确掌握库存的实有数量。

（3）计算机监控系统。用计算机指示存取，可以防止人工出错。

## （三）仓储合理化的基本途径

**1. 实行ABC分类控制法**

ABC分类控制法是指将库存货物按重要程度纽分为特别重要的库存（A类货物），一般重要的库存（B类货物）和不重要的库存（C类货物）三个等级，针对不同类型级别的货物进行分别管理和控制的方法。

**2. 适当集中库存**

所谓适度集中库存是利用储存规模优势，以适度集中储存代替分散的小规模储存来实现合理化。

**3. 加速总周转**

储存现代化的重要课题是将静态储存变为动态储存，周转速度一快，会带来一系列的合理化好处：资金周转快、资本效益高、货损小、仓库吞吐能力增加、成本下降等。

**4. 采用有效的"先进先出"方式**

保证每个被储物的储存期不致过长，"先进先出"是一种有效的方式也成了仓储管理的准则之一。有效的先进先出方式主要有：贯通式货架系统储存；"双仓法"储存；计算机存取系统储存等。

**5. 提高仓容利用率**

（1）采取高垛的方法。

（2）缩小库内通道宽度以增加储存有效面积。
（3）减少库内通道数量以增加储存有效面积。

**6. 采用有效的储存定位系统**

储存定位的含义是被储物位置的确定。如果定位系统有效，能大大节约寻找、存放、取出的时间，节约不少物化劳动及活劳动，而且能防止差错，便于清点及实行订货点等的管理方式。

**7. 采用有效的监测清点方式**

监测清点的有效方式主要有："五五化"堆码（以"五"为基本计数单位，对成总量为"五"的倍数的垛形，如梅花五、重叠五）；光电识别系统；计算机监控系统等。

---

**拓展知识**

### 仓库管理系统（warehouse management system，WMS）

目前，许多企业已认识到企业管理信息对企业发展的战略意义，从财务软件、进销存软件CIMS，从MRP、MRPII到ERP，代表了中国企业从粗放型管理走向集约管理的要求，竞争的激烈和对成本的要求使得管理对象表现为：整和上游、企业本身、下游一体化供应链的信息和资源。而仓库，尤其是制造业中的仓库，作为链上的节点，不同链节上的库存观不同，在物流供应链的管理中，不再把库存作为维持生产和销售的措施，而将其作为一种供应链的平衡机制，其作用主要是协调整个供应链。但现代企业同时又面临着许多不确定因素，无论他们来自分供方还是来自生产或客户，对企业来说处理好库存管理与不确定性关系的唯一办法是加强企业之间信息的交流和共享，增加库存决策信息的透明性、可靠性和实时性。而这正是WMS所要帮助企业解决的问题。

WMS软件和进销存管理软件的最大区别在于：进销存软件的目标是针对于特定对象（如仓库）的商品、单据流动，是对于仓库作业结果的记录、报表、结果分析，比如记录商品出入库的时间、经手人等；而WMS软件则除了管理仓库作业的结果记录、核对和管理外最大的功能是对仓库作业过程的指导和规范：即不但对结果进行处理，更是通过对作业动作的指导和规范保证作业的准确性、速度和相关记录数据的自动登记（入计算机系统），增加仓库的效率、管理透明度、真实度降低成本比如通过无线终端指导操作员给某定单发货：当操作员提出发货请求时，终端提示操作员应到哪个具体的仓库货位取出指定数量的那几种商品，扫描货架和商品条形码核对是否正确，然后送到接货区，录入运输单位信息，完成出货任务，重要的是包括出货时间、操作员、货物种类、数量、产品序列号、承运单位等信息在货物装车的同时已经通过无线方式传输到了计算机信息中心数据库。

**WMS功能特点**

由计算机控制的仓库管理系统的目的是独立实现仓储管理各种功能：收货、在正确的地点存货、存货管理、定单处理、分拣和配送控制。WMS将关注的焦点集中于对仓储执行的优化和有效管理，同时延伸到运输配送计划、和上下游供应商客户的信息交互，从而有效提高仓储企业、配送中心和生产企业的仓库的执行效率和生产率，降低成本，提高企业客户的满意度，从而提升企业的核心竞争力。

WMS一般具有以下几个功能模块：管理单独订单处理及库存控制、基本信息管理、货物流管理、信息报表、收货管理、拣选管理、盘点管理、移库管理、打印管理和后台服务系统。

WMS系统可通过后台服务程序实现同一客户不同订单的合并和订单分配，并对基于PTL、RF、纸箱标签方式的上架、拣选、补货、盘点、移库等操作进行统一调度和下达指令，并实时接收来自PTL、RF和终端PC的反馈数据。整个软件业务与企业仓库物流管理各环节吻合，实现了对库存商品管理实时有效的控制。其基本功能如下：

基本信息管理：系统不仅支持对包括品名、规格、生产厂家、产品批号、生产日期、有效期和箱包装等商品基本信息进行设置，而且货位管理功能对所有货位进行编码并存储在系统的数据库中，使系统能有效的追踪商品所处位置，也便于操作人员根据货位号迅速定位到目标货位在仓库中的物理位置。

上架管理：系统在自动计算最佳上架货位的基础上，支持人工干预，提供已存放同品种的货位、剩余空间，并根据避免存储空间浪费的原则给出建议的上架货位并按优先度排序，操作人员可以直接确认或人工调整。

拣选管理：拣选指令中包含位置信息和最优路径，根据货位布局和确定拣选指导顺序，系统自动在RF终端的界面等相关设备中根据任务所涉及的货位给出指导性路径，避免无效穿梭和商品找寻，提高了单位时间内的拣选量。

库存管理：系统支持自动补货，通过自动补货算法，不仅确保了拣选面存货量，也能提高仓储空间利用率，降低货位蜂窝化现象出现的概率。系统能够对货位通过深度信息进行逻辑细分和动态设置，在不影响自动补货算法的同时，有效的提高了空间利用率和对控制精度。

**WMS基本架构**

企业的物流发生在企业所处的整条供应链之内。WMS是企业处理物流业务体系结构中的一个子系统。它具有有充分的可扩展性，能够与现有系统的接口集成，和企业内其他系统协同运作。企业执行整条供应链的系统架构如下图所示，各个子系统共同协同帮助企业供应链高效运作。

了解WMS在企业的整个供应链中所扮演的角色，能够更好的设计架构仓储管理系统。WMS架构主要体现在物理架构和软件系统架构。一般来说，WMS采用B/S结构，能够通过互联网方便的实现分布联机处理，同时结合企业SCM模块，可以和贸易伙伴、贸易联盟轻松交流合作，创造更多的商机。

**WMS支持技术**

WMS系统集成了信息技术、无线射频技术、条形码技术、电子标签技术、WEB技术及计算机应用技术等将仓库管理、无线扫描、电子显示、WEB应用有机的组成一个完整的仓储管理系统，从而提高作业效益，实现信息资源充分利用，加快网络化进程。其中的关键技术主要有无线射频技术（Radio Frequency，简称RF），电子标签，数据接口技术。

WMS如果缺少了RF系统的有力支持，仓储水平未必能有大幅度的提高，完善的WMS是离不开RF系统支持的。因为WMS的高效率运作，是以快速、准确、动态地获取货物处理数据作为其系统运行的基础。而RF通信系统使得WMS实时数据处理成为可能，从而大大简化了传统的工作流程。如原来的移动码就有50余种，现在可简化为一两个操作。实践证明，以RF技术为基础的WMS，无论是在确保企业实时采集动态的数据方面，还是在提高企业效率与投资回报率方面都具有很大的优势。RF无线射频识别是一种非接触式的自动识别技术，它通过射频信号自动识别目标对象并获取相关数据。识别工作无须人工干预，可以工作于各种恶劣环境。

电子标签即射频卡，又称为感应卡，是一种通过无线电波读取卡内信息的新型科技IC卡，它成功地解决了无源和免接触这一难题。在实际应用中，电子标签附着在待识别物体的表面。阅读器可以无接触地读取并识别电子标签中保存地电子数据，从而达到自动识别地目的。通常阅读器和电脑相连，所读取地标签信息被传送到电脑商进行下一步处理。

WMS能否与企业的资源管理系统ERP等系统实现无缝连接，这成为评价其功能的重要因素，也是企业尤其是制造企业在实施供应链管理或物流一体化管理的重要基础。若无此基础，企业是不能有效实施快速响应战略QR或有效客户响应ECR战略的。而这个基础是通过接口技术来实现的。

### WMS在我国的应用

仓储管理系统（WMS）是仓储管理信息化的具体形式，它在我国的应用还处于起步阶段。目前在我国市场上呈现出二元结构：以跨国公司或国内少数先进企业为代表的高端市场，其应用WMS的比例较高，系统也比较集中在国外基本成熟的主流品牌；以国内企业为代表的中低端市场，主要应用国内开发的WMS产品。下面主要结合中国物流与采购联合会征集的物流信息化优秀案例，从应用角度对国内企业的WMS概况做一个分析。

第一类是基于典型的配送中心业务的应用系统，在销售物流中如连锁超市的配送中心，在供应物流中如生产企业的零配件配送中心，都能见到这样的案例。北京医药股份有限公司的现代物流中心就是这样的一个典型。该系统的目标，一是落实国家有关医药物流的管理和控制标准GSP等，二是优化流程，提高效率。系统功能包括进货管理、库存管理、订单管理、拣选、复核、配送、RF终端管理、商品与货位基本信息管理等功能模块；通过网络化和数字化方式，提高库内作业控制水平和任务编排。该系统把配送时间缩短了50%，订单处理能力提高了一倍以上，还取得了显著的社会效益，成为医药物流的一个样板。此类系统多用于制造业或分销业的供应链管理中，也是WMS中最常见的一类。

第二类是以仓储作业技术的整合为主要目标的系统，解决各种自动化设备的信息系统之间整合与优化的问题。武钢第二热轧厂的生产物流信息系统即属于此类，该系统主要解决原材料库（钢坯）、半成品库（粗轧中厚板）与成品库（精轧薄板）之间的协调运行问题，否则将不能保持连续作业，不仅放空生产力，还会浪费能源。该系统的难点在于物流系统与轧钢流水线的各自动化设备系统要无缝连接，使库存成为流水线的一个流动环节，也使流水线成为库存操作的一个组成部分。各种专用设备均有自己的信息系统，WMS不仅要整合设备系统，也要整合工艺流程系统，还要融入更大范围的企业整体信息化系统中去。此类系统涉及的流程相对规范、专业化，多出现在大型ERP系统之中，成为一个重要组成部分。

第三类是以仓储业的经营决策为重点的应用系统，其鲜明的特点是具有非常灵活的计费系统、准确及时的核算系统和功能完善的客户管理系统，为仓储业经营提供决策支持信息。华润物流有限公司的润发仓库管理系统就是这样的一个案例。此类系统多用于一些提供公仓仓储服务的企业中，其流程管理、仓储作业的技术共性多、特性少，所以要求不高，适合对多数客户提供通用的服务。该公司采用了一套适合自身特点的WMS以后，减少了人工成本，提高了仓库利用率，明显增加了经济效益。

仓储管理系统WMS关注的核心理念是高效的任务执行和流程规划策略，是建立在成熟的物流理念的基础之上的，高性能的WMS，高效的管理流程，先进的设备共同铸造成功的仓储管理。WMS通过不同的功能模块支持企业仓储配送的执行并适应不断变化着的商务策略、电子商务、客户需求、现代化设备、订单的大小和结构环境，提高作业效率与资源利用率来降低物流成本和增强客户服务水平，实现对一个大型仓库或配送中心的所有执行过程的有效管理，从而使仓储管理策略长期处于领先地位，帮助企业打造物流管理的核心竞争力，诠释现代化物流管理理念。

## 知识回顾

仓储的含义，从物流管理的角度看，可以将仓储定义为：根据市场和客户的要求，为了确保货物没有损耗、变质和丢失，为了调节生产、销售和消费活动以及确保社会生产、生活的连续性，而对原材料等货物进行储存、保管、管理、供给的作业活动。

仓储的功能，从整个物流过程看，仓储是保证这个过程正常运转的基础环节之一。仓储的价值主要体现在其具有的基本功能、增值功能以及社会功能三个方面。

仓库泛指供贮存物品之用的建筑。仓库按照它在商品流通过程中所起的作用可以分为以下几种：采购供应仓库、批发仓库、零售仓库、储备仓库、中转仓库、加工仓库、保税仓库。按保管货物的特性分类分为原料仓库、产品仓库、冷藏仓库、恒温仓库、危险品仓库、水面仓库。按照场库的构造分类分为单层仓库、多层仓库、立体仓库、简仓、露天堆场。按仓库的管理体制分类分为自用仓库、公用仓库。

货架泛指存放货物的架子，货架在物流及仓库中占有非常重要的地位。货架按不同的划分标准有不同的分类，主要有：轻型货架、托盘货架、重力货架、移动货架、阁楼式货架、贯通（驶入）货架、滑动式货架。

仓储合理化是指用最经济的方法实现仓储的功能，它是第三利润的重要源泉，所以在仓储活动中进行合理的仓储对提高物流系统的工作效率非常重要。

### 复习思考

1. 仓储的功能有哪些?
2. 仓库有哪些分类?
3. 影响仓储合理化的主要因素有哪些?
4. 如何实现仓储合理化?

### 技能训练

自动化仓库的困惑

北京某汽车制造厂建造了一座高层货架仓库（即自动化仓库）作为中间仓库，存放装配汽车所需的各种零配件。此厂所需的零配件大多数是由其协作单位生产，然后运至自动化仓库。该厂是我国第一批发展自动化仓库的企业之一。

该仓库结构分高库和整理室两部分，高库是采用固定式高层货架与巷道堆垛机结构，从整理室到高库之间设有辊式输送机。当入库的货物包装规格不符合托盘或标准货箱时，则还需要对货物的包装进行重新整理，这项工作就是在整理室进行。由于当时各种物品的包装没有标准化，因此，整理工作的工作量相当大。

货物的出入库是运用电脑控制与人工操作相结合的人机系统。这套设备在当时来讲是相当先进的。该库建在该厂的东南角，距离装配车间较远，因此，在仓库与装配车间之间需要进行二次运输，即将所需的零配件先出库，装车运输到装配车间，然后才能进行组装。

自动化仓库建成后，这个先进设施在企业的生产经营中所起的作用并不理想。因此其利用率也逐年下降，最后不得不拆除。

思考题：

1. 帮助该企业分析自动化仓库为什么在该企业没有发挥其应有作用的原因。
2. 我们从中得到哪些启示?

## 项目二 运输

### 学习目标

1. 理解运输的含义、分类及操作过程
2. 了解五种运输方式
3. 掌握五种运输方式的优缺点
4. 掌握运输合理化的相关内容

## 技能知识

运输的含义，运输的分类，运输的操作过程，运输方式，运输合理化

### 引导案例

#### "沃尔玛"降低运输成本的学问

沃尔玛公司是世界上最大的商业零售企业，在物流运营过程中，尽可能地降低成本是其经营的哲学。

沃尔玛有时采用空运，有时采用船运，还有一些货物采用卡车公路运输。在中国，沃尔玛百分之百地采用公路运输，所以如何降低卡车运输成本，是沃尔玛物流管理面临的一个重要问题，为此他们主要采取了以下措施：

（1）沃尔玛使用一种尽可能大的卡车，大约有16米加长的货柜，比集装箱运输卡车更长或更高。沃尔玛把卡车装得非常满，产品从车厢的底部一直装到最高，这样非常有助于节约成本。

（2）沃尔玛的车辆都是自有的，司机也是它的员工。沃尔玛的车队大约有5 000名非司机员工，还有3 700多名司机，车队每周每一次运输可以达到7 000~8 000公里。

沃尔玛知道，卡车运输是比较危险的，有可能会出交通事故。因此，对于运输车队来说，保证安全是节约成本最重要的环节。沃尔玛的口号是"安全第一，礼貌第一"，而不是"速度第一"。在运输过程中，卡车司机们都非常遵守交通规则。沃尔玛定期在公路上对运输车队进行调查，卡车上面都带有公司的号码，如果看到司机违章驾驶，调查人员就可以根据车上的号码报告，以便于进行惩处。沃尔玛认为，卡车不出事故，就是节省公司的费用，就是最大限度地降低物流成本，由于狠抓了安全驾驶，运输车队已经创造了300万公里无事故的纪录。

（3）沃尔玛采用全球定位系统对车辆进行定位，因此在任何时候，调度中心都可以知道这些车辆在什么地方，离商店有多远，还需要多长时间才能运到商店，这种估算可以精确到小时。这样做可以提高整个物流系统的效率，有助于降低成本。

（4）沃尔玛连锁商场的物流部门，24小时进行工作，无论白天或晚上，都能为卡车及时卸货。另外，沃尔玛的运输车队利用夜间进行从出发地到目的地的运输，从而做到了当日下午进行集货，夜间进行异地运输，翌日上午即可送货上门，保证在15~18个小时内完成整个运输过程，这是沃尔玛在速度上取得优势的重要措施。

（5）沃尔玛的卡车把产品运到商场后，商场可以把它整个地卸下来，而不用对每个产品逐个检查，这样就可以节省很多时间和精力，加快了沃尔玛物流的循环过程，从而降低了成本。这里有一个非常重要的先决条件，就是沃尔玛的物流系统能够确保商场所得到的产品是与发货单完全一致的产品。

（6）沃尔玛的运输成本比供货厂商自己运输产品要低，所以厂商也使用沃尔玛的

卡车来运输货物，从而做到了把产品从工厂直接运送到商场，大大节省了产品流通过程中的仓储成本和转运成本。

沃尔玛的集中配送中心把上述措施有机地组合在一起，做出了一个最经济合理的安排，从而使沃尔玛的运输车队能以最低的成本高效率地运行。当然，这些措施的背后包含了许多艰辛和汗水，相信我国的本土企业也能从中得到启发，创造出沃尔玛式的奇迹来。

思考："沃尔玛"降低运输成本的根本在哪里？对我们有何启示？

资料来源：中国物流交易中心 http://www.56135.com

## 相关知识

### 一、运输的含义

运输是人和物的载运及输送。它是在不同地域范围间（如两个城市、两个工厂之间，或一个大企业内相距较远的两车间之间），以改变"物"的空间位置为目的的活动，对"物"进行空间位移。运输和搬运的区别在于，运输是较大范围的活动，而搬运是在同一地域之内的活动。

### 二、运输在物流中的地位

**1. 运输是物流的主要功能要素之一**

按物流的概念，物流是"物"的物理性运动，这种运动不但改变了物的时间状态，也改变了物的空间状态。而运输承担了改变空间状态的主要任务，运输是改变空间状态的主要手段，运输再配以搬运、配送等活动，就能圆满完成改变空间状态的全部任务。

**2. 运输是社会物质生产的必要条件之一**

运输是国民经济的基础。马克思将运输称之为"第四个物质生产部门"，是将运输看成是生产过程的继续，这个继续虽然以生产过程为前提，但如果没有这个继续，生产过程则不能最后完成。所以，虽然运输的这种生产活动和一般生产活动不同，它不创造新的物质产品，不增加社会产品数量，不赋产品以新的使用价值，而只变动其所在的空间位置，但这一变动则使生产能继续下去，使社会再生产不断推进，所以将其看成一种物质生产部门。

运输作为社会物质生产的必要条件，表现在以下两方面：

（1）在生产过程中，运输是生产的直接组成部分，没有运输，生产内部的各环节就无法联结。

（2）在社会上，运输是生产过程的继续，这一活动联结生产与再生产、生产与消费的环节，联结国民经济各部门、各企业，联结着城乡，联结着不同国家和地区。

#### 3. 运输可以创造"场所效用"

场所效用的含义是：同种"物"由于空间场所不同，其使用价值的实现程度则不同，其效益的实现也不同。由于改变场所而最大发挥使用价值，最大限度提高了投入产出比，这就称之为"场所效用"。通过运输，将"物"运到场所效用最高的地方，就能发挥"物"的潜力，实现资源的优化配置。从这个意义来讲，也相当于通过运输提高了物的使用价值。

#### 4. 运输是"第三利润源"的主要源泉

（1）运输是运动中的活动，它和静止的保管不同，要靠大量的动力消耗才能实现这一活动，而运输又承担大跨度空间转移的任务，所以活动的时间长、距离长、消耗也大。消耗的绝对数量大，其节约的潜力也就大。

（2）从运费来看，运费在全部物流费中占最高的比例，一般综合分析计算社会物流费用，运输费在其中占接近50%的比例，有些产品运费高于产品的生产费。所以节约的潜力是大的。

（3）由于运输总里程大，运输总量巨大，通过体制改革和运输合理化可大大缩短运输吨公里数，从而获得比较大的节约。

### 三、运输的分类

#### （一）按运输的范围分类

按运输的范围不同，可分为干线运输、支线运输、二次运输和厂内运输。

##### 1. 干线运输

这是利用公路、铁路的干线或大型船舶的固定航线进行的长距离、大数量的运输，是进行远距离空间位置转移的重要运输形式。干线运输一般速度较同种工具的其他运输要快，成本也较低。干线运输是运输的主体。

##### 2. 支线运输

这是与干线相接的分支线路上的运输。支线运输是干线运输与收、发货地点之间的补充性运输形式，路程较短，运输量相对较小，支线的建设水平往往低于干线，运输工具水平也往往低于干线，因而速度较慢。

##### 3. 二次运输

这是一种补充性的运输形式，路程较短。干线、支线运输到站后，站与用户仓库或指定接货地点之间的运输，由于是单个单位的需要，所以运量也较小。

##### 4. 厂内运输

在工业企业范围内，直接为生产过程服务的运输。一般在车间与车间之间、车间与仓库之间进行。小企业中的这种运输以及大企业车间内部、仓库内部则不称"运输"，而称"搬运"。

## （二）按运输的作用分类

按运输的作用不同，可分为集货运输与配送运输。

### 1. 集货运输

将分散的货物汇集集中的运输形式，一般是短距离、小批量的运输，货物集中后才能利用干线运输形式进行远距离及大批量运输，因此，集货运输是干线运输的一种补充形式。

### 2. 配送运输

将据点中已按用户要求配好的货分送各个用户的运输。一般是短距离、小批量的运输，从运输的角度讲是对干线运输的一种补充和完善的运输。

## （三）按运输的协作程度分类

按运输的协作程度不同，可分为一般运输与联合运输。

### 1. 一般运输

一般运输是指孤立地采用不同运输工具或同类运输工具而没有形成有机协作关系的运输。

### 2. 联合运输

联合运输，简称联运，是使用同一运送凭证，由不同运输方式或不同运输企业进行有机衔接接运货物，利用每种运输手段的优势以充分发挥不同运输工具效率的一种运输形式。采用联合运输，对用户来讲，可以简化托运手续、方便用户，同时可以加速运输速度，也有利于节省运费。

## （四）按运输中途是否换载分类

按运输中途是否换载分为直达运输与中转运输。

### 1. 直达运输

在组织货物运输时，利用一种运输工具从起运站、港一直运送至到达站、港中途不经过换载，中途不入库储存的运输形式。

直达运输的作用在于，避免中途换载所出现的运输速度减缓、货损增加、费用增加等一系列弊病，从而能缩短运输时间、加快车船周转、降低运输费用。

### 2. 中转运输

在组织货物运输时，在货物运往目的地的过程中，在途中的车站、港口、仓库进行转运换装，包括同种运输工具不同运输路线的转运换装，不同运输工具之间的转运换装，称中转运输。

中转运输的优点在于：通过中转，往往可以将干线、支线运输有效地衔接，可以化整为零或集零为整，从而方便用户、提高运输效率；可以充分发挥不同运输工具在不同路段上的最优水平，从而获得节约或效益，也有助于加快运输速度。中转运输方式的缺点是在换载时会出现低速度、高货损、增加费用支出。

中转运输及直达运输的优劣不能笼统言之，两者在一定条件下各有自己的优势。因此，需要具体问题具体分析，并以总体效益为最终判断标准。

## 四、运输的操作过程

运输的操作过程主要包括接货的操作过程、装运的操作过程与交付的操作过程。

**1. 接货的操作过程**

接货是货物的实体由托运人转移到承运人手中的开始。在发生实体转移之后，货物在途管理责任也转移到承运人手中。在海洋运输过程中，如果签发了提单，即发生了物权的转移。因此在接货的时候，无论是托运人还是承运人都要关注以下几个方面的操作：

包装。包装的目的之一是便于储运，包装分为单个包装、内包装和外包装。外包装是基于运输目的，起到保护作用并且考虑输送搬运作业方便，一般将货物置于箱、袋中，根据需要，包装对货物起到缓冲防震的作用，海运包装上有相应的标识说明。外包装可以保证商品在运输等过程中不散包、不破损、不受潮、不污染、不变质、不变味、不变形、不腐蚀、不生锈、不生虫，保持商品的数量和质量不变。所以，包装基本决定了使用何种运输工具来提供运输服务。

验货。在装运之前，要对货物的数量、件数和重量进行检验。这是货物从托运人转交给承运人时，必须要办理的手续，目的是分清责任。

装货。装货是指货物装上那个承运人运输工具的过程。无论何种运输形式，装货都要考虑货物在途的完整性和运输工具上的加固，以防止货物由于运输途中的颠簸受损。

单证。装货之后，托运人和承运人要办理货物交接货手续，一般是由双方在运输单证上表明货物已经按照实际情况由托运人在约定的时候和地点转移到承运人手中。

**2. 装运的操作过程**

装运是指承运人接货之后货物的在途过程。运输途中货物的安全、完好均由承运人负责，但发生不可抗力的情况除外。这些情况一般在货物发生实体转移之前由委托人和承运人在运输合同上作出约定。

有条件的时候，或者双方在接货之前已有约定，承运人可向托运人提供货物在途信息，这些信息可以由GPS、GIS、电话、网络等方式实时提供给托运人，以便托运人了解货物在途信息。

**3. 交付的操作过程**

交付是指经过承运人按照货物单证上的要求，按时、完好地在约定的目的地把承运的货物交给收货人，程序简述如下：

通知。承运人要在货物抵达目的地之前，或者按照运输合同规定的时间，通知收货人做好收货准备。

交接。交接是指承运人将承运的货物在双方约定的目的地和时间交与收货人。

验收。收货人将按照运输单证来验收货物。如果验收无误，收货人将签妥的收货凭证交与承运人。如果是运费到付，还要将运费交与承运人。

## 五、运输方式

按运输设备及工具不同，运输方式可分为：海上运输、铁路运输、公路运输、航空运输与管道运输。

### 1. 海上运输

海上运输是指使用船舶通过海上航道在不同的国家和地区的港口之间运送物质的一种运输方式，具有以下特点：

（1）运输量大。国际物质运输是在全世界范围内进行的商品交换，地理位置和地理条件决定了海上物质运输是国际货物运输的主要手段。国际贸易总运量的75%以上是利用海上运输来完成的，有的国家的对外贸易运输海运占运量的90%以上。主要原因是船舶向大型化发展，如50万~70万吨的巨型油船，16万~17万吨的散装船以及集装箱船的大型化，船舶的载运能力远远大于火车、汽车和飞机，是运输能力最大的运输工具。

（2）通达性好。海上运输利用天然航道四通八达，不像火车、汽车要受轨道和道路的限制，因而其通过能力要超过其他各种运输方式。如果因政治、经济、军事等条件的变化，还可随时改变航线驶往有利于装卸的目的港。

（3）运费低廉。船舶的航道天然构成，船舶运量大，港口设备一般均为政府修建，船舶经久耐用且节省燃料，所以货物的单位运输成本相对低廉。据统计，海运运费一般约为铁路运费的1/5，公路汽车运费的1/10，航空运费的1/30，这就为低值大宗货物的运输提供了有利的竞争条件。

（4）对货物的适应性强。由于上述特点使海上货物运输基本上适应各种货物的运输。如石油井台、火车、机车车辆等超重大货物，其他运输方式是无法装运的，船舶一般都可以装运。

（5）运输的速度慢。由于商船的体积大，水流的阻力大，加之装卸时间长等其他各种因素的影响，所以货物的运输速度比其他运输方式慢。

（6）风险较大。由于船舶海上航行受自然气候和季节性影响较大，海洋环境复杂，气象多变，随时都有遇上狂风、巨浪、暴风、雷电、海啸等人力难以抗衡的海洋自然灾害袭击的可能，遇险的可能性比陆地、沿海要大。同时，海上运输还存在着社会风险，如战争、罢工、贸易禁运等因素的影响。为转嫁损失，海上运输的货物、船舶保险尤其应引起重视。

### 2. 铁路运输

铁路是国民经济的大动脉，铁路运输是现代化运输业的主要运输方式之一，它与其他运输方式相比较，具有以下特点：

（1）铁路运输的准确性和连续性强。铁路运输几乎不受气候影响，一年四季可以不分昼夜地进行定期的、有规律的、准确的运转。

（2）铁路运输速度比较快。铁路货运速度每昼夜可达几百公里，一般货车可达100km/h左右，远远高于海上运输。

（3）运输量比较大。铁路一列货物列车一般能运送3 000～5 000吨货物，远远高于航空运输和汽车运输。

（4）铁路运输成本较低。铁路运输费用仅为汽车运输费用的几分之一到十几分之一，运输耗油约是汽车运输的二十分之一。

（5）铁路运输安全可靠，风险远比海上运输小。

（6）初期投资大。铁路运输需要铺设轨道、建造桥梁和隧道，建路工程艰巨复杂；需要消耗大量钢材、木材；占用土地，其初期投资大大超过其他运输方式。

### 3. 公路运输

公路运输（一般是指汽车运输）是陆上两种基本运输方式之一，具有以下特点：

（1）机动灵活、简捷方便、应急性强，能深入到其他运输工具到达不了的地方。

（2）适应点多、面广、零星、季节性强的货物运输。

（3）运距短、单程货多。

（4）汽车投资少、收效快。

（5）港口集散可争分夺秒，突击抢运任务多。

（6）是空运班机、船舶、铁路衔接运输不可缺少的运输形式。

（7）随着公路现代化、车辆大型化，公路运输是实现集装箱在一定距离内"门到门"运输的最好的运输方式。

（8）汽车的载重量小，车辆运输时震动较大，易造成货损事故，费用和成本也比海上运输和铁路运输高。

### 4. 航空运输

航空运输虽然起步较晚，但发展极为迅速，这是与它所具备的许多特点分不开的，这种运输方式与其他运输方式相比，具有以下特点：

（1）运送速度快。现代喷气运输机一般时速都在900英里左右，协和式飞机时速可达1350英里。航空线路不受地面条件限制，一般可在两点间直线飞行，航程比地面短得多，而且运程越远，快速的特点就越显著。

（2）安全准确。航空运输管理制度比较完善，货物的破损率低，可保证运输质量，如使用空运集装箱，则更为安全。飞机航行有一定的班期，可保证按时到达。

（3）手续简便。航空运输为了体现其快捷便利的特点，为托运人提供了简便的托运手续，也可以由货运代理人上门取货并为其办理一切运输手续。

（4）节省包装、保险、利息和储存等费用。由于航空运输速度快，商品在途时间短、周期快，存货可相对减少，资金可迅速收回。

（5）航空运输的运量小、运价较高。但是由于这种运输方式的优点突出，可弥补运费高的缺陷。加之保管制度完善、运量又小，货损货差较少。

### 5. 管道运输

管道运输是用管道作为运输工具的一种长距离输送液体和气体物资的运输方式，是一种专门由生产地向市场输送石油、煤和化学产品的运输方式，是统一运输网中干线运输的特殊组成部分。管道运输的优点可概括为：

（1）运量大。一条输油管线可以源源不断地完成输送任务。根据其管径的大小不同，其每年的运输量可达数百万吨到几千万吨，甚至超过亿吨。

（2）占地少。运输管道通常埋于地下，其占用的土地很少；运输系统的建设实践证明，运输管道埋藏于地下的部分占管道总长度的95%以上，因而对于土地的永久性占用很少，分别仅为公路的3%，铁路的10%左右，在交通运输规划系统中，优先考虑管道运输方案，对于节约土地资源，意义重大。

（3）建设周期短、费用低。国内外交通运输系统建设的大量实践证明，管道运输系统的建设周期与相同运量的铁路建设周期相比，一般来说要短1/3以上。历史上，中国建设大庆至秦皇岛全长1 152公里的输油管道，仅用了23个月的时间，而若要建设一条同样运输量的铁路，至少需要3年时间，新疆至上海市的全长4 200公里天然气运输管道，预期建设周期不会超过2年，但是如果新建同样运量的铁路专线，建设周期在3年以上，特别是地质地貌条件和气候条件相对较差，大规模修建铁路难度将更大，周期将更长，统计资料表明，管道建设费用比铁路低60%左右。

（4）安全可靠、连续性强。由于石油天然气易燃、易爆、易挥发、易泄漏，采用管道运输方式，既安全，又可以大大减少挥发损耗，同时由于泄漏导致的对空气、水和土壤污染也可大大减少，也就是说，管道运输能较好地满足运输工程的绿色化要求，此外，由于管道基本埋藏于地下，其运输过程恶劣多变的气候条件影响小，可以确保运输系统长期稳定地运行。

（5）耗能少、成本低、效益好。发达国家采用管道运输石油，每吨千米的能耗不足铁路的1/7，在大量运输时的运输成本与水运接近，因此在无水条件下，采用管道运输是一种最为节能的运输方式。管道运输是一种连续工程，运输系统不存在空载行程，因而系统的运输效率高，理论分析和实践经验已证明，管道口径越大，运输距离越远，运输量越大，运输成本就越低，以运输石油为例，管道运输、水路运输、铁路运输的运输成本之比为1:1:1.7。

管道运输的缺点主要有：

（1）灵活性差。管道运输不如其他运输方式（如汽车运输）灵活，除承运的货物比较单一外，它也不容随便扩展管线。实现"门到门"的运输服务，对一般用户来说，管道运输常常要与铁路运输或汽车运输、水路运输配合才能完成全程输送。

（2）成本高。由于运输量明显不足时，运输成本会显著地增大。

五种运输方式的优缺点比较如表2-1所示。

表2-1　　　　　　　　　五种运输方式的优缺点比较

| 运输方式 | 特点 | 工具 | 优点 | 缺点 |
|---|---|---|---|---|
| 海上运输 | 大数量长距离 | 船舶 | 运输能力大；在运输条件良好的航道，通过能力几乎不受限制；通用性能不错，可以运送各种货物；水运建设投资省；运输成本低；劳动生产率高；平均运输距离长，远洋运输是发展国际贸易的强大支柱，战时可以增强国防能力 | |
| 铁路运输 | 大宗货物全天候运转 | 机动车牵引车辆 轨道 | 运行速度快，时速一般在80~120公里；运输能力大；运输过程受自然条件限制较小，连续性强，能保证全年运行；通用性能好，可运送各类不同的货物；火车运行比较平稳，安全可靠；平均运输距离比公路运输高；铁路运输成本较低；能耗较低 | 投资太高；建设周期长；占地多 |
| 公路运输 | 近距离小批量 | 汽车 公路 | 机动灵活；运送速度快，可以实现门到门运输；投资少 | 运输能力小；运输能耗很高；运输成本高；劳动生产率 |
| 航空运输 | 速度最快最昂贵 | 飞行器航空港航道设施 | 运行速度快；机动性能好；服务质量高；安全性高 | 能耗大；运输能力小；成本很高；技术复杂 |
| 管道运输 | 运输工具和线路于一身 | 管道线路 管道两端气泵站 | 全天候作业；货物不需包装；货损率低；单向运输，没有回空问题；耗用能源少，占地少，安全无公害；经营管理简单，单位运营成本低 | 仅限于液体、气体及少数同质固体；灵活性小，仅限于管道内运输货物，且为单向；初期固定投资大 |

## 六、集装箱运输

集装箱运输是以集装箱作为运输单位进行货物运输的一种先进运输方式，它是现代化交通运输的基本形式，是现代化大生产和自动化机械装置运用到运输领域的产物，是货物运输的一场革命。

### (一)集装箱的分类

集装箱是指具有一定强度、刚度、规格的专供周转使用的大型装货容器。集装箱是运输货物的一种大容器,是一种综合性的运输工具。凡是具有下列条件的货物运输容器都可称为集装箱:能反复长期使用,具有足够的强度;各种运输方式联运或中途中转时,中途不需要进行倒装;可以进行机械装卸,并可从一种运输方式比较方便地换装到另一种运输方式;便于货物的装卸和充分利用容积;内部几何容积在1立方米以上。

**1. 按用途的不同,可分为杂货集装箱、保温集装箱和特种集装箱**

(1)杂货集装箱。也称干货集装箱或通用型集装箱,使用于除冷冻货、或动物以外,不需要温度调节,且在尺寸、质量等方面均适用的货物,如交电类、仪器仪表类、建材类、针织品类、工艺品类、文教体育用品类、化工类、烟酒食品类、小型机械类、医药类、小五金类等。在集装箱门类中,这种集装箱所占比重最大,是最常见的一种集装箱。

(2)保温集装箱。保温集装箱是一种箱壁都用导热率极低的材料隔热,用于需要冷藏和保温的货物运输的集装箱,它包括冷藏集装箱、隔热集装箱、通风集装箱。保温集装箱可用于运输冷冻货物、蔬菜、水果等。

(3)特种集装箱。适用于装运特种货物,可以细分为干货集装箱、框架集装箱、开顶集装箱、汽车集装箱、牲畜集装箱、兽皮集装箱、平台集装箱。特种集装箱可用于运输大豆、大米、面粉、饲料、水泥、化学制品、钢管、酒类、油类、汽车、活牲畜、生皮等货物。

**2. 按大小的不同,可分为大型箱、中型箱和小型箱**

(1)大型箱。凡装载量在20吨以上的集装箱。

(2)中型箱。装载量在5~20吨之间的为中型箱。

(3)小型箱。装载量在5吨以下的为小型箱。

**3. 按箱质材料的不同,可分为:铝合金集装箱、钢板集装箱、玻璃钢集装箱、不锈钢集装箱和纤维板集装箱**

(1)铝合金集装箱。此种箱自重轻、加工制造方便,外表美观,但造价高,焊接性能差,使用寿命为15~16年。

(2)钢板集装箱。此种集装箱强度大、结构牢、焊接性和水密性好、造价低,但自重大、容易腐蚀生锈,使用年限为11~12年。

(3)玻璃钢集装箱。此种箱强度大、刚性好、能隔热、防腐、不生锈,但自重大、造价高、材料老化后强度降低。

(4)不锈钢集装箱。此种箱强度大、不生锈、耐腐蚀、维修简单,但价格高、材料紧缺。

(5)纤维板集装箱。此种箱造价低,强度低,适用性较差。

## （二）集装箱运输形式

### 1. 集装箱集疏运输

集装箱集疏运输是干线运输的首尾衔接性支线运输，这种集疏运输是在内陆进行，有内陆公路集疏运输、内河集疏运输、铁路集疏运输三种形式。集疏运输的任务是将各用户的集装箱集中起来，以便进行干线运输。

### 2. 集装箱班轮

利用集装箱船在固定港口之间进行定期航行的集装箱运输，这种形式在各国普遍采用，运输量巨大。我国也开辟了到美洲、欧洲、日本、中国香港、地中海、东南亚等地的定期班轮航线。

### 3. 集装箱定期直达列车

采用固定车底的专用集装箱车皮组成的专列，定点、定线、定期运行，也可采用平地车进行车载车的驼背运输，这种运输形式速度快、运输能力大，被普遍采用。

### 4. 集装箱专运列车、快运列车

专运列车在专门线及站之间运行，但不确定时间表，快运列车是专门对小批量集装箱进行没有固定时间表的快运。

### 5. 联运

大致有这样几种联运形式，一般集装箱联运、国际集装箱联运、大陆桥集装箱联运。

## （三）集装箱运输的优越性

### 1. 装卸效率高，运输工具利用率高

集装箱对货物进行了单元化处理，可将集装箱从一种运输方式直接换装到另一种运输方式，无须重新掏箱、装箱，大大提高了装卸搬运的机械化、自动化，由于装卸效率的提高，各种运输工具在港站停留时间大大缩短，使运输工具的运输时间大幅增加，提高了运输工具的使用效率。

### 2. 运输成本低

货物运达速度快，加快了流动资金周转速度，降低了成本，提高了企业的经济效益。

### 3. 节省货物的运输包装费用、仓储费、运杂费用

由于集装箱本身是一种具有较高强度的容器，在运输途中可以起到保护货物的作用，可省去一定的包装费用，另外集装箱就是一个小型的仓库，货物在短暂停滞期间可直接存储在集装箱中即可，因此利用集装箱运输可以减少运输途中的储存费等运杂费用。

### 4. 提高货场利用率

由于集装箱的强度远远大于货物运输包装的强度，集装箱货物在库场堆码时，最多可达四层，因此可以大大减少堆码占用的面积，提高库场利用率。在土

地价格不断上涨的今天，占地面积的节约具有重要的意义

## 七、运输合理化

物流运输合理化就是在保证物品流向合理的前提下，在整个运输过程中，确保运输质量，以适宜的运输工具、最少的运输环节、最佳的运输路线、最低的运输费用使物品运至目的地。

### （一）不合理运输

不合理运输是在现有条件下可以达到的运输水平而未达到，从而造成了运力浪费、运输时间增加、运费超支等问题的运输形式。目前我国存在的不合理运输形式主要有：

**1. 返程或起程空驶**

空车无货载行驶，可以说是不合理运输最严重的形式。在实际运输组织中，有时候必须调运空车，从管理上不能将其看成不合理运输。但是，因调运不当，货源计划不周，不采用运输社会化而形成的空驶，是不合理运输的表现。造成空驶的不合理运输主要有以下几种原因：

（1）能利用社会化的运输体系而不利用，却依靠自备车送货提货，这往往出现单程重车、单程空驶的不合理运输。

（2）由于工作失误或计划不周，造成货源不实，车辆空去空回，形成双程空驶。

（3）由于车辆过分专用，无法搭运回程货，只能单程实车，单程回空周转。

**2. 对流运输**

亦称"相向运输"、"交错运输"，指同一种货物，或彼此间可以互相代用而又不影响管理、技术及效益的货物，在同一线路上或平行线路上作相对方向的运送，而与对方运程的全部或一部分发生重叠交错的运输称对流运输。已经制定了合理流向图的产品，一般必须按合理流向的方向运输，如果与合理流向图指定的方向相反，也属对流运输。

在判断对流运输时需注意的是，有的对流运输是不很明显的隐蔽对流，例如不同时间的相向运输，从发生运输的那个时间看，并无出现对流，可能做出错误的判断，所以要注意隐蔽的对流运输。

**3. 迂回运输**

迂回运输是舍近取远的一种运输。可以选取短距离进行运输而不办，却选择路程较长路线进行运输的一种不合理形式。迂回运输有一定复杂性，不能简单处之，只有当计划不周、地理不熟、组织不当而发生的迂回，才属于不合理运输，如果最短距离有交通阻塞、道路情况不好或有对噪声、排气等特殊限制而不能使用时发生的迂回，不能称不合理运输。

### 4. 重复运输

本来可以直接将货物运到目的地，但是在未到目的地之处，或目的地之外的其他场所将货卸下，再重复装运送达目的地，这是重复运输的一种形式。另一种形式是，同品种货物在同一地点一面运进，同时又向外运出。重复运输的最大毛病是增加了非必要的中间环节，这就延缓了流通速度，增加了费用，增大了货损。

### 5. 倒流运输

是指货物从销地或中转地向产地或起运地回流的一种运输现象。其不合理程度要甚于对流运输，其原因在于，往返两程的运输都是不必要的，形成了双程的浪费。倒流运输也可以看成是隐蔽对流的一种特殊形式。

### 6. 过远运输

是指调运物资舍近求远，近处有资源不调而从远处调，这就造成可采取近程运输而未采取，拉长了货物运距的浪费现象。过远运输占用运力时间长、运输工具周转慢、物资占压资金时间长，远距离自然条件相差大，又易出现货损，增加了费用支出。

### 7. 运力选择不当

未选择各种运输工具优势而不正确地利用运输工具造成的不合理现象，常见有以下若干形式：

（1）弃水走陆。在同时可以利用水运及陆运时，不利用成本较低的水运或水陆联运，而选择成本较高的铁路运输或汽车运输，使水运优势不能发挥。

（2）铁路、大型船舶的过近运输。不是铁路及大型船舶的经济运行里程却利用这些运力进行运输，主要不合理之处在于火车及大型船舶起运及到达目的地的准备、装卸时间长，且机动灵活性不足，在过近距离中利用，发挥不了运速快的优势。相反，由于装卸时间长，反而会延长运输时间。另外，和小型运输设备比较，火车及大型船舶装卸难度大、费用也较高。

（3）运输工具承载能力选择不当。不根据承运货物数量及重量选择，而盲目决定运输工具，造成过分超载、损坏车辆及货物不满载、浪费运力的现象。尤其是"大马拉小车"现象发生较多。由于装货量小，单位货物运输成本必然增加。

### 8. 托运方式选择不当

对于货主而言，在可以选择最好托运方式而未选择，造成运力浪费及费用支出加大的一种不合理运输。例如，应选择整车托运，反而采取零担托运，应当直达而选择了中转运输，应当中转运输而选择了直达运输等都属于这一类型的不合理运输。

上述各种不合理运输形式都是在特定条件下表现出来的，在进行判断时必须注意其不合理的前提条件，否则就容易出现判断的失误。例如，如果同一种产品，由于商标不同、价格不同所发生的对流，不能绝对看成不合理，因为其中存在着市场机制引导的竞争，如果强调因为表面的对流而不允许运输，就会起到保护落后、阻碍竞争甚至助长地区封锁的作用。

再者，以上对不合理运输的描述，主要就形式本身而言，是从微观观察得出的结论。在实践中，必须将其放在物流系统中做综合判断，在不做系统分析和综合判断时，很可能出现"效益背反"现象。单从一种情况来看，避免了不合理，做到了合理，但它的合理却使其他部分出现不合理。只有从系统角度，综合进行判断才能有效避免"效益背反"现象，从而优化全系统。

（二）运输合理化的有效措施

实施运输合理化可采取以下有效措施。

**1. 提高运输工具实载率**

实载率有两个含义：一是单车实际载重与运距之乘积和标定载重与行驶里程之乘积的比率，这在安排单车、单船运输时，是作为判断装载合理与否的重要指标；二是车船的统计指标，即一定时期内车船实际完成的货物周转量（以吨公里计）占车船载重吨位与行驶公里之乘积的百分比。在计算时车船行驶的公里数，不但包括载货行驶，也包括空驶。

提高实载率的意义在于：充分利用运输工具的额定能力，减少车船空驶和不满载行驶的时间，减少浪费，从而求得运输的合理化。

我国曾在铁路运输上提倡"满载超轴"，其中"满载"的含义就早充分利用货车的容积和载重量，多载货，不空驶，从而达到合理化之目的。这个做法对推动当时运输事业发展起到了积极作用。当前，国内外开展的"配送"形式，优势之一就是将多家需要的货和一家需要的多种货实行配装，以达到容积和载重的充分合理运用，比起以往自家提货或一家送货车辆大部空驶的状况，是运输合理化的一个进展。在铁路运输中，采用整车运输、合装整车、整车分卸及整车零卸等具体措施，都是提高实载率的有效措施。

**2. 采取减少动力投入，增加运输能力的有效措施求得合理化**

这种合理化的要点是，少投入、多产出，走高效益之路。运输的投入主要是能耗和基础设施的建设，在设施建设已定型和完成的情况下，尽量减少能源投入，是少投入的核心。做到了这一点就能大大节约运费，降低单位货物的运输成本，达到合理化的目的。国内外在这方面的有效措施有：

（1）满载超轴。前文已提到的"满载超轴"，其中"超轴"的含义就是在机车能力允许情况下，多加挂车皮。我国在客运紧张时，也采取加长列车、多挂车皮办法，在不增加机车情况下增加运输量。

（2）水运拖排和拖带法。竹、木等物资的运输，利用竹、木本身浮力，不用运输工具载运，采取拖带法运输，可省去运输工具本身的动力消耗从而求得合理；将无动力驳船编成一定队形，一般是"纵列"，用拖轮拖带行驶，可以有比船舶载乘运输运量大的优点，求得合理化。

（3）顶推法。顶推法是我国内河货运采取的一种有效方法。将内河驳船编成一定队形，由机动船顶推前进的航行方法。其优点是航行阻力小，顶推量大，速度较快，运输成本很低。

（4）汽车挂车。汽车挂车的原理和船舶拖带、火车加挂基本相同，都是在充分利用动力能力的基础上，增加运输能力。

### 3. 发展社会化的运输体系

运输社会化的含义是发展运输的大生产优势，实际专业分工，打破一家一户自成运输体系的状况。一家一户的运输小生产，车辆自有，自我服务，不能形成规模，且一家一户运量需求有限，难于自我调剂，因而经常容易出现空驶、运力选择不当、不能满载等浪费现象，且配套的接、发货设施，装卸搬运设施也很难有效地运行，所以浪费颇大。实行运输社会化，可以统一安排运输工具，避免对流倒流、空驶、运力不当等多种不合理形式，不但可以追求组织效益，而且可以追求规模效益，所以发展社会化的运输体系是运输合理化的重要措施。

当前火车运输的社会化运输体系已经较完善，而在公路运输中，小生产生产方式非常普遍，是建立社会化运输体系的重点。

社会化运输体系中，各种联运体系是其中水平较高的方式，联运方式充分利用面向社会的各种运输系统，通过协议进行一票到底的运输，有效打破了一家一户的小生产，受到了欢迎。我国在利用联运这种社会化运输体系时，创造了"一条龙"货运方式。对产、销地及产、销量都较稳定的产品，事先通过与铁路、交通等社会运输部门签订协议，规定专门收、到站，专门航线及运输路线，专门船舶和泊位等，有效保证了许多工业产品的稳定运输，取得了很大成绩。

### 4. 开展中短距离铁路公路分流，"以公代铁"的运输

这一措施的要点是在公路运输经济里程范围内，或者经过论证，超出通常平均经济里程范围，也尽量利用公路。这种运输合理化的表现主要有两点：一是对于比较紧张的铁路运输，用公路分流后，可以得到一定程度的缓解，从而加大这一区段的运输通过能力；二是充分利用公路从门到门和在中途运输中速度快且灵活机动的优势，实现铁路运输服务难以达到的水平。

我国"以公代铁"目前在杂货、日用百货运输及煤炭运输中较为普遍，一般在200公里以内，有时可达700~1 000公里。山西煤炭外运经认真的技术经济论证，用公路代替铁路运至河北、天津、北京等地是合理的。

### 5. 尽量发展直达运输

直达运输是追求运输合理化的重要形式，其对合理化的追求要点是通过减少中转过载换载，从而提高运输速度，省却装卸费用，降低中转货损。直达的优势，尤其是在一次运输批量和用户一次需求量达到了一整车时表现最为突出。此外，在生产资料、生活资料运输中，通过直达，建立稳定的产销关系和运输系

统,也有利于提高运输的计划水平,考虑用最有效的技术来实现这种稳定运输,从而大大提高运输效率。

特别需要一提的是,如同其他合理化措施一样,直达运输的合理性也是在一定条件下才会有所表现,不能绝对认为直达一定优于中转,这要根据用户的要求,从物流总体出发做综合判断。如果从用户需要量看,批量大到一定程度,直达是合理的,批量较小时中转是合理的。

**6. 配载运输**

配载运输是充分利用运输工具载重量和容积,合理安排装载的货物及载运方法以求得合理化的一种运输方式。配载运输也是提高运输工具实载率的一种有效形式。

配载运输往往是轻重商品的混合配载,在以重质货物运输为主的情况下,同时搭载一些轻泡货物,如海运矿石、黄沙等重质货物,在舱面捎运木材、毛竹等,铁路运矿石、钢材等重物上面搭运轻泡农、副产品等,在基本不增加运力投入情况下,在基本不减少重质货物运输情况下,解决了轻泡货的搭运,因而效果显著。

**7. "四就"直拨运输**

"四就"直拨是减少中转运输环节,力求以最少的中转次数完成运输任务的一种形式。一般批量到站或到港的货物,首先要进分配部门或批发部门的仓库,然后再按程序分拨或销售给用户。这样一来,往往出现不合理运输。

"四就"直拨,首先是由管理机构预先筹划,然后就厂或就站(码头)、就库、就车(船)将货物分送给用户,而无须再入库了。

**8. 发展特殊运输技术和运输工具**

依靠科技进步是运输合理化的重要途径。例如,专用散装及罐车,解决了粉状、液状物运输损耗大,安全性差等问题;袋鼠式车皮,大型半挂车解决了大型设备整体运输问题;"滚装船"解决了车载货的运输问题,集装箱船比一般船能容纳更多的箱体,集装箱高速直达车船加快了运输速度等,都是通过采用先进的科学技术实现合理化。

**9. 通过流通加工,使运输合理化**

有不少产品,由于产品本身形态及特性问题,很难实现运输的合理化,如果进行适当加工,就能够有效解决合理运输问题,例如将造纸材在产地预先加工成干纸浆,然后压缩体积运输,就能解决造纸材运输不满载的问题。轻泡产品预先捆紧包装成规定尺寸,装车就容易提高装载量;水产品及肉类预先冷冻,就可提高车辆装载率并降低运输损耗。

> **拓展知识**

## 道路运输节省法则

如今的先进技术解决方案已经可以缓解制造商、发行商和零售商运输过程中的"痛处",包括飞涨的燃料价格、司机的进一步短缺以及对安全保障越来越多的关注和服务时间要求。

**动态运输执行法**

运输执行法指的是运输工具的运输计划,就像托运人制定他们每月、每周的战略计划,有时还包括每天的战术决策。先进的技术解决方案让托运人更加从容有效地管理运输网络。新的优化法则使得多种运输模型、路线和服务水平之间的评价和比较成为可能,并可以快速计算出需要扩增的运能。

对于寻求运输执行的优化方法这一大难题,托运人用最好的技术来解决。在如今浮动汇率和千变万化的大环境下,了解各个不同运输模型费用之间的关系、承运商的决策费用之间的关系显得尤为重要。一个好的运输管理系统应当对每一个运输模型的费用和服务水平之间的关系十分了解,并且根据托运人提出的商业目标推荐最优的解决方案。

运输实时通信。随着经济的快速发展,诞生了像电子数据交换(EDI)等基于网络的实时通信手段。它们同时也成为贸易伙伴、客户和运输服务提供商之间加强联系的关键技术。无论是考虑到投标、竞标、谈判、签约和通知托运人货物装载信息等细节,还是查询运输过程中的货损情况,那种花费大量时间等待电话回应和传真的日子,已经一去不复返了。取而代之的是快速、有效的系统的通信模式,这已经被许多承运商证明是传递信息最高效的方式。

快速双向通信也是应对突发事件所必要的手段,可以有效的防止突发事件进一步酿成更大的损失。快速双向通信可以支持现代化的决策过程,像现场竞标、场站管理、库存管理和日程安排等。利用现代化通信手段以及与承运商之间保持紧密合作关系显然已成为了一项战略,以增强工作流程的同步性、签订最划算的合同并保持稳定的业绩水平。这就意味着,你越快地让你的货物进入到承运商的运输体系中,你就有越大的把握在你需要帮助的时候得到来自承运商的支持。

执行过程的跟踪、评价和分析。托运人难以衡量的工序,也是承运商所不能改进的工序。有了执行管理技术工具,托运人就可以监控、评价运输公司的执行过程,并将这些信息作为以后选择承运商的依据。通过分析当前数据和历史数据,来对承运商的表现进行打分,成为了一种合理的商业惯例做法,从而提高了效率和服务质量水平。托运商为了不断的追求改进,也会根据自身的生产效率、生产能力和收益,来评价公司内部的效益。一个战略性的运输计划的成败在于承运商的能力,只有承运商能够达到托运人的要求,托运人才会采纳承运商的计划。

**利用互联网**

随着中小型交易数量的增加,此项关键的运输技术解决方案的诞生,排除了那些复杂程序管理上的困扰。通过互联网,可以随时随地得到应用软件提供商(ASP)所提供的解决方案。

设想一下，借助强大的信息通信技术，你的车队将成为一个按需调配、准时响应（JIT）的车队——当你需要的时候，提供你所需要的。顾客再也不用承担巨大的信息技术投资所带来的主要技术风险了。基于网络信息管理系统的车队组织管理只需要你安装应用软件，就可以提升公司的效率并且降低总成本。这样你即可以集中在公司的核心业务上，只在你确定需要运输服务的时候，为所需要的服务付款。

## 知识回顾

运输是人和物的载运及输送。它是在不同地域范围间（如两个城市、两个工厂之间，或一个大企业内相距较远的两车间之间），以改变"物"的空间位置为目的的活动，对"物"进行空间位移。运输和搬运的区别在于，运输是较大范围的活动，而搬运是在同一地域之内的活动。

运输在物流中的地位主要有运输是物流的主要功能要素之一；运输是社会物质生产的必要条件之一；运输可以创造"场所效用"；运输是"第三利润源"的主要源泉等。

运输的分类按照不同的划分标准有不同的分类，按运输的范围不同，可分为干线运输、支线运输、二次运输和厂内运输。按运输的作用不同，可分为集货运输与配送运输。按运输的协作程度不同，可分为一般运输与联合运输。按运输中途是否换载分为直达运输与中转运输。

运输的操作过程主要包括接货的操作过程、装运的操作过程与交付的操作过程。

按运输设备及工具不同，运输方式可分为：海上运输、铁路运输、公路运输、航空运输与管道运输。

集装箱运输是以集装箱作为运输单位进行货物运输的一种先进运输方式，它是现代化交通运输的基本形式，是现代化大生产和自动化机械装置运用到运输领域的产物，是货物运输的一场革命。

物流运输合理化就是在保证物品流向合理的前提下，在整个运输过程中，确保运输质量，以适宜的运输工具、最少的运输环节、最佳的运输路线、最低的运输费用使物品运至目的地。不合理运输是在现有条件下可以达到的运输水平而未达到，从而造成了运力浪费、运输时间增加、运费超支等问题的运输形式。目前我国存在的不合理运输形式主要有：返程或起程空驶；对流运输；迂回运输；重复运输；倒流运输；过远运输；运力选择不当；托运方式选择不当。实施运输合理化可采取以下有效措施：提高运输工具实载率；采取减少动力投入，增加运输能力的有效措施求得合理化；发展社会化的运输体系；开展中短距离铁路公路分流，"以公代铁"的运输；尽量发展直达运输；配载运输；"四就"直拨运输；发展特殊运输技术和运输工具；通过流通加工，使运输合理化。

## 复习思考

1. 运输的操作管理有哪些环节？
2. 简述五种运输方式的优缺点。
3. 运输合理化的措施有哪些？

## 技能训练

### 加拿大的公路快速货运

加拿大的公路运输领域，目前包括三类，即专业运输企业、小件快运公司和社会非专业运输企业。近年来，随着专业运输企业竞争的加剧，导致其在货运的及时或快运等物流服务方面的不断改善。

1. 为客户服务

近年来，许多生产企业开展适时生产制（JustInTime），要求公路运输（或物流）企业及时供应他们所需要的货物。为此，有的公路快运企业购进带卧铺的先进卡车，针对长距离的运输两个驾驶员可轮流开车。为了达到及时、快速、保持企业信誉的目的，有时不惜用航空运输；或根据需要安装，则除了送货到门外，直到把货物安装调试完毕，客户满意签单后，才算完成任务；公路快运（物流）企业还拥有自己专门的营销队伍，专门负责联系工商企业，了解他们的所需，介绍本物流企业的服务项目。每个客户都有专门的营销员负责固定联系，驾驶员及所有工作人员都是兼职营销员，他们每一环节的优质服务都会影响顾客对物流企业的印象，由此也会波及到公司的业务量和市场份额。

2. 市场的选择

市场是无限的，不可能什么都想做。公路运输或物流企业必须根据企业的优势和特点来选择服务市场。如加拿大的BURHAM公司根据自己的特点，在第三方物流业务中以经营计算机办公设备、保健用品、生活基本用品、银行设备、通信设备及医疗用品为主。对有些一揽子的物流服务项目，如果本企业承包下来而又觉得无能力做好，则分包给有这样能力的企业去做。

3. 人员的培训

加拿大的公路快运（物流）企业特别重视驾驶员的培训，认为他们既是生产者又是经营者，代表着企业的形象，企业的成功与否关键在于驾驶员。驾驶员上岗前进行7周的业务培训，这种培训包括经营理念、物流业务、驾驭技术、运输地理等，以达到快速、安全、降低客户的赔付、维护企业信誉的目的。

4. 高效低成本

运输市场除了物流服务质量的竞争外，就是成本和价格的竞争。加拿大的公路快运在这方面表现突出，如使用大吨位、柴油化、拖挂式的车辆；运输组织中运用卫星定位调度系统以充分提高车辆的实载率；仓库和车厢采用立体隔架结构以提高其利用率；运用机械化或自动装货堆垛降低物流各环节的成本。而且营运比（营运成本与营运收入的比值）极高，只有靠大规模经营即业务量的扩大来增加利润额。

5. 发展高技术

加拿大的物流业也不是一开始技术就很高。以驾驶员监控系统为例，20世纪80年代初，有的公路运输企业给车上安装"黑匣子"，通过这个"黑匣子"中的双面圆形卡片记录运行过程中的行驶速度、停歇、转速、油耗等情况，司机在完成任务后交给公司，由公司统一用计算机分析，据此来考核驾驶员的行驶和节油情况。在1998年以后，有的物流企业才开始使用卫星技术，并在车上安装了小屏幕显示的微机，使司机和控制中心在几秒钟内即可完成数据交换（EDI）。另外，车门装卸感应器、仓库摄像监控系统、汽车空气悬挂、自动化装卸等高技术都是根据需要和企业的实际能力逐步发展起来。

讨论：加拿大的公路快速货运的特点。

## 项目三 装卸搬运

### 学习目标

1. 了解装卸搬运的含义
2. 掌握装卸搬运的特点与分类
3. 掌握装卸搬运的作用
4. 掌握装卸搬运合理化的相关内容

### 技能知识

装卸搬运的含义，装卸搬运的特点与分类，装卸搬运的作用，装卸搬运合理化

### 引导案例

**快递野蛮装卸　消费者两次收到"碎"灯具**

咸阳的李先生通过淘宝网购买了一套镜前灯，但快递公司送来的灯具到手时已经破碎。网店为其更换后，第二次寄来的灯具到手时又已破碎。网店商家透露，快递业内存在野蛮装卸等问题，律师建议收件时最好当面检验再签单。

1. 两次寄来的灯具都碎了

近日，李先生向记者展示了两次打开包装后灯管碎裂的照片，"第一次是1月12日拿到货，包装非常好，没有破损，就签收了。结果，到家后打开塑料泡沫、报纸等层层包裹后发现，两根灯管都是碎的。"他把情况给发货商说后，对方很快通过快递

公司又发来灯具。"这次，我自己去快递公司取的。这次发货商用铁盒子做外包装，里面还包裹了很多层，很严密，但当着快递公司人员的面打开后，还是有一根灯管碎了。"

快递人员表示，李先生可以拒绝接收，然后快递公司将把货物退回，但考虑到发货商的诚恳，再说从包装上看，商家已用心良苦，他便没要求退货。

2. 检验后再签单尽量申请保险

网店老板表示，因为灯管本身属于易碎品，他们当时送交货物给快递公司时就在外包装上注明了"易碎品，请轻放"字样，但最终还是破碎了。"有的快递公司很不规范，存在野蛮装卸的情况，这对我们这些经营易碎品的商家而言也是一件头疼事。"

负责派送李先生货物的西安这家快递公司一位李姓工作人员表示，快递公司不可能对交递的货物逐个打开查验，而且从慈溪到西安，中间会有多个中转站，具体是哪个环节出问题，也不好猜测。咸阳律师张西安表示，目前关于快递业务的法律规定还不健全，损坏以后如何赔偿的规定就更少了。他建议消费者规范填写托运单并保留好，这是重要的凭证。涉及重要资料、贵重物品时，一定要进行保值或保险申请。物品送达时接收人最好当面打开包裹，检验无误后再签单。

3. 快递"暴力"揭秘

承包了某大型快递公司在浙江金华的业务的吴先生透露了一些内幕，"不踩在你的包裹上就算好的了！收包裹的时候都给你放得好好的，回去分拣时照样扔。贴着易碎品标志也一样。"

几乎每到一个中转站，包裹就要被至少扔三次：一次是从装载车上扔下来，一次是分拣的时候被扔往各个堆中（如果扔错了还要被扔回来一次），还有一次是被扔上车运往下一个中转站。"送件没钱赚，收件才有提成有钱赚。""四通一达"（圆通、申通、中通、汇通、韵达）都是将地方的分公司承包给个人，其中的利益链不得不让快递员"重收轻送"。

快递业缺少监管，只有一个松散的快递协会。而迅速发展的电子商务也给快递公司提供了一个几乎不需要竞争的环境。快递公司不愁没有业务做。有数据统计：2009年全国网购业务是2 586亿元，2010年突破5 000亿元。快递业2009年的接件量是18.6亿件，2010年达到24亿件。电子商务的发展速度超出快递业的建设速度，服务质量的好坏和口碑很难影响快递的生意。

资料来源：新华网 http://xinhuanet.com

思考：快递行业的"让邮件飞"事件对你有何启示？

## 相关知识

### 一、装卸搬运的含义

在同一地域范围内（如车站范围、工厂范围、仓库内部等）改变"物"的存放、支撑状态的活动称为装卸，改变"物"的空间位置的活动称为搬运，两者合起来称为装卸搬运。有时候或在特定场合，单称"装卸"或单称"搬运"也包含了"装卸搬运"的完整含义。

在习惯使用中，物流领域（如铁路运输）常将装卸搬运这一整体活动称做"货物装卸"；在生产领域中，常将这一整体活动称做"物料搬运"。实际上，活动内容都是一样的，只是领域不同而已。在实际操作中，装卸与搬运是密不可分的，两者是伴随在一起发生的。因此，在物流领域中并不过分强调两者的差别而是将之作为一种活动来对待。另外，搬运的"运"与运输的"运"是不同的，搬运是在同一地域的小范围内发生的，而运输则是在较大范围内发生的，两者是量变到质变的关系，中间并无一个绝对的界限。

### 二、装卸搬运的特点与类型

#### （一）装卸搬运的特点

**1. 装卸搬运是附属性、伴生性的活动**

装卸搬运是物流每一项活动开始及结束时必然发生的活动，因而时常被人们忽视，有时也被看做其他操作的不可缺少的组成部分。例如，一般而言的"汽车运输"，就实际包含了相随的装卸搬运，仓库中泛指的保管活动，也含有装卸搬运活动。

**2. 装卸搬运是支持、保障性活动**

装卸搬运的附属性不能理解成被动的，实际上装卸搬运对其他物流活动有一定决定性。装卸搬运会影响其他物流活动的质量和速度，例如，装车不当，会引起运输过程中的损失；卸放不当，会引起货物转换成下一步运动的困难。许多物流活动在有效的装卸搬运支持下，才能实现高水平。

**3. 装卸搬运是衔接性的活动**

在任何其他物流活动互相过渡时，都是以装卸搬运来衔接的，因而装卸搬运往往成为整个物流的"瓶颈"，是物流各功能之间能否形成有机联系和紧密衔接的关键。建立一个有效的物流系统，关键看这一衔接是否有效。比较先进的系统物流方式——联合运输方式就是着力解决这种衔接问题而出现的。

#### （二）装卸搬运的类型

**1. 按装卸搬运施行的物流设施、设备对象分类**

以此可分为仓库装卸、铁路装卸、港口装卸、汽车装卸、飞机装卸等。

（1）仓库装卸配合出库、入库、维护保养等活动进行，并且以堆垛、上架、取货等操作为主。

（2）铁路装卸是对火车车皮的装进及卸出，特点是一次作业就实现一车皮的装进或卸出，很少有像仓库装卸时出现的整装零卸或零装整卸的情况。

（3）港口装卸包括码头前沿的装船，也包括后方的支持性装卸运，有的港口装卸还采用小船在码头与大船之间"过驳"的办法，因而其装卸的流程较为复杂，往往经过几次的装卸及搬运作业才能最后实现船与陆地之间货物过渡的目的。

（4）汽车装卸一般一次装卸批量不大，由于汽车的灵活性，可以减少或根本减去搬运活动，而直接、单纯利用装卸作业达到车与物流设施之间货物过渡的目的。

（5）飞机装卸通常在停机坪进行，用专用车辆将包装好的货物运送到飞机上，假如装载的是行李，候机楼中一般都有行李分拣系统自动进行识别分类，效率较高。

**2. 按装卸搬运的机械及机械作业方式分类**

以此可分成使用吊车的"吊上吊下"方式，使用叉车的"叉上叉下"方式，使用半挂车或叉车的"滚上滚下"方式，"移上移下"方式及散货装卸方式等。

（1）"吊上吊下"方式。采用各种起重机械从货物上部起吊，依靠起吊装置的垂直移动实现装卸，并在吊车运行的范围内或回转的范围内实现搬运或依靠搬运车辆实现小搬运。由于吊起及放下属于垂直运动，这种装卸方式属垂直装卸。

（2）叉上叉下方式。采用叉车从货物底部托起货物，并依靠叉车的运动进行货物位移，搬运完全靠叉车本身，货物可不经中途落地直接放置到目的处。这种方式垂直运动不大而主要是水平运动，属水平装卸方式。

（3）滚上滚下方式。主要指港口装卸的一种水平装卸方式。利用叉车或半挂车、汽车承载货物，连同车辆一起开上船，到达目的地后再从船上开下，称"滚上滚下"方式。利用叉车的滚上滚下方式，在船上卸货后，叉车必须离船，利用半挂车、平车或汽车，则拖车将半挂车、平车拖拉至船上后，拖车开下离船而载货车辆连同货物一起运到目的地，再原车开下或拖车上船拖拉半挂车、平车开下。滚上滚下方式需要有专门的船舶，对码头也有不同要求，这种专门的船舶称"滚装船"。

（4）移上移下方式。是在两车之间（如火车及汽车）进行靠接，然后利用各种方式，不使货物垂直运动，而靠水平移动从一个车辆上推移到另一车辆上，称移上移下方式。移上移下方式需要使两种车辆水平靠接，因此，对站台或车辆货台需进行改变，并配合移动工具实现这种装卸。

（5）散装散卸方式。对散装物进行装卸。一般从装点直到卸点，中间不再落地,这是集装卸与搬运于一体的装卸方式。

此外,还可以按被装物的主要运动形式,将装卸搬运分成垂直装卸与水平装卸;按装卸搬运对象,将装卸搬运分成散装货物装卸、单件货物装卸、集装货物装卸;按装卸搬运的作业特点将装卸搬运分成连续装卸与间歇装卸两类。

### 三、装卸搬运的作用

装卸搬运是介于物流各环节(如运输、储存等)之间起衔接作用的活动。它把物流运动的各个阶段连接成为连续的"流",使物流的概念名副其实。它是物流的一个重要功能要素,构成物流系统的一个子系统。装卸搬运是物流活动得以进行的必要条件,在全部物流活动中占重要地位,发挥着重要作用,主要表现在以下几个方面。

**1. 装卸搬运在物流活动转换中起着承上启下的联结作用。**

装卸搬运是伴随输送和保管而产生的必要的物流活动,但是和运输产生空间效用、保管产生时间效用不同,它本身不具有明确的价值,但这并不说明装卸搬运在物流过程中不占有重要地位。物流的主要环节,如运输和存储是靠装卸搬运活动联结起来的。运输的起点有"装"的作业,终点有"卸"的作业;仓储开始有入库作业,最后由出库作业结束,这些都离不开装卸搬运活动,由此可见在物流系统的合理化中,装卸搬运占有重要地位。

**2. 装卸搬运在物流成本中占有重要地位**

装卸搬运是劳动力借助于劳动手段作用于劳动对象的生产活动。为了进行此项活动,必须配备足够的装卸搬运人员和装卸搬运设备。由于装卸搬运作业量比较大,发生频率较高,所以所需装卸搬运人员和设备的数量也比较大,即要有较多的活劳动和物化劳动的投入,这些劳动消耗要计入物流成本。据统计,俄罗斯经铁路运输的货物少则有六次,多则有几十次装卸搬运,其费用占运输总费用的 1/5~1/3。

**3. 装卸搬运活动直接影响物流质量**

因为装卸搬运是使货物产生垂直和水平方向上的位移,货物在移动过程中会受到各种外力的作用,如振动、撞击、挤压等,容易使货物包装和货物本身受损,如损坏、变形、破碎、散失、流溢等,因此装卸搬运损失的多少直接影响着物流质量的高低。

**4. 装卸搬运直接影响物流安全**

由于物流活动是物的实体的流动,在物流活动中确保劳动者、劳动手段和劳动对象的安全非常重要。装卸搬运特别是装卸作业,货物要发生垂直位移,不安全因素比较多。实践表明物流活动中发生的各种货物损失事故、设备损坏事故、人身伤亡事故等,相当一部分是在装卸过程中发生的。特别是一些危险品,在装卸过程中如违反操作规程进行野蛮装卸,很容易造成燃烧、爆炸等重大事故。

## 四、装卸搬运合理化

装卸搬运是指在同一地域范围内进行的、以改变货物存放状态和空间位置为主要内容和目的的物流活动。装卸搬运只能改变劳动对象的空间位置,而不能改变劳动对象的性质和形态,既不能提高也不能增加劳动对象的使用价值。但装卸搬运必然要有劳动消耗,包括活劳动消耗和物化劳动消耗。这种劳动消耗量要以价值形态追加到装卸搬运对象的价值中去,从而增加了产品和物流成本。因此,应科学、合理地组织装卸搬运过程,尽量减少用于装卸搬运的劳动消耗。

**1. 坚持省力化原则**

所谓省力,就是节省动力和人力。应巧妙利用物品本身的重量和落差原理,设法利用重力移动物品。

省力化装卸搬运原则是:能往下则不往上;能直行则不拐弯;能用机械则不用人力;能水平则不要上坡;能连续则不间断;能集装则不分散。

**2. 提高装卸搬运灵活性**

物料装卸、搬运的灵活性,根据物料所处的状态,即物料装卸、搬运的难易程度,可分为不同的级别。如果很容易转变为下一步的装卸搬运而不需过多做装卸搬运前的准备工作,则活性就高;如果难于转变为下一步的装卸搬运,则活性就低。

为了对活性有所区别,并能有计划地提出活性要求,使每一步装卸搬运都能按一定活性要求进行操作,对于不同放置状态的物品做了不同的活性规定,这就是"活性指数",分为0~4共5个等级。活性指数越高,物品越容易进入装卸搬运状态。

**3. 合理选择装卸搬运机械**

规模效益早已是大家所接受的,在装卸时也存在规模效益问题。主要表现在一次装卸量或连续装卸量要达到充分发挥机械最优效率的水准。为了更多降低单位装卸工作量的成本,对装卸机械来讲也有规模问题,即装卸机械的能力达到一定规模,才会有最优效果。追求规模效益的方法,主要是通过各种集装实现间断装卸时一次操作的最合理装卸量,从而使单位装卸成本降低,也通过散装实现连续装卸的规模效益。

**4. 保持物流的顺畅均衡**

物品的处理量大时会使搬运作业变得困难,在人力和相关机械设备的使用和调配方面非常困难,但是搬运作业受运输等其他环节的制约,其节奏不能完全自主决定,必须综合各方面因素妥善安排,使物流量尽量均衡,避免忙闲不均的现象。

**5. 合理选择装卸搬运方式**

在装卸搬运过程中,必须根据货物的种类、性质、形状、重量来确定装卸搬运方式。在装卸时对货物的处理大体有三种方式：第一是"分块处理"，即按普通包装对货物逐个进行装卸；第二是"散装处理"，即对粉粒状货物不加小包装而进行的原样装卸；第三是"单元组合处理"，即货物以托盘、集装箱为单位进行组合后的装卸。根据科学研究的结论，采用不同搬运方式和不同移动重物方式，其合理使用体力的效果不同。科学地选择一次搬运重量和科学地确定包装重量也可促进人力装卸的合理化。

### 6. 实现装卸搬运的文明化

文明装卸搬运的核心是确保装卸搬运的质量和作业安全。组织文明装卸搬运的主要措施是推行全面质量管理，全面提高装卸搬运人员的素质，并提供必要的物质基础条件，建立健全规章制度。

### 7. 创建物流"复合终端"

所谓"复合终端"，即对不同运输方式的终端装卸场所，集中建设不同的装卸设施。

复合终端的优点在于：取消了各种运输工具之间的中转搬运，因而有利于物流速度的加快，减少装卸搬运活动所造成的物品损失；由于各种装卸场所集中到复合终端，这样就可以共同利用各种装卸搬运设备，提高设备的利用率；在复合终端内，可以利用大生产的优势进行技术改造，大大提高转运效率；减少了装卸搬运的次数，有利于物流系统功能的提高。

### 8. 重视改善物流系统的总效果

装卸搬运在某种意义上是运输、保管活动的辅助活动。因此，特别要重视从物流全过程来考虑装卸搬运的最优效果。如果单独从装卸搬运的角度考虑问题，不但限制了装卸搬运活动的改善，而且还容易与其他物流环节发生矛盾，影响物流系统功能的提高。

### 9. 充分利用重力和消除重力影响，进行少消耗的装卸

在装卸时考虑重力因素，可以利用货物本身的重量，进行有一定落差的装卸，以减少或根本不消耗装卸的动力，这是合理化装卸的重要方式。例如，从卡车、铁路货车卸物时，利用卡车与地面或小搬运车之间的高度差，使用溜槽、溜板之类的简单工具，可以依靠货物本身重量，从高处自动滑到低处，这就无须消耗动力。如果采用吊车、叉车将货物从高处卸到低处其动力消耗虽比从低处装到高处小，但是仍需消耗动力，两者比较，利用重力进行无动力消耗的装卸显然是合理的。

在装卸时尽量消除或削弱重力的影响，也会求得减轻体力劳动及其他劳动消耗的合理性。例如在进行两种运输工具的换装时，可以采取落地装卸方式，即将货物从甲工具卸下并放到地上，一定时间之后，或搬运一定距离之后再从地上装到乙工具之上，这样起码在"装"时，要将货物举高，这就必须消耗改变位能的动力。如果进行适当安排，将甲、乙两工具进行靠接，从而使货物平移，从甲工

具转移到乙工具上,这就能有效消除重力影响,实现合理化。

在人力装卸时,一装一卸需要爆发力,而搬运一段距离,这种负重行走,要持续抵抗重力的影响,同时还要行进,因而体力消耗很大,是容易出现疲劳的环节。所以,人力装卸时如果能配合简单机具,做到"持物不步行",则可以大大减轻劳动量,做到合理化。

## 拓展知识

### 选择装卸搬运设备需考虑的因素

选择装卸搬运设备时一定要注意以下因素,这样才能更好的满足自身工作需要。那么,选择装卸搬运设备时必须考虑哪些因素呢?

一、以满足现场作业为前提

(1)装卸机械首先要符合现场作业的性质和物资特点、特性要求。

(2)机械的作业能力(吨位)与现场作业量之间要形成最佳的配合状态。

(3)其他影响条件。

二、控制作业费用

(1)设备投资额。

(2)装卸机械的运营费用。

(3)装卸作业成本。

三、装卸搬运机械的配套

1. 装卸搬运机械的配套含义

装卸搬运机械的配套是指根据现场作业性质、运送形式、速度、搬运距离等要求,合理选择不同类型的相关设备。

2. 装卸机械配套的方法

按装卸作业量和被装卸物资的种类进行机械配套,在确定各种机械生产能力的基础上,按每年装卸1万吨货物需要的机械台数和每台机械所担任装卸物资的种类和每年完成装卸货物的吨数进行配套。

此外,还可以采用线性规划方法来设计装卸作业机械的配套方案,即根据装卸作业现场的要求,列出数个线性不等式,并确定目标函数,然后求出最优的各种设备台数。

## 知识回顾

装卸搬运是指在同一地域范围内(如车站范围、工厂范围、仓库内部等)改变"物"的存放、支撑状态的活动称为装卸,改变"物"的空间位置的活动称为搬运,两者合起来称为装卸搬运。有时候或在特定场合,单称"装卸"或单称"搬运"也包含了"装卸搬运"的完整含义。

装卸搬运的特点:装卸搬运是附属性、伴生性的活动;装卸搬运是支持、保障性活动;

装卸搬运是衔接性的活动。

装卸搬运的类型，按装卸搬运施行的物流设施、设备对象分类可分为仓库装卸、铁路装卸、港口装卸、汽车装卸、飞机装卸等。按装卸搬运的机械及机械作业方式分类可分成使用吊车的"吊上吊下"方式，使用叉车的"叉上叉下"方式，使用半挂车或叉车的"滚上滚下"方式，"移上移下"方式及散货装卸方式等。此外，还可以按被装物的主要运动形式，将装卸搬运分成垂直装卸与水平装卸；按装卸搬运对象，将装卸搬运分成散装货物装卸、单件货物装卸、集装货物装卸；按装卸搬运的作业特点将装卸搬运分成连续装卸与间歇装卸两类。

装卸搬运的作用，装卸搬运在物流活动转换中起着承上启下的联结作用；装卸搬运在物流成本中占有重要地位；装卸搬运活动直接影响物流质量；装卸搬运直接影响物流安全。

装卸搬运合理化，坚持省力化原则；提高装卸搬运灵活性；合理选择装卸搬运机械；保持物流的顺畅均衡；合理选择装卸搬运方式；实现装卸搬运的文明化；创建物流"复合终端"；重视改善物流系统的总效果；充分利用重力和消除重力影响，进行少消耗的装卸。

## 复习思考

1. 装卸搬运有哪些分类？
2. 装卸搬运的作用有哪些？
3. 如何进行装卸搬运合理化？

## 技能训练

### 南航货运装卸部是如何提高自身素质的？

中国南方航空股份有限公司（China Southern Airlines Company Limited，简称"南航"）货运部装卸部门一直致力于以各种方式提升科级干部的综合素质。装卸部门经常开展案例分析活动。通过对身边问题的分析提炼，不仅提高了现场管理干部的分析、总结能力，更结合期间开展的管理学知识和演讲技巧的培训，让大家真正做到了遇到问题能处理、能分析、能总结。经过处领导带头、办公室协助、科级干部自行开展案例分析三个阶段的逐步推进，如今，装卸部门的科级干部们不仅能处理问题，更能分析问题、结合实际开展案例分析讲评。

装卸部门领导亲自从现场收集工作中的案例，进而开展分析总结，利用周例会、培训总结会等会议平台，开展案例分析讲评活动。通过对身边工作案例的分析讲评，较好地开展了安全管理教育，也通过案例分析的方式将工作中的经验教训进行了归纳总结，在全处形成了细心收集资料，学习归纳整编的案例分析氛围。

在不断的学习和实践之后，干部已经基本具备了自行收集材料，充分分析原因，深层提炼启示的基本能力，无论在处周例会上，还是在科室的安全管理会议、业务技能培训期间，都能将日常工作中的案例进行合理分析，高度提炼。一方面充分分析存在的问题，另一方面，更能形成总结经验教训、分析原因的良好工作氛围，为安全生产打下坚实基础。

装卸现场一位科长苏伟策在"如何柔化现场员工矛盾"的案例中，着重分析了现场员工容易产生情绪的客观原因，并通过切实有效的方法，柔化员工中的激进情绪，解决了现场工作中的老大难问题。调度科副科长何嘉政在如何通过有效的沟通，迅速装载除冰液的案例当中，解释了在紧急的情况下，通过有效沟通，借用了日航的木垫板，顺利解决了除冰液运输的安全问题。给大家带来了启示——通过有效沟通，借用外界的力量解决实际困难。

讨论：装卸搬运如何从思想上首先"合理化"？

## 项目四 配送

### 学习目标

1. 理解配送的含义
2. 了解配送的功能与作用
3. 了解电子商务物流配送的相关内容
4. 掌握配送合理化的相关内容
5. 掌握配送中心的相关内容

### 技能知识

配送的含义，配送的功能与作用，电子商务物流配送，配送的合理化，配送中心

### 引导案例

#### 李宁公司物流配送

国际著名品牌耐克在中国的物流分拨时间是7天，而李宁公司物流分拨时间只要4天半就够了。李宁的物流策略在物流运输服务上、仓储配送上、物流信息化上都擅长"组合拳"。

**精选代理动态管理**

通常情况下，国内的很多货主企业总是相信大型物流公司，而李宁公司在挑选物流公司时，不找最大的物流公司，只找最适合的。

李宁公司的招标准则是，选择最合适的承运商。李宁公司选择的物流服务商都是一些中等规模的物流公司或是运输公司。李宁公司认识到，大的物流公司有可能有更大的客户，如果自己在行业里排第二，那么肯定会有更大的客户排在前面，其受重视程度肯定要比自己大。有了这种新的思考之后，李宁转变思路，开始选择一些中等规模的物流运输公司为合作伙伴。李宁的货物开始备受重视，物流公司在服务上尽心尽

力,这样物流公司在与李宁公司的合作中就可以做到:无论什么情况,李宁公司的货物首先发。

李宁公司在招标选择承运商时,非常重视招标的流程合理,注重能够真正控制住招标的过程。在选定承运商之后,李宁公司还非常重视对承运商的动态管理,连续进行对承运商的绩效考核、末位淘汰与追踪控制。

李宁公司的承运商和物流代理公司都必须接受严格的绩效考核。公司共有5个考核指标,分别是:准时提货率、及时正点率、货损货差率、服务态度以及完美回单率。针对专线承运商,李宁物流部会亲自监控每一个指标的完成,而对于代理公司,则作整体考评。

所有物流承运商都要把他们的信息管理系统与李宁公司物流部进行对接,及时反馈运输监控信息。他们必须每天提交报表,包括货单号、提货时间、发货时间、在途时间、长途运输中不同地点的报告和事故原因分析报告。与此同时,李宁公司物流部有运输追踪部专门负责电话追踪经销商、专卖店,把自己得到的信息与承运商反馈的数据统一做一个文件,形成承运商在一个月的编程。

参照这些编程,李宁公司每个月都会给承运商打分,每个季度集中一次,把数据报表向承运商公布,针对其不足,限期整改。依靠这种严格的末位淘汰制度,承运商的服务水平不断提高,现在与李宁公司合作的承运商不仅有招标入围的,还有曾经被淘汰后又提高自身水平再次得到李宁认可的。而李宁公司的货物运输在业内也受到广泛的赞许,赢得了广大经销商的信赖:只要货款到账,货物就一定会安全正点送到。

**整合储运统一分拨**

李宁公司在全国共有两个一级配送中心,一个位于北京五里店,总面积25 000平方米,负责长江以北地区;另一个在广东三水,面积总共12 000平方米,负责长江以南地区。全国共13个分公司,各自下辖的仓库是二、三级配送中心。集中起来,李宁公司的仓储面积共有50 000平方米左右。

为了集中网络优势促销售,李宁公司一边把全国13个分公司的物流储运部整合起来,设物流中心进行统一管理,一边推行按销售地入仓的做法。产品出厂后直接送到相应销售地的配送中心,然后通过分拣,分销出去,而不再走以前的通过生产地的仓库,再入配送中心的路线。

这种新做法试行一年,已经达到三个目标:在广东生产的,一部分发北京,另一部分到三水,分拨距离短、速度快;由于减少了运送环节,不仅成本降低了,在接到订单后,货物在36小时可到达所有的门店,对当地的销售反应非常及时;整车运输的成本小于零散车的成本,按销售地点入仓所耗费的运力实际上等同于做批发的车辆运力。大部分里程都是长途干线运输,整车价格比小批量送到门店的成本要低很多。

资料来源:新浪网 http://sina.com.cn

## 相关知识

### 一、配送的含义

配送指在经济合理的区域范围内，根据用户要求，对物品进行拣选、加工、包装、分割、组配等作业，并按时送达指定地点的物流活动。可以从以下几个方面对其进行理解：

（1）配送是按用户的要求进行的。明确了用户的主导地位。配送是从用户利益出发、按用户要求进行的一种活动，因此，在观念上必须明确"用户第一"、"质量第一"，配送企业的地位是服务地位而不是主导地位，因此不能从本企业利益出发而应从用户利益出发，在满足用户利益基础上取得本企业的利益。

（2）配送是由物流据点完成的。物流据点可以是物流配送中心、物资仓库，也可以是商店或其他物资集散地。

（3）配送是"配"和"送"的有机结合。所谓"配"就是指配货，对不同客户的货物进行有组织的配载，使送货达到一定的规模，以利用规模优势取得较低的送货成本。"送"就是送货。配送与一般送货的重要区别在于，配送是有组织有计划的配送，有一套装备和管理、技术力量，有一套制度的体制形式，可以说配送是高水平送货形式。

（4）配送是一种"中转"形式。配送是从物流结点至用户的一种特殊送货形式。从送货功能看，其特殊性表现为：从事送货的是专职流通企业，而不是生产企业；配送是"中转"型送货，而一般送货尤其从工厂至用户的送货往往是直达型；一般送货是生产什么，有什么送什么，配送则是企业需要什么送什么。所以，要做到需要什么送什么，就必须在一定中转环节筹集这种需要，从而使配送必然以中转形式出现。当然，广义上，许多人也将非中转型送货纳入配送范围，将配送外延从中转扩大到非中转，仅以"送"为标志来划分配送外延，也是有一定道理的。

（5）物流配送是流通加工、拣选、配货、送货等一系列活动的集合。

### 二、配送的功能与作用

#### （一）配送的功能

配送作为一种新型的物流手段，具有其独特的功能。

**1. 备货**

备货是配送的准备工作或基础工作，备货工作包括筹集货源、订货或购货、集货、进货及有关的质量检查、结算、交接等。配送的优势之一就是可以集中用户的需求进行一定规模的备货。备货是决定配送成败的初期工作，它决定着配送效益的高低。

### 2. 储存

配送中的储存有储备及暂存两种形态。储备是按一定时期的配送经营要求形成的对配送的资源保证。这种类型的储备数量较大，储备结构也较完善，视货源及到货情况，可以有计划地确定周转储备及保险储备的结构与数量。配送的储备保证有时在配送中心附近单独设库解决。暂存是具体执行日配送时，按分拣配货要求，在理货场地所做的少量储存准备。由于总体储存效益取决于储存总量，所以，这部分暂存数量只会对工作方便与否造成影响，而不会影响储存的总效益，因而在数量上控制并不严格。还有另一种形式的暂存，即是分拣、配货之后，形成的发送货载的暂存，这个暂存主要是调节配货与送货的节奏，暂存时间不长。

### 3. 分拣及配货

分拣及配货是配送不同于其他物流形式的独特的功能要素，也是配送成败的一项重要工作。分拣及配货是完善送货、支持送货的准备性工作，是不同配送企业在送货时进行竞争和提高自身经济效益的必然延伸。由于不同的客户对商品的品种、规格、型号、数量、质量、送货时间和地点等的要求不同，为了有效地同时向不同的用户配送多种货物，配送中心必须采取适当的方式对组织进来的或接收到的货物进行分拣和配货。所以，也可以说是送货向高级形式发展的必然要求，它是决定整个配送系统水平的关键要素。

### 4. 配装

在单个用户配送数量不能达到车辆的有效载运负荷时，就存在如何集中不同用户的配送货物，进行搭配装载以充分利用运能、运力的问题，这就需要配装。和一般送货不同之处在于，通过配装送货可以大大提高送货水平及降低送货成本，所以，配装也是配送系统中有现代特点的功能要素，也是现代配送不同于已往送货的重要区别之处。

### 5. 配送运输

配送运输属于运输中的末端运输、支线运输，和一般运输形态主要区别在于：配送运输是较短距离、较小规模、额度较高的运输形式，一般使用汽车做运输工具。与干线运输的另一个区别是，配送运输的路线选择问题是一般干线运输所没有的，干线运输的干线是唯一的运输线，而配送运输由于配送用户多，一般城市交通路线又较复杂，如何组合成最佳路线，如何使配装和路线有效搭配等，是配送运输的重点，也是难度较大的工作。

### 6. 送达服务

将配好的货运输到用户还不算配送工作的完结，这是因为送达货和用户接货往往还会出现不协调，使配送前功尽弃。因此，要圆满地实现运到之货的移交，并有效地、方便地处理相关手续并完成结算，还应讲究卸货地点、卸货方式等。送达服务也是配送独具的特殊性。

**7. 配送加工**

在配送中,配送加工这一功能要素不具有普遍性,但是往往是有重要作用的功能要素。主要原因是通过配送加工,可以大大提高用户的满意程度。配送加工是流通加工的一种,但配送加工有它不同于一般流通加工的特点,即配送加工一般只取决于用户要求,其加工的目的较为单一。

**(二)配送的作用**

配送与仓储、运输、装卸搬运、流通加工、包装、物流信息等一起构成了物流系统的功能体系,它有以下几个方面的作用。

**1. 完善了输送及整个物流系统**

第二次世界大战之后,由于大吨位、高效率运输工具的出现,使干线运输在铁路、海运和公路方面都达到了较高水平,长距离、大批量的运输实现了低成本化,但在干线运输之后,往往还要以支线转运或小搬运,这种支线运输及小搬运成了物流过程中的一个薄弱环节。这个环节与干线运输相比有特殊要求:灵活性、适应性、服务性。而干线运输往往不能得到充分利用,成本过高等问题总是难以解决。采用配送方式,从范围来讲,将支线运输、小搬运统一起来,使输送过程得以优化和完善。

**2. 提高了末端物流的经济效益**

采取配送方式,通过配货和集中送货,增大订货量,可以有效地提高物流系统末端的经济效益。

**3. 通过集中库存使企业实现低库存或零库存**

配送通过集中库存,在同样的满足水平上,可使系统总库存水平降低,既降低了储存成本,也节约了运力和其他物流费用。尤其是采用准时制配送方式后,生产企业可以依靠配送中心准时送货而无须保持自己的库存,或者只需保持少量的保险储备,就可以实现生产企业的"零库存"或"低库存",减少资金占用,改善企业的财务状况。

**4. 简化订货程序,方便用户**

由于配送可提供全方位的物流服务,采用配送方式后,用户只需向配送提供商进行一次委托,就可以得到全过程、多功能的物流服务,从而简化了委托手续和工作量,也节省了开支。

**5. 提高企业保证供应的程度**

采用配送方式,配送中心比任何单独供货企业有更强的物流能力,可使用户降低缺货风险。配送中心的储备量大,因而对每个企业而言,中断供应、影响生产的风险便相对缩小,使顾客免去短缺之忧。

# 三、电子商务物流配送

物流配送经历了和正在经历着二次革命:初期阶段就是送货上门,即为了改善经营效果，国内许多商家较为广泛地采用了把货送到买主手中的方式，这是物流配送的第一次革命；第二次物流革命是伴随着电子商务的出现而产生的，这是一次脱胎换骨的变化，不仅影响到物流配送本身，也影响到上下游的各个体系，包括供应商和消费者；第三次物流革命就是物流配送的信息化及网络技术的广泛应用所带来的种种影响，这些影响是有益的，将使物流配送更有效率，以计算机网络为基础的电子商务催化着传统物流配送的革命。

（一）电子商务物流配送的含义

电子商务下的配送，就是信息化、现代化、社会化的配送。它是指配送企业采用网络化的计算机技术和现代化的硬件设备、软件系统及先进的管理手段，针对社会需求，严格地、守信用地按用户的订货要求，进行一系列分类、编配、整理、分工、配货等理货工作，定时、定点、定量地交给没有范围限度的各类用户，满足其需求。可以看出，这种新型的配送是以一种全新的面貌，成为流通领域革新的先锋，代表了现代市场营销的主方向。新型配送能使商品流通中较传统的物流配送方式更容易实现信息化、自动化、社会化、智能化、合理化、简单化，使货畅其流、物尽其用，既减少生产企业的库存，加速资金周转，提高物流效率，降低物流成本，又刺激了需求，有利于整个社会的宏观调控，提高整个社会的经济效益，促进市场经济的健康发展。

（二）电子商务物流配送的特点

电子商务物流配送除具有传统物流配送的特点外，还具备以下基本特点。

**1. 配送信息化**

配送信息化表现为配送信息的商品化、信息收集的数据库化和代码化、信息处理的电子化和计算机化、信息传递的标准化和实时化、信息存储的数字化等。条形码技术、数据库技术、电子订货系统、电子数据交换、快速反应及有效的客户反应、企业资源计划等在物流管理中都得到了广泛应用。没有物流的信息化，任何先进的技术设备都不可能应用于物流领域，信息技术在物流领域中的应用将会彻底改变世界物流业的面貌。

**2. 配送自动化**

自动化的基础是信息化，自动化的核心是机电一体化，自动化的外在表现是无人化，自动化的效果是省力化。另外还可以扩大物流作业能力，提高劳动生产率，减少物流作业的差错等。物流自动化包括：条码/语音/射频自动识别系统、自动分拣系统、自动存取系统、自动导向车、货物自动跟踪系统等。这些设施在发达国家已普遍用于物流作业流程中，而在我国由于物流业起步晚，发展水平低，自动化技术的普及还需相当长的时间。

**3. 配送网络化**

物流领域网络化的基础也是信息化。这里指的网络化有两层含义：一是配送系统的计算机通信网络。物流配送中心与供应商或制造商的联系要通过计算机网络，与下游顾客的联系也要通过计算机网络。比如配送中心向供应商提出订单这个过程，就可以使用计算机网络通信方式，借助于网上的电子订货系统和电子数据交换技术来自动实现。配送中心通过计算机网络搜集下游客户的订货过程也可以自动完成。二是组织网络化及企业内部网。如台湾电脑业20世纪90年代创造的"全球运筹式产销模式"，其基本特点是按照客户订单组织生产，生产采取分散形式，将全世界的电脑资源都利用起来，采取外包的形式将一台电脑的所有零部件、元器件和芯片发往同一个配送中心进行组装，由该配送中心将组装的电脑迅速发给订户。

配送的网络化是物流信息化的必然要求，是电子商务下物流配送活动的主要特征之一。全球网络资源的可用性及网络技术的普及为物流的网络化提供了良好的外部环境，物流网络不可阻挡。

**4. 网络智能化**

这是物流配送自动化、信息化的一种高层应用。配送作业过程大量的运筹和决策，如库存水平的确定、运输搬运路径的选择、自动导向车的运行轨迹和作业控制、自动分拣机的运行、物流配送中心经营管理的决策等问题都需要借助于大量的知识来解决。在物流自动化的进程中，物流智能化是不可回避的技术难题。目前专家系统、机器人等相关技术在国际上已经有比较成熟的研究成果，物流智能化已经成为电子商务下物流发展的一个新趋势。

**5. 配送柔性化**

柔性化原是生产领域为实现"以顾客为中心"而提出的，但是要真正做到柔性化，即真正根据消费者需求的变化来灵活调节生产工艺，没有配套的柔性化配送系统是不可能实现的。20世纪90年代以来，生产领域提出的FMS、CIMS、MRP、ERP等概念和技术的实质就是将生产、流通进行集成，根据需求端的需求组织生产，安排物流活动。柔性化物流正是适应生产、流通与消费的需求而发展起来的新型物流模式。它要求配送中心根据消费需求"多品种、小批量、多批次、短周期"的特点，灵活组织和实施物流作业。

**6. 社会化**

社会化程度的高低也是区别新型物流配送和传统物流配送的一个重要特征。很多传统的物流配送中心往往是某一企业为给本企业或本系统提供物流配送服务而建立起来的，有些配送中心虽然也有为社会服务的，但同电子商务下的新型物流配送所具备的真正社会性相比，具有很大的局限性。

此外，物流设施、商品包装的标准化，也是电子商务下物流配送的特点。

## 四、配送合理化

在配送活动各种成本之间经常存在着此消彼长的关系，配送合理化的一个基本思想就是"均衡"的思想，从配送总成本的角度权衡得失。不求极限，但求均衡，均衡造就合理。例如，对配送费用的分析，均衡的观点是从总配送费用入手，即使某一配送环节要求高成本的支出，但如果其他环节能够降低成本或获得利润，就认为是均衡的，即是合理可取的。在配送管理实践中，切记配送合理化的原则和均衡思想，这有利于我们做到不仅注意局部的优化，更注重整体的均衡，这样的配送管理对于企业经济效益最大化才是最有成效的。

### （一）不合理配送的表现形式

配送的决策优劣，不能简单处之，也很难有一个绝对的标准。所以，配送的决策是全面、综合决策。在决策时要避免由于不合理配送出现所造成的损失，但有时某些不合理现象是伴生的，要追求大的合理，就可能派生小的不合理，所以，这里只单独论述不合理配送的表现形式，但要防止绝对化。

**1. 资源筹措不合理**

配送是利用较大批量筹措资源，通过筹措资源的规模效益来降低资源筹措成本，使配送资源筹措成本低于用户自己筹措资源成本，从而取得优势。如果不是集中多个用户需要进行批量筹措资源，而仅仅是为某一、两户代购代筹，对用户来讲，就不仅不能降低资源筹措费，相反却要多支付一笔配送企业的代筹代办费，因而是不合理的。

资源筹措不合理还有其他表现形式，如配送量计划不准，资源筹措过多或过少，在资源筹措时不考虑建立与资源供应者之间长期稳定的供需关系等。

**2. 库存决策不合理**

配送应充分利用集中库存总量低于各用户分散库存总量，从而大大节约社会财富，同时降低用户实际平均分摊库存负担。因此，配送企业必须依靠科学管理来实现一个低总量的库存，否则就会出现单是库存转移，而未解决库存降低的不合理。

配送企业库存决策不合理还表现在储存量不足，不能保证随机需求，失去了应有的市场。

**3. 价格不合理**

总的来讲，配送的价格应低于不实行配送时，用户自己进货时产品购买价格加上自己提货、运输、进货之成本总和，这样才会使用户有利可图。有时候，由于配送有较高服务水平，价格稍高；用户也是可以接受的，但这不能是普遍的原则。如果配送价格普遍高于用户自己进货价格，损伤了用户利益，就是一种不合理表现。

价格制定过低，使配送企业处于无利或亏损状态下运行，会损伤销售者，也是不合理的。

**4. 配送与直达决策不合理**

一般的配送总是增加了环节，但是这个环节的增加，可降低用户平均库存水平，以此不但抵消了增加环节的支出，而且还能取得剩余效益。但是如果用户使用批量大,可以直接通过社会物流系统均衡批量进货,较之通过配送中转送货则可能更节约费用,所以,在这种情况下,不直接进货而通过配送,就属于不合理范畴。

**5. 送货中的不合理运输**

配送与用户自提比较,尤其对于多个小用户来讲,可以集中配装一车送几家,这比一家一户自提,可大大节省运力和运费。如果不能利用这一优势,仍然是一户一送,而车辆达不到满载(即时配送过多过频时会出现这种情况),则就属于不合理。

此外,不合理运输若干表现形式,在配送中都可能出现,会使配送变得不合理。

**6. 经营观念不合理**

在配送实施中,有许多是经营观念不合理,使配送优势无从发挥,相反却损坏了配送的形象。这是在开展配送时尤其需要注意克服的不合理现象。例如,配送企业利用配送手段,向用户转嫁资金、库存困难,在库存过大时,强迫用户接货,以缓解自己库存压力,在资金紧张时,长期占用用户资金,在资源紧张时,将用户委托资源挪做他用来从中获利等。

**(二)配送合理化的措施**

**1. 推行一定综合程度的专业化配送**

通过采用专业设备、设施及操作程序,取得较好的配送效果并降低配送过分综合化的复杂程度及难度,从而追求配送合理化。

**2. 推行加工配送**

通过加工和配送结合,充分利用本来应有的这次中转,而不增加新的中转求得配送合理化。同时,加工借助于配送,加工目的更明确和用户联系更紧密,更避免了盲目性。这两者有机结合,投入不增加太多却可追求两个优势、两个效益,是配送合理化的重要经验。

**3. 推行共同配送**

通过共同配送,可以以最近的路程、最低的配送成本完成配送,从而追求合理化。

**4. 实行送取结合**

配送企业与用户建立稳定、密切的协作关系。配送企业不仅成了用户的供应代理人,而且承担用户储存据点,甚至成为产品代销人,在配送时,将用户所需的物资送到,再将该用户生产的产品用同一车运回,这种产品也成了配送中心的配送产品之一,或者作为代存代储,免去了生产企业库存包袱。这种送取结合,使运力充分利用,也使配送企业功能有更大的发挥,从而追求合理化。

**5. 推行准时配送系统**

准时配送是配送合理化重要内容。配送做到了准时,用户才有资源把握,可以放心地实施低库存或零库存,可以有效地安排接货的人力、物力,以追求最高效率的工作。另外,保证供应能力,也取决于准时供应。从国外的经验看,准时供应配送系统是现在许多配送企业追求配送合理化的重要手段。

**6. 推行即时配送**

即时配送是最终解决用户企业担心断供之忧,大幅度提高供应保证能力的重要手段。即时配送是配送企业快速反应能力的具体化,是配送企业能力的体现。

## 五、配送中心

### (一)配送中心的含义

配送中心是配送业务活动的聚集地和发源地,其功能目的是按照客户的要求为客户提供高水平的供货服务。至于配送中心是一种物流设施还是物流活动组织则要看配送的经济功能定位。

### (二)配送中心的功能

配送中心是专业从事货物配送活动的物流场所或经济组织,它是集加工、理货、送货等多种职能于一体的物流结点,也可以说,配送中心是集货中心、分货中心、加工中心功能的综合。因此,配送中心具有以下一些功能。

**1. 储存功能**

配送中心的服务对象是为数众多的生产企业和商业网点(如超级市场和连锁店),为了顺利而有序地完成任务及更好地发挥保障生产和消费需求的作用,通常都要兴建现代化的仓库并配备一定数量的仓储设备,存储一定数量的产品。

**2. 分拣功能**

分拣是依据顾客的订货要求或配送中心的送货计划,迅速、准确地将商品从其储位或其他区域拣取出来,并按一定的方式进行分类、集中,等待配装送货的作业过程。在配送作业的各环节中,分拣作业是非常重要的一环,是配送中心不同于其他物流形式的功能要素。分拣是完善送货、支持送货的准备性工作,也是配送成败的一项重要支持性工作。同时,分拣技术水平的高低也是决定整个配送系统水平的关键要素。

**3. 集散功能**

在一个大的物流系统中,配送中心凭借其特殊的地位和其拥有的各种先进设备、完善的物流管理信息系统能够将分散在各个生产企业产品集中在一起,通过分拣、配货等环节向多家用户进行发送。同时,配送中心也可以把各个用户所需要的多种货物有效地组合或配装在一起,形成经济、合理的批量,来实现高效率、低成本的商品流通。配送中心在流通实践中所表现出的这种功能就称之为货物的集散功能。

**4. 加工功能**

配送加工虽不是普遍的,但往往是有着重要作用的功能要素,它可以大大提高客户的满意程度。国内外许多配送中心都很重视提升自己的配送加工能力,通过按照客户的要求开展配送加工可以使配送的效率和满意程度提高,配送加工有别于一般的流通加工,它一般取决于客户的要求,销售性配送中心有时也根据市场要求进行简单的配送加工。

**5. 信息处理功能**

配送中心有相当完整的信息处理系统,能有效地为整个流通过程的控制、决策和运转提供依据。无论是对集货、储存、拣选、流通加工、配送等一系列环节的控制,还是在物流管理和费用、成本、结算方面,均可实现信息共享。而且,配送中心与销售商店建立信息直接交流,可及时得到商店的销售信息,有利于合理组织货源,控制最佳库存。同时,还可将销售和库存信息迅速、及时地反馈给制造商,以指导商品生产计划的安排。配送中心成了这个流通过程的信息中枢。

## (三)配送中心的类别

配送中心是专门从事货物配送活动的经济实体。随着商品流通规模日益扩大,配送中心的数量也在不断增加。为满足不同产品、不同企业、不同流通环境的要求,可以采用各种形式的配送,下面介绍几种常见的配送中心。

**1. 供应型配送中心**

供应型配送中心是向用户提供货物,行使供应职能的配送中心。它的服务对象一般有两类:一类是组装、配装型生产企业,为这类企业提供零部件、原材料或半成品;另一类是大型商业机构、连锁企业等。供应型配送中心的特点是:用户比较稳定,用户的要求范围也比较明确、固定。所以,这种配送中心一般专门为固定用户,如连锁商店、便利店提供配送服务,一般是定期、定时向连锁店和便利店配送原材料、食品或零配件。由于供应型配送中心担负着向多家用户供应商品的任务,因此,为了保证生产和经营活动能正常进行,该配送中心一般都建有大型的现代化仓库和储存一定数量的商品。所以供应型配送中心的占地面积一般都比较大。

**2. 销售型配送中心**

销售型配送中心执行销售的职能,以销售经营为目的,以配送为手段的配送中心。销售配送中心大体有两种类型:一种是生产企业为本身产品直接销售给消费者的配送中心,在国外,这种类型的配送中心很多;另一种是流通企业作为本身经营的一种方式,建立配送中心以扩大销售,我国目前拟建的配送中心大多属于这种类型,国外的例证也很多。销售型配送中心的用户一般是不确定的,而且用户的数量很大,每一个用户购买的数量又较少,属于消费者型用户。这种配送中心很难像供应型配送中心一样,实行计划配送,计划性较差。这类配送中心一般由立体自动化仓库、货架仓库、分类机械、分拣设备、传送辊道、识别装置、无线数据传输、无人搬运小车、托盘堆码机以及计算机控制操作系统构成,而且销售型配送中心往往采用共同配送方法才能够取得比较好的经营效果。

### 3. 储存型配送中心

储存型配送中心是为了保障生产和流通得以正常进行而出现的。这类配送中心具有较强的储存功能，它主要是为了满足三个方面的需要：一是企业在销售产品时，或多或少地出现生产滞后现象，若要满足市场的需求，客观上需要一定的产品储备；二是在生产过程中，生产企业也需要储备一定数量的生产资料，以保证生产系统的连续性和应付急需之用；三是如果配送的范围较大、距离较远时，或要满足即时配送的需要，在客观上也要求储存一定数量的物质资料。储存型配送中心的特点是储存仓库规模大、库型多、储存量大。我国目前拟建的一些配送中心，都采用集中库存形式，库存量较大，多为储存型。瑞士GIBA-GEIGY公司的配送中心拥有世界上规模居于前列的储存库，可储存4万个托盘；美国赫马克配送中心拥有一个有163 000个货位的储存区，可见存储能力之大。

### 4. 流通型配送中心

流通型配送中心是基本没有长期储存功能，仅以暂存或随进随出方式进行配货、送货的配送中心。这种配送中心的典型方式是大量货物整进并按一定批量零出，采用大型分货机，进货时直接进入分货机传送带，分送到各用户货位或直接分送到配送汽车上，货物在配送中心里仅做少许停滞。日本的阪神配送中心，中心内只有暂存，大量储存则依靠一个大型补给仓库。

### 5. 加工型配送中心

配送中心具有加工职能，根据用户的需要或者市场竞争的需要，对配送物进行加工之后进行配送的配送中心。在这种配送中心内，有分装、包装、初级加工、集中下料、组装产品等加工活动。世界著名连锁服务店肯德基和麦当劳的配送中心，就是属于这种类型的配送中心。在工业、建筑领域，生混凝土搅拌的配送中心也是属于这种类型的配送中心。

## （四）配送中心的作业流程

配送中心的作业环节由接货、搬运、保管、分类、分拣、流通加工、检查、封箱、出货、配送的活动构成。在配送中心的运转中，如果没有正确有效的作业方法，无论其设备多么先进，也难以取得良好的经济效益。配送中心的作业流程图如图2-9所示。

### 1. 配送中心的一般作业流程

（1）接受并汇总订单。客户订单是配送中心开展配送业务的依据，配送中心接到客户订单以后需要对订单加以处理，以此来安排分拣、补货、配货、送货等作业环节。配送活动以客户发出的订货信息作为其驱动源。在配送活动开始前，配送中心根据订单信息，对客户的分布、所订商品的品名、商品特性和订货数量、送货频率及要求等资料进行汇总和分析，以此确定要配送的货物种类、规格、数量和配送时间，最后由调度部门发出配送信息（如拣货单、出货单）。订单处理是调度、组织配送活动的前提和依据，其他各项作业的基础。

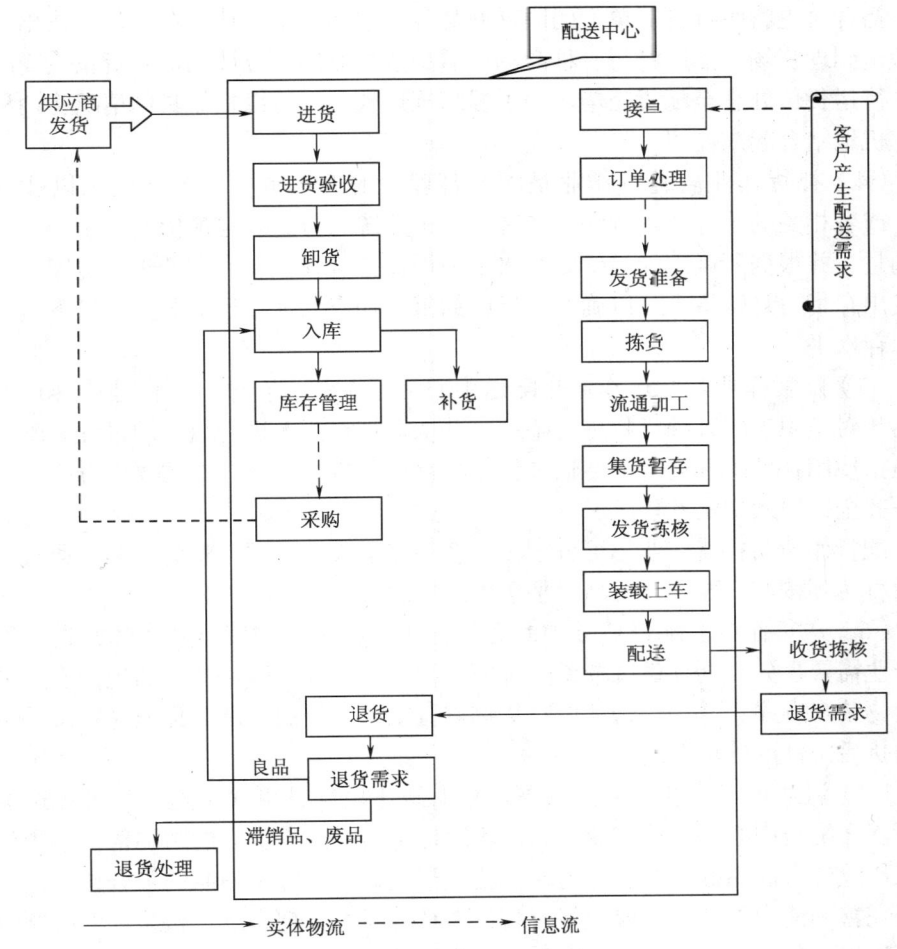

图2-9 配送中心的业务流程

（2）进货作业。进货作业就是配送中心根据客户的需要，为配送业务的顺利实施，而从事的组织商品货源和进行商品存储的一系列活动。进货是配送的准备工作或基础性工作，通常包括制定进货计划、组织货源、储存保管等基本业务。

（3）拣货作业。拣货作业是将货物按品名、规格、出入库先后顺序进行分门别类的作业过程。由于多品种、少批量物流的影响，使得配送中心的品种不断增加，拣选难度越来越大，所以配送中心对拣选作业的机械化投入了大量的人力、物力和财力。拣选设备大多采用货架拣选式叉车系统、拣选重力货架系统等。商品拣选方法一般有两种：摘果法和播种法。摘果法是让拣货搬运巡回于储存场所，按某要货单位的订单挑选出每一种商品，巡回完毕也完成了一次配送作业，将配齐的商品放置到发货场所指定的货位，然后再进行下一个要货单位的配

模块二 现代物流功能

货。播种法是将每批订货单上的同种商品各自累加起来，从储存仓位上取出，集中搬运到理货场，然后将每一种商场所需的数量取出，分放到该要货单位商品暂储、待运货位处直至配货完毕。为了提高拣选效率，可以根据具体情况将两种方法有机地结合起来使用。

（4）补货作业。补货作业是库存管理中的一项重要内容，根据以往的经验，或者相关的统计技术方法，或者计算机系统的帮助确定最优库存水平和最优订购量，并根据所确定的最优库存水平和最优订购量，在库存低于最优库存水平时发出存货再订购指令，以确保存货中的每一种产品都在目标服务水平下达到最优库存水平。

（5）配货作业。配送作业是配送中心为了顺利、有序、方便地向客户发送商品，对组织来的各种货物进行整理，并依据订单要求进行组合的过程。配货也就是指使用各种拣选设备和传输装置，将存放的货物，按客户的要求分拣出来，配备齐全，送入指定发货区。

配货作业与拣货作业不可分割，两者一起构成了一项完整的作业。通过分拣配货可达到按客户要求进行高水平送货的目的。

（6）送货作业。配送业务中的送货作业包括将货物装车并实际配送，而这些作业需要事先规划配送区域或安排配送线路，由配送线路选用的先后次序来决定货物装车顺序，并在配送途中对货物进行跟踪、控制，制定配送途中意外情况及送货后文件的处理办法。

（7）流通加工作业。商品由配送中心送出之前，可在配送中心做流通加工处理。在配送中心的各项作业中，以流通加工最易提高货物的附加值。其中流通加工作业包含商品的分类、过磅、拆箱重包装、贴标签及商品的组合包装。若要进行完善的流通加工，还应进行包装材料及容器的管理、组合包装规则的制定、流通加工包装工具的选用、流通加工作业的排程、作业人员的调派等。

（8）退货作业。退货作业在经营物流业务中不可避免，但应尽量减少，因为退货或换货的处理，只会大幅增加物流成本，减少利润。发生退货或换货的主要原因包括瑕疵品回收、搬运中的损坏、商品送错退回、商品过期退回等。

**2. 配送中心的特殊作业流程**

（1）不带储存库的配送中心流程。有的配送中心专以配送为职能。而将储存场所，尤其是大量储存场所转移到配送中心之外的其他地点，专门设置补货型的储存中心，配送中心中则只有为配送备货的暂存，而无大量储存。暂存设在配货场地中，在配送中心不单设储存区。

这种配送中心和第一种类型配送中心的流程大致相同，主要工序及主要场所都用于理货、配货。区别只在于大量的储存在配送中心外部而不在其中。

这种类型的配送中心，由于没有集中储存的仓库，占地面积比较小，也可以省却仓库、现代货架的巨额投资。至于补货仓库，可以采用外包的形式，采取协作的方法解决，也可以自建补货中心，实际上在若干配送中心基础上，又共同建设一个更大规模集中储存型补货中心。还可以采用虚拟库存的办法来解决。这种配送中心的业务流程如图2-10所示。

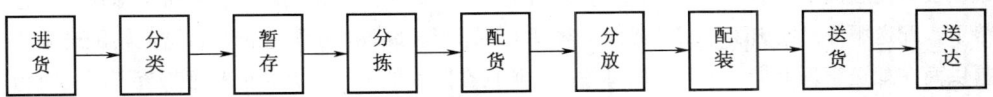

图2-10　不带储存库的配送中心流程

（2）加工配送中心流程。加工配送中心也不是一个模式，随加工方式不同，配送中心的流程也有区别。这种配送中心流程的特点，以平板玻璃为例，进货是大批量、单（少）品种的产品，因而分类的工作不重或基本上无需分类存放。储存后进行加工，和生产企业按标准、系列加工不同，加工一般是按用户要求。因此，加工后产品便直接按用户分放、配货。所以，这种类型配送中心有时不单设分货、配货或拣选环节；配送中心中加工部分及加工后分放部分占较多位置。这种配送中心的业务流程如图2-11所示。

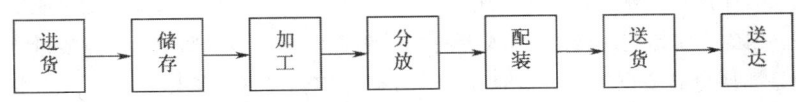

图2-11　加工配送中心流程

（3）批量转换型配送中心流程。这种配送中心流程是批量大、品种较单一产品进货，转换成小批量发货式的配送中心，不经配煤、成型煤加工的煤炭配送和不经加工的水泥、油料配送的配送中心大多属于这种类型。

这种配送中心流程十分简单，基本不存在分类、拣选、分货、配货、配装等工序，但是由于是大量进货，储存能力较强，储存及分装是主要工序。这种配送中心的业务流程如图2-12所示。

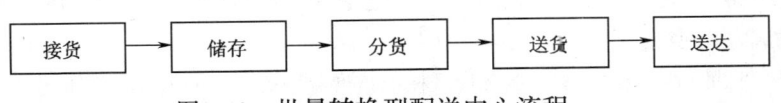

图2-12　批量转换型配送中心流程

**拓展知识**

### "三网合一"的电子商务物流配送网络体系

要开展高效的电子商务物流配送活动就离不开高效的配送网络支撑，物流网络的效率制约着物流系统的效率。在进行电子商务物流配送系统化推进的过程中需要着重规划三个网络：实体配送网、虚拟配送网、客户营销网，只有达到"三网合一"，才能真正有效地发挥电子商务物流配送的特征。

### 实体配送网

实体配送网络是运载工具、配送商品进行空间位移，最终实现产品价值转移的物质基础。实体配送网络由节点和线路构成，线路决定节点，节点衔接线路。在经济全球化的大趋势下，配送服务已突破了地域的界限，客观上要求形成跨地域的配送网络，这就给配送服务提供商在配送管理上带来了巨大的挑战——如何在陌生的环境中有效地利用物流资源，成为物流服务商打破地域限制、实现网络拓展的关键。在以条块割据为主的中国物流市场上，物流服务商之间市场信息互不相通，物流资源互不共享，物流服务商缺乏全局观，市场资源得不到有效整合，形成我们今天物流市场"多、小、散、弱"这样一个客观存在。除了体制方面的原因，市场信息的不对称是形成这一局面的重要原因。传统的管理方式与手段已无法在具有较大空间跨度且市场需求多变的环境下实施有效管理。此外，配送服务商还面临着另一个问题就是配送过程的"失控"。

当配送产品离开物流节点后，就完全处于"黑箱"状态；客户不知道此时此刻货物的状态；配送车辆目前行驶到何地，为何在规定的时间没有收到订单货物，货物的在途状态如何；而配送服务提供商也无法确切获知配送商品的在途信息，这就形成了配送过程的管理盲点。盲点的存在必然导致效率的下降甚至是"道德风险"，从而增加了配送成本、降低了服务水平。因此，实体配送网络的规划除了进行线路选择、节点选址、节点数量设定之外，更重要的是如何打破节点资源的信息孤岛，如何让实体配送网络始终处于管理中心的监控之下，消除配送盲点，实现对配送过程的动态化管理，这就离不开虚拟配送网络的支撑。

### 虚拟配送网

虚拟配送网络是实体配送网络在虚拟空间的映射。信息技术的发展为我们开辟了与实体空间完全不同的虚拟世界，现实的社会活动不仅可以在虚拟世界中模拟，更为重要的是虚拟世界中没有空间与时间的限制，大大拓展了人类的活动领域。所谓虚拟配送网络是指利用信息技术、网络技术搭建信息节点与信息通道，以信息要素为纽带将处于不同地理位置的实体节点和线路紧密联结在一起，为实体配送活动提供信息支持的信息网络。随着电子商务物流业务开展的深入，配送网络在不断地扩展，配送资源也在不断地增加，客户对配送全程的信息获取也变得更加迫切。虚拟配送网络使不同空间跨度内的物流资源要素集成和配送全程的信息驱动成为了现实。

市场信息的封闭制约了配送服务商规模的扩展与服务水平的提升。在市场经济环境下，市场是企业进行资源配置的主渠道，资源市场化、社会化，一个理性的厂商应当充分利用市场资源参与市场活动，而将企业有限的自有资源用于真正具有核心优势的领域。但目前中国物流市场的现状是大量低水平的重复建设十分严重，且业务开展往往只限于范围较小的区域市场。通过物流资源数字化之后，无论配送服务商处于哪一地理位置都能够快速地搜寻到所需要的资源，通过市场机制将其纳入到本企业的配送网络中来，从而有效地缩短市场搜寻的时间，快速集成所需要素，减少搜寻成本，增强服务能力。

另外，通过GPS、GIS、RFID、GSM等技术综合应用，将物流节点内部信息、在途车辆信息与控制中心信息系统相对接，使得控制中心能够获得实时的动态数据，发布的指令能够即刻得到执行，从而消除配送盲点，提高配送的效率。同时，客户对实时配送信息的获取也成为可能。客户通过登录配送服务商的信息平台，如电子商务网站或呼叫中心，根据配送服务商分配的权限查询所需的个性化信息，也可通过信息平台向配送服务商提出变动指令，使配送服务更符合客户的真实需求。早在20世纪90年代末，麻省理工大学就提出了EPC（Electronic Product Code，产品电子代码）的概念，它是一个复杂而全面的综合系统，在计算机互联网和RFID技术的基础上，利用全球统一标识系统给每个实体对象唯一的代码，构造一个实现全球物品信息实时共享的实物互联网。这是继条码技术之后在物流配送及产品管理领域的又一次革命性技术。目前这一技术已在我国的烟草行业得到率先应用，并取得良好效果。加上近年来快速发展的GPRS、3G等无线通信技术，实现无盲点的全程配送已经成为可能。

**客户营销网**

营销网络是企业进行产品或服务宣传，为营销人员提供营销支持的重要渠道。在拉动式的物流市场运营环境下，市场的客户需求决定了配送服务商所需提供的服务功能与服务方式。订制化的配送服务成为电子商务物流配送市场上客户需求的主要特征。客户的配送习惯、配送偏好、对配送商品的独特要求（如进行流通加工）等都是配送服务商在进行市场服务、参与市场竞争前所必须了解和掌握的信息。为了能够更好地满足市场客户的真实和潜在需求，提供更具增值性的配送服务，就必须通过营销网络去获取这些信息，并向市场的现实客户与潜在客户推广其服务的产品。营销网络是配送服务商走向市场与客户了解企业的重要窗口；是企业感知市场需求信息，提高服务柔性的重要渠道。科学合理的营销网络规划成为电子商务物流配送服务商能否被市场认知、能否维系客户忠诚的重要因素。在电子商务环境下，对这一网络的规划与建设应当更加注重其电子商务特征，网络营销是比门店营销更具优势也具有更广泛服务面的营销渠道。

总之，实体配送网络为电子商务物流配送服务提供基础设施、设备保障，是配送服务商借以开展配送服务的物质基础；虚拟配送网络为实体配送作业提供信息支持，通过信息要素将配送企业内部作业、在途配送过程、不同地域的配送资源及市场客户对配送信息的需求紧密联系在一起，消除配送盲点，实现配送全程的透明化；客户营销网络是匹配配送服务商所提供的服务产品与市场客户需求的重要渠道，通过这一渠道实现交易契约的达成。实体配送网络、虚拟配送网络、客户营销网络是配送服务商提供现代电子商务物流配送服务所不可或缺的网络体系，缺少任何一个网络，都将大大降低电子商务物流配送的效率。在这三个网络中，虚拟配送网的规划与构建是关键，作为衔接实体配送网与客户营销网的纽带，在很大程度上决定了电子商务物流配送系统的效率与效益。

资料来源：中国电子商务研究中心 http://b2b.toocle.com

## 知识回顾

配送指在经济合理的区域范围内，根据用户要求，对物品进行拣选、加工、包装、分割、组配等作业,并按时送达指定地点的物流活动。可以从以下几个方面对其进行理解:配送是按用户的要求进行的;配送是由物流据点完成的;配送是"配"和"送"的有机结合;配送是一种"中转"形式;物流配送是流通加工、拣选、配货、送货等一系列活动的集合。

配送作为一种新型的物流手段,具有其独特的功能:备货、储存、分拣及配货、配装、配送运输、送达服务、配送加工。

配送的作用,配送与运输、储存、装卸搬运、流通加工、包装、物流信息等一起构成了物流系统的功能体系,它有以下几个方面的作用:完善了输送及整个物流系统;提高了末端物流的经济效益;通过集中库存使企业实现低库存或零库存;简化订货程序,方便用户;提高企业保证供应的程度。

电子商务下的配送,就是信息化、现代化、社会化的配送。它是指配送企业采用网络化的计算机技术和现代化的硬件设备、软件系统及先进的管理手段,针对社会需求,严格地、守信用地按用户的订货要求,进行一系列分类、编配、整理、分工、配货等理货工作,定时、定点、定量地交给没有范围限度的各类用户,满足其需求。

电子商务物流配送除具有传统物流配送的特点外,还具备以下基本特点:配送信息化;配送自动化;配送网络化;网络智能化;配送柔性化;社会化。此外,物流设施、商品包装的标准化,也是电子商务下物流配送的特点。

配送合理化的一个基本思想就是"均衡"的思想,从配送总成本的角度权衡得失。不合理配送的表现形式主要有:资源筹措的不合理;库存决策不合理;价格不合理;配送与直达的决策不合理;送货中的不合理运输;经营观念的不合理。

配送合理化的措施主要有:推行一定综合程度的专业化配送;推行加工配送;推行共同配送;实行送取结合;推行准时配送系统;推行即时配送。

配送中心是配送业务活动的聚集地和发源地,其功能目的是按照客户的要求为客户提供高水平的供货服务。至于配送中心是一种物流设施还是物流活动组织则要看配送的经济功能定位。

配送中心具有以下一些功能:储存功能;分拣功能;集散功能;加工功能;信息处理。

配送中心的类别主要有:供应型配送中心、销售型配送中心、储存型配送中心、流通型配送中心、加工型配送中心。

配送中心的作业环节由接货、搬运、保管、分类、分拣、流通加工、检查、封箱、出货、配送的活动构成。

## 复习思考

1. 配送的功能和作用有哪些?
2. 电子商务物流的特点有哪些?
3. 请论述配送合理化措施。
4. 配送中心的一般作业流程与特殊作业流程的内容有哪些?

## 技能训练

有一销售企业，主要对自己的销售点和大客户进行货物配送，配送方法为：只要销售点和大客户有需求就立即组织装车送货，结果经常造成送货车辆空载率过高，同时往往出现所有车都派出去而其他用户需求满足不了的情况。所以销售经理一直要求增加送货车辆，由于资金原因一直没有购车。

思考题：
1. 如果你是公司决策人，你会买车来解决送货效率低的问题吗？为什么？
2. 请用配送的含义分析该案例，并提出解决办法。

## 项目五 流通加工

### 学习目标

1. 掌握流通加工的含义、产生的原因与类型
2. 掌握流通加工与生产加工的区别
3. 掌握流通加工合理化的相关内容

### 技能知识

流通加工的含义，流通加工产生的原因，流通加工与生产加工的区别，流通加工合理化

### 引导案例

#### 阿迪达斯鞋店

阿迪达斯公司在美国有一家超级市场，设立了组合式鞋店，摆放着不是做好了的鞋，而是做鞋用的半成品，款式花色多样，有6种鞋跟、8种鞋底，均为塑料制造的，鞋面的颜色以黑、白为主，搭带的颜色有80种，款式有百余种，顾客进来可任意挑选自己所喜欢的各个部位，交给职员当场进行组合。只要10分钟，一双崭新的鞋便唾手可得。

这家鞋店昼夜营业，职员技术熟练，鞋子的售价与成批制造的价格差不多，有的还稍便宜些。所以顾客络绎不绝，销售金额比邻近的鞋店多十倍。

在此案例中，体现了流通加工作业的哪些作用？

资料来源：百度文库http://wenku.baidu.com

## 相关知识

### 一、流通加工含义

流通加工是为了提高物流速度和物品的利用率,在物品进入流通领域后,按客户的要求进行的加工活动,即在物品从生产者向消费者流动的过程中,为了促进销售、维护商品质量和提高物流效率,对物品进行一定程度的加工。流通加工通过改变或完善流通对象的形态来实现"桥梁和纽带"的作用,因此流通加工是流通中的一种特殊形式。随着经济增长,国民收入增多,消费者的需求出现多样化,促使在流通领域开展流通加工。目前,在世界许多国家和地区的物流中心或仓库经营中都大量存在流通加工业务,在日本、美国等物流发达国家则更为普遍。流通加工是指物品在从生产地到使用的过程中,根据需要施加包装、分割、计量、分拣、刷标志、贴标准、组装等简单作业的总称。

### 二、流通加工产生的原因

**1. 流通加工的出现与现代生产方式有关**

现代生产发展趋势之一就是生产规模大型化、专业化,依靠单品种、大批量的生产方法降低生产成本获取规模经济效益,这样就出现了生产相对集中的趋势。这种规模的大型化、生产的专业化程度越高,生产相对集中的程度也就越高。生产的集中化进一步引起产需之间的分离,产需分离的表现首先为人们认识的是空间、时间及人的分离,即生产及消费不在同一个地点,而是有一定的空间距离;生产及消费在时间上不能同步,而是存在着一定的"时间差";生产者及消费者不是处于一个封闭的圈内,某些人生产的产品供给成千上万人消费,而某些人消费的产品又来自其他许多生产者。弥补上述分离的手段则是运输、储存及交换。

近年来,人们进一步认识到,现代生产引起的产需分离并不局限于上述三个方面,这种分离是深刻而广泛的。第四种重大的分离就是生产及需求在产品功能上分离。尽管"用户第一"等口号成了许多生产者的主导思想,但是,生产毕竟有生产的规律,尤其在强调大生产的工业化社会,大生产的特点之一就是"少品种、大批量、专业化",产品的功能(规格、品种、性能)往往不能和消费需要密切衔接。弥补这一分离的方法,就是流通加工。所以,流通加工的诞生实际是现代生产发展的一种必然结果。

**2. 流通加工不仅是大工业的产物,也是网络经济时代服务社会的产物**

流通加工的出现与现代社会消费的个性化有关。消费的个性化和产品的标准化之间存在着一定的矛盾,使本来就存在的产需第四种形式的分离变得更加严重。本来,弥补第四种分离可以采取增加一道生产工序或消费单位加工改制的方法，但在个性化问题十分突出之后，采取上述弥补措施将会使生产及生产管理的复杂性及难度增加，按个性化生产的产品难以组织高效率、大批量的流通。所以，在出现了消费个性化的新形势及新观念之后，就为流通加工开辟了道路。

**3. 流通加工的出现还与人们对流通作用的观念转变有关**

在社会再生产全过程中，生产过程是典型的加工制造过程，是形成产品价值及使用价值的主要过程，再生产型的消费究其本质来看也是和生产过程一样，通过加工制造消费了某些初级产品而生产出深加工产品。历史上在生产不太复杂、生产规模不大时，所有的加工制造几乎全部集中于生产及再生产过程中，而流通过程只是实现商品价值及使用价值的转移而已。

在社会生产向大规模生产、专业化生产转变之后，社会生产越来越复杂，生产的标准化和消费的个性化出现，生产过程中的加工制造常常满足不了消费的要求。而由于流通的复杂化，生产过程中的加工制造也常常不能满足流通的要求。于是，加工活动开始部分地由生产及再生产过程向流通过程转移，在流通过程中形成了某些加工活动，这就是流通加工。

流通加工的出现使流通过程明显地具有了某种"生产性"，改变了长期以来形成的"价值及使用价值转移"的旧观念，这就从理论上明确了：流通过程从价值观念来看是可以主动创造价值及使用价值的，而不单是被动地"保持"和"转移"的过程。因此，人们必须研究流通过程中孕育着多少创造价值的潜在能力，这就有可能通过努力在流通过程中进一步提高商品的价值和使用价值，同时，却以很少的代价实现这一目标。这样，就引起了流通过程从观念到方法的巨大变化，流通加工则适应这种变化而诞生。

**4. 效益观念的树立也是促使流通加工形式得以发展的重要原因**

20世纪60年代后，效益问题逐渐引起人们的重视，过去人们盲目追求高技术，引起了燃料、材料投入的大幅度上升，结果新技术、新设备虽然采用了，但往往是得不偿失。20世纪70年代初，第一次石油危机的发生证实了效益的重要性，使人们牢牢树立了效益观念，流通加工可以以少量的投入获得很大的效果，是一种高效益的加工方式，自然得以获得了很大的发展。所以，流通加工从技术上来讲，可能不需要采用什么先进技术，但这种方式是现代观念的反映，在现代的社会再生产过程中起着重要作用。

## 三、流通加工类型

根据不同的目的，流通加工具有不同的类型。

**1. 为适应多样化需要的流通加工**

生产部门为了实现高效率、大批量的生产，其产品往往不能完全满足用户的要求。这样，为了满足用户对产品多样化的需要，同时又要保证高效率的大生产，可将生产出来的单一化、标准化的产品进行多样化的改制加工。例如，对钢材卷板的舒展、剪切加工；平板玻璃按需要规格的开片加工；木材改制成枕木、板材、方材等加工。

**2. 为方便消费、省力的流通加工**

根据下游生产的需要将商品加工成生产直接可用的状态。例如，根据需要将钢材定尺、定型，按要求下料；将木材制成可直接投入使用的各种型材；将水泥制成混凝土拌合料，使用时只需稍加搅拌即可使用等。

**3. 为保护产品所进行的流通加工**

在物流过程中，为了保护商品的使用价值，延长商品在生产和使用期间的寿命，防止商品在运输、储存、装卸搬运、包装等过程中遭受损失，可以采取稳固、改装、保鲜、冷冻、涂油等方式。例如，水产品、肉类、蛋类的保鲜、保质的冷冻加工、防腐加工等；丝、麻、棉织品的防虫、防霉加工等。还有，如为防止金属材料的锈蚀而进行的喷漆、涂防锈油等措施，运用手工、机械或化学方法除锈；木材的防腐朽、防干裂加工；煤炭的防高温自燃加工；水泥的防潮、防湿加工等。

**4. 为弥补生产领域加工不足的流通加工**

由于受到各种因素的限制，许多产品在生产领域的加工只能到一定程度，而不能完全实现终极的加工。例如，木材如果在产地完成成材加工或制成木制品的话，就会给运输带来极大的困难，所以，在生产领域只能加工到圆木、板、方材这个程度，进一步的下料、切裁、处理等加工则由流通加工完成；钢铁厂大规模的生产只能按规格生产，以使产品有较强的通用性，从而使生产能有较高的效率，取得较好的效益。

**5. 为促进销售的流通加工**

流通加工也可以起到促进销售的作用。比如，将过大包装或散装物分装成适合依次销售的小包装的分装加工；将以保护商品为主的运输包装改换成以促进销售为主的销售包装，以起到吸引消费者、促进销售的作用；将蔬菜、肉类洗净切块以满足消费者要求等。

**6. 为提高加工效率的流通加工**

许多生产企业的初级加工由于数量有限，加工效率不高。而流通加工以集中加工的形式，解决了单个企业加工效率不高的弊病。它以一家流通加工企业的集中加工代替了若干家生产企业的初级加工，促使生产水平有一定的提高。

**7. 为提高物流效率、降低损失的流通加工**

有些商品本身的形态使之难以进行物流操作，而且商品在运输、装卸搬运过程中极易受损，因此需要进行适当的流通加工加以弥补，从而使物流各环节易于操作，提高物流效率，降低物流损失。例如，造纸用的木材磨成木屑的流通加工，可以极大提高运输工具的装载效率；自行车在消费地区的装配加工可以提高运输效率，降低损失；石油气的液化加工，使很难输送的气态物转变为容易输送的液态物，也可以提高物流效率。

#### 8. 为衔接不同运输方式的流通加工

在干线运输和支线运输的结点设置流通加工环节，可以有效解决大批量、低成本、长距离的干线运输与多品种、少批量、多批次的末端运输和集货运输之间的衔接问题。在流通加工点与大生产企业间形成大批量、定点运输的渠道，以流通加工中心为核心，组织对多个用户的配送，也可以在流通加工点将运输包装转换为销售包装，从而有效衔接不同目的的运输方式。比如，散装水泥中转仓库把散装水泥装袋、将大规模散装水泥转化为小规模散装水泥的流通加工，就衔接了水泥厂大批量运输和工地小批量装运的需要。

#### 9. 生产-流通一体化的流通加工

依靠生产企业和流通企业的联合，或者生产企业涉足流通，或者流通企业涉足生产，形成的对生产与流通加工进行合理分工、合理规划、合理组织，统筹进行生产与流通加工的安排，这就是生产-流通一体化的流通加工形式。这种形式可以促成产品结构及产业结构的调整，充分发挥企业集团的经济技术优势，是目前流通加工领域的新形式。

#### 10. 为实施配送进行的流通加工

这种流通加工形式是配送中心为了实现配送活动，满足客户的需要而对物资进行的加工。例如，混凝土搅拌车可以根据客户的要求，把沙子、水泥、石子、水等各种不同材料按比例要求装入可旋转的罐中。在配送路途中，汽车边行驶边搅拌，到达施工现场后，混凝土已经均匀搅拌好，可以直接投入使用。

## 四、流通加工的特点

与生产加工相比较，流通加工具有以下特点。

#### 1. 从加工对象看

流通加工的对象是进入流通过程的商品，具有商品的属性，以此来区别多环节生产加工中的一环。流通加工的对象是商品，而生产加工的对象不是最终产品，而是原材料、零配件或半成品。

#### 2. 从加工程度看

流通加工大多是简单加工，而不是复杂加工，一般来讲，如果必须进行复杂加工才能形成人们所需的商品，那么，这种复杂加工应该专设生产加工过程。生产过程理应完成大部分加工活动，流通加工则是对生产加工的一种辅助及补充。特别需要指出的是，流通加工绝不是对生产加工的取消或代替。

#### 3. 从价值观点看

生产加工的目的在于创造价值及使用价值，而流通加工的目的则在于完善其使用价值，并在不做大的改变的情况下提高价值。

**4. 从加工责任人看**

流通加工的组织者是从事流通工作的人员，能密切结合流通的需要进行加工活动。从加工单位来看，流通加工由商业或物资流通企业完成，而生产加工则由生产企业完成。

**5. 从加工目的看**

商品生产是为交换、为消费而进行的生产，而流通加工的一个重要目的是为了消费（或再生产）所进行的加工，这一点与商品生产有共同之处。但是流通加工有时候也是以自身流通为目的，纯粹是为流通创造条件，这种为流通所进行的加工与直接为消费进行的加工在目的上是有所区别的，这也是流通加工不同于一般生产加工的特殊之处。

## 五、流通加工的目的

流通阶段的加工即物流加工，处于不易区分生产还是物流的中间环节，尽管它可以创造性质和形态的使用效能，但是还是应该从物流机能拓展的角度将其看做物流的构成要素为宜。流通加工的目的可归纳为：

（1）适应多样化的客户的需求；

（2）在食品方面，可以通过流通加工来保持并提高其保存机能；

（3）提高商品的附加值；

（4）可以规避风险，推进物流系统化。

## 六、流通加工的内容

流通加工主要包括以下内容。

**1. 食品的流通加工**

流通加工最多的是食品行业，为了便于保存，提高流通效率，食品的流通加工是不可缺少的，如鱼和肉类的冷冻，蛋品加工，生鲜食品的原包装，大米的自动包装，上市牛奶的灭菌等。

**2. 消费资料的流通加工**

消费资料的流通加工是以服务客户，促进销售为目，如衣料品的标识和印记商标，家具的组装，地毯剪接等。

**3. 生产资料的流通加工**

具有代表性的生产资料加工是钢铁的加工，如钢板的切割，使用矫直机将薄板卷材展平等。

## 七、流通加工的作用

流通加工的作用表现在以下几个方面。

### 1. 提高原材料利用率

通过流通加工进行集中下料,将生产厂商直接运来的简单规格产品,按用户的要求进行下料。例如将钢板进行剪板、切裁;木材加工成各种长度及大小的板、方等。集中下料可以优材优用、小材大厂、合理套裁,明显地提高原材料的利用率,有很好的技术经济效果。

### 2. 方便用户

用量小或满足临时需要的用户,不具备进行高效率初级加工的能力,通过流通加工可以使用户省去进行初级加工的投资、设备、人力,方便了用户。目前发展较快的初级加工有:将水泥加工成生混凝土、将原木或板、方材加工成门窗、钢板预处理、整形等加工。

### 3. 提高加工效率及设备利用率

在分散加工的情况下,加工设备由于生产周期和生产节奏的限制,设备利用时松时紧,使得加工过程不均衡,设备加工能力不能得到充分发挥。而流通加工面向全社会,加工数量大,加工范围广,加工任务多。这样可以通过建立集中加工点,采用一些效率高、技术先进、加工量大的专门机具和设备,一方面提高了加工效率和加工质量,另一方面还提高了设备利用率。

## 八、流通加工的地位

流通加工在物流中的地位表现在以下几个方面。

### 1. 有效地完善了流通

流通加工在实现时间效用和场所效用这两个重要功能方面,确实不能与运输和保管相比,因而,流通加工不是物流的主要功能要素。另外,流通加工的普遍性也不能与运输、保管相比,流通加工不是对所有物流活动都是必需的。但这绝不是说流通加工不重要,实际上它也是不可轻视的,它具有补充、完善、提高与增强的作用,能起到运输、保管等其他功能要素无法起到的作用。所以,流通加工的地位可以描述为:提高物流水平,促进流通向现代化发展。

### 2. 物流的重要利润来源

流通加工是一种低投入、高产出的加工方式,往往以简单加工解决大问题。实践中,有的流通加工通过改变商品包装,使商品档次升级而充分实现其价值;有的流通加工可将产品利用率大幅提高30%,甚至更多,这些都是采取一般方法以期提高生产率所难以做到的。实践证明,流通加工提供的利润并不亚于从运输和保管中挖掘的利润,因此我们说流通加工是物流业的重要利润来源。

## 九、流通加工合理化

流通加工合理化的含义是实现流通加工的最优配置。也就是对是否设置流通加工环节、在什么地方设置、选择什么类型的加工、采用什么样的技术装备等问题做出正确抉择。这样做不仅要避免各种不合理的流通加工形式，而且要做到最优。

## （一）不合理流通加工形式

### 1. 流通加工地点设置得不合理

流通加工地点设置即布局状况是决定整个流通加工是否有效的重要因素。一般来说，为衔接单品种大批量生产与多样化需求的流通加工，加工地点设置在需求地区，才能实现大批量的干线运输与多品种末端配送的物流优势。如果将流通加工地设置在生产地区，一方面，为了满足用户多样化的需求，会出现多品种、小批量的产品由产地向需求地的长距离的运输；另一方面，在生产地增加了一个加工环节，同时也会增加近距离运输、保管、装卸等一系列物流活动。所以，在这种情况下，不如由原生产单位完成这种加工而无需设置专门的流通加工环节。

另外，一般来说，为方便物流的流通加工环节应该设置在产出地，设置在进入社会物流之前。如果将其设置在物流之后，即设置在消费地，则不但不能解决物流问题，又在流通中增加了中转环节，因而也是不合理的。

即使是产地或需求地设置流通加工的选择是正确的，还有流通加工在小地域范围内的正确选址问题。如果处理不善，仍然会出现不合理。比如说交通不便，流通加工与生产企业或用户之间距离较远，加工点周围的社会环境条件不好等。

### 2. 流通加工方式选择不当

流通加工方式包括流通加工对象、流通加工工艺、流通加工技术、流通加工程度等。流通加工方式的确定实际上是与生产加工的合理分工。分工不合理，把本来应由生产加工完成的作业错误地交给流通加工来完成，或者把本来应由流通加工完成的作业错误地交给生产过程去完成，都会造成不合理。

流通加工不是对生产加工的代替，而是一种补充和完善。所以，一般来说，如果工艺复杂，技术装备要求较高，或加工可以由生产过程延续或轻易解决的，都不宜再设置流通加工。如果流通加工方式选择不当，就可能会出现生产争利的恶果。

### 3. 流通加工作用不大，形成多余环节

有的流通加工过于简单，或者对生产和消费的作用都不大，甚至有时由于流通加工的盲目性，同样未能解决品种、规格、包装等问题，相反却增加了作业环节，这也是流通加工不合理的重要表现形式。

### 4. 流通加工成本过高，效益不好

流通加工的一个重要优势就是它有较大的投入产出比，因而能有效地起到补充、完善的作用。如果流通加工成本过高，则不能实现以较低投入实现更高使用价值的目的，势必会影响它的经济效益。

## （二）实现流通加工合理化的途径

要实现流通加工的合理化，主要应从以下几个方面加以考虑。

### 1. 加工和配送结合

就是将流通加工设置在配送点中。一方面按配送的需要进行加工，另一方面

加工又是配送作业流程中分货、拣货、配货的重要一环。加工后的产品直接投入到配货作业，这就无需单独设置一个加工的中间环节，而使流通加工与中转流通巧妙地结合在一起。同时，由于配送之前有必要的加工，可以使配送服务水平大大提高，这是当前对流通加工做合理选择的重要形式，在煤炭、水泥等产品的流通中已经表现出较大的优势。

**2. 加工和配套结合**

"配套"是指对使用上有联系的用品集合成套地供应给用户使用。例如，方便食品的配套。当然，配套的主体来自各个生产企业，如方便食品中的方便面，就是由其生产企业配套生产的。但是，有的配套不能由某个生产企业全部完成，如方便食品中的盘菜、汤料等。这样，在物流企业进行适当的流通加工，可以有效地促成配套，大大提高流通作为供需桥梁与纽带的能力。

**3. 加工和合理运输结合**

我们知道，流通加工能有效衔接干线运输和支线运输，促进两种运输形式的合理化。利用流通加工，在支线运输转干线运输或干线运输转支线运输等这些必须停顿的环节，不进行一般的支转干或干转支，而是按干线或支线运输合理的要求进行适当加工，从而大大提高运输及运输转载水平。

**4. 加工和合理商流结合**

流通加工也能起到促进销售的作用，从而使商流合理化，这也是流通加工合理化的方向之一。加工和配送相结合，通过流通加工，提高了配送水平，促进了销售，使加工与商流合理结合。此外，通过简单地改变包装加工形成方便的购买量，通过组装加工解除用户使用前进行组装、调试的难处，都是有效促进商流的很好例证。

**5. 加工和节约结合**

节约能源、节约设备、节约人力、减少耗费是流通加工合理化重要的考虑因素，也是目前我国设置流通加工并考虑其合理化的较普遍形式。

对于流通加工合理化的最终判断，是看其是否能实现社会的和企业本身的两个效益，而且是否取得了最优效益。流通企业更应该树立社会效益第一的观念，以实现产品生产的最终利益为原则，只有在生产流通过程中不断补充、完善为己任的前提下才有生存的价值。如果只是追求企业的局部效益，不适当地进行加工，甚至与生产企业争利，这就有违于流通加工的初衷，或者其本身已不属于流通加工的范畴。

---

**拓展知识**

### 流通加工的技术经济指标

衡量流通加工的可行性，对流通加工环节进行有效的管理，可考虑采用以下两类指标。

1. 流通加工建设项目可行性指标

流通加工仅是一种补充性加工，规模、投资都必须远低于一般生产性企业，其投资特点是：投资额较低、投资时间短、建设周期短、投资回收速度快且投资收益较大。因此，投资可行性可采用静态分析法。

2. 流通加工环节日常管理指标

由于流通加工的特殊性，不能全部搬用考核一般企业的指标。例如，八项技术经济指标中，对流通加工较为重要的是劳动生产率、成本及利润指标，此外，还有反映流通加工特殊性的指标：

（1）增值指标。反映经流通加工后，单位产品的增值程度，以百分率计。

（2）品种规格增加额及增加率。反映某些流通加工方式在满足用户、衔接产需方面的成就，增加额以加工后品种、规格数量与加工前之差决定。

（3）资源增加量指标。反映某些类型流通加工在增加材料利用率、出材率方面的效果指标。这个指标不但可提供证实流通加工的重要性数据，而且可具体用于计算微观及宏观经济效益。其具体指标分新增出材率和新增利用率两项：

新增出材率=加工后出材率-原出材率

新增利用率=加工后利用率-原利用率

## 知识回顾

流通加工是为了提高物流速度和物品的利用率，在物品进入流通领域后，按客户的要求进行的加工活动，即在物品从生产者向消费者流动的过程中，为了促进销售、维护商品质量和提高物流效率，对物品进行一定程度的加工。

流通加工产生的原因：流通加工的出现与现代生产方式有关；流通加工不仅是大工业的产物，也是网络经济时代服务社会的产物；流通加工的出现还与人们对流通作用的观念转变有关；效益观念的树立也是促使流通加工形式得以发展的重要原因。

流通加工类型，根据不同的目的，流通加工具有不同的类型：为适应多样化需要的流通加工；为方便消费、省力的流通加工；为保护产品所进行的流通加工；为弥补生产领域加工不足的流通加工；为促进销售的流通加工；为提高加工效率的流通加工；为提高物流效率、降低损失的流通加工；为衔接不同运输方式的流通加工；生产—流通一体化的流通加工；为实施配送进行的流通加工。

与生产加工相比较，流通加工具有以下特点：从加工对象看，流通加工的对象是商品，而生产加工的对象不是最终产品，而是原材料、零配件或半成品。从加工程度看，流通加工大多是简单加工，而不是复杂加工，是对生产加工的一种辅助及补充。从价值观点看，生产加工的目的在于创造价值及使用价值，而流通加工的目的则在于完善其使用价值，并在不做大的改变的情况下提高价值。从加工责任人看，流通加工的组织者是从事流通工作的人员，能密切结合流通的需要进行加工活动。从加工单位来看，流通加工由商业或物资流通企业完成，而生产加工则由生产企业完成。从加工目的看，商品生产是为交换、为消费而进行的生产,而流通加工的一个重要目的是为了消费(或再生产)所进行的加工。

流通加工的目的可归纳为:适应多样化的客户的需求;在食品方面,可以通过流通加工来保持并提高其保存机能;提高商品的附加值;可以规避风险,推进物流系统化。

流通加工主要包括以下内容:食品的流通加工、消费资料的流通加工、生产资料的流通加工等。

流通加工的作用:提高原材料利用率;方便用户;提高加工效率及设备利用率。

流通加工在物流中的地位表现在以下几个方面:有效地完善了流通;是物流的重要利润来源;在国民经济中也是重要的加工形式。

流通加工合理化的含义是实现流通加工的最优配置,也就是对是否设置流通加工环节、在什么地方设置、选择什么类型的加工、采用什么样的技术装备等问题做出正确抉择。

## 复习思考

1. 简述流通加工的含义、产生的原因与类型。
2. 简述流通加工的功能。
3. 简述流通加工与生产加工的区别。
4. 简述流通加工合理化的方法。

## 技能训练

### 流通加工合理化策略

**果蔬流向与类型**

蔬菜产品流通渠道有长短和宽窄之分,一般而言长渠道类型中间环节较多,短渠道中间环节少;在不同的流通渠道类型中,中间环节的多少,参与的中间商数量以及流通特点也各不相同。最直接的渠道是由生产商直接控制产品营销,迅速地得到顾客的反馈。从经济效益的角度分析,产品直接从生产商流向最终顾客,可以最大限度地降低流通费用。但在大规模生产蔬菜的示范园区或种植基地,绝大多数产品都要经过中间商转手才能到达消费者手中,加之蔬菜消费终端对品种需求的多样性,使采用排除中间商直销型的渠道模式难以推广。

生产商将产品直接批发给零售商,再由零售商卖给顾客。与最直接渠道相比,生产商与消费者中间有零售商的介入,产品覆盖面更为广泛。但对生产商而言,要面对许多零售商进行销售业务,工作量仍然相当大,市场范围也比较有限,不利于生产商进一步扩大生产和销售。

生产商的产品经过多层次、多环节销售给顾客,一般有以下几种形式:生产商—批发商—零售商—消费者;生产商—代理商—零售商—消费者;生产商—代理商—批发商—零售商—消费者。在多环节销售型渠道中,由于中间商的积极参与和发挥作用,使生产商的信息来源广泛、市场接触面和客户群扩大,从而增加了销售量。但由于中间环节过多,最终导致流通效益低下。

在具体实践中，零售商或批发商除保持其主业的基础外，将其经营活动进一步向上游延伸和渗透，直接控制生产领域，以参股、控股等形式，对生产领域进行市场信息的快速反馈和技术标准的指导与建议。如上海的农工商超市连锁集团即选用的这种类型，其卖场所经营的蔬菜产品中，有相当一部分商品是企业生产基地种植的。

**运输合理化策略**

充分利用运输工具的额定能力，减少车船空驶和不满载行驶的时间，减少浪费，从而求得运输的合理化。发展运输的大生产优势，实行专业分工，打破一家一户自成运输体系的状况。中国在利用联运这种社会化运输体系时，创造了"一条龙"货运方式。充分利用公路从门到门和在中途运输中速度快且灵活机动的优势，实现铁路运输服务难以达到的水平。追求运输合理化的重要形式，其对合理化的追求要点是通过减少中转过载换载，从而提高运输速度，节省装卸费用，降低蔬菜产品在中转过程的货损，从而大大提高运输效率。由于蔬菜产品本身形态及特性问题，很难实现运输的合理化，如果进行适当加工，就能够有效解决合理运输问题，如将其净化处理、标准化包装，以减少腐烂或变质。预先在其夹层置放冰块降温，就可提高车辆装载率并降低运输损耗。

为了解决供应与需求之间的不协调，即供应量与需求量和供应时期与需求时期的不一致，人们在供应与需求这两个环节之间加入储存这个环节来解决储存问题。

**储存合理化策略**

进行储存物的ABC分析。ABC分析是解决各类蔬菜的品种结构关系、储存量、重点管理、技术措施等合理化问题。对储存期长短不一的蔬菜产品，分别采取重点、次重点及一般管理。在ABC分析基础上实施重点管理，分别决定各种蔬菜的合理库存数量及最低保有合理库存的办法，乃至实施零库存。

在形成了一定的社会总规模前提下，追求经济规模，适当集中库存。对蔬菜产品实行适度集中储存是合理化有效途径。所谓适度集中库存是利用储存规模优势，以适度集中储存代替分散的小规模储存来实现合理化。提高储存密度，提高仓容利用率。主要目的是减少储存设施的投资，提高单位存储面积的利用率，以降低成本、减少土地占用。采用有效的储存定位系统。如果定位系统有效，能大大节约寻找、存放、取出的时间，而且能防止差错，便于清点及实行订货点等的管理方式。主要有"四号定位"方式和电子计算机定位系统选取货的方式。采用现代储存保养技术。针对蔬菜产品的特点，借助现代技术是保障蔬菜储存合理化的重要手段。具体有气幕隔潮、气调储存、塑料薄膜封闭等方式。采用集装箱、集装袋、托盘等运储装备一体化的方式。采用集装箱后，在物流活动中省去了入库、验收、清点、堆垛、保管、出库等一系列储存作业。

**流通加工合理化策略**

流通加工合理化是实现蔬菜产品物流的最优配置，使流通加工对蔬菜产品的增值产生直接作用。实现流通加工合理化主要有以下策略：

加工和配送结合 将流通加工设置在配送点中，一方面按配送的需要进行加工；另一方面加工又是配送业务流程中分货、拣选、配货的环节，加工后的产品直接投入配货作业，不仅使流通加工有别于独立的生产，而且使流通加工与中转流通巧妙结合在一起。

加工和合理商流相结合　蔬菜产品的拣选、净化、切段、配料及真空包装等环节，能有效促进销售，是商流合理化、流通加工合理化的一个主要途径。

加工和配送的结合　通过加工，提高了配送水平，强化了销售。通过简单地改变包装加工，形成方便的购买量；通过装配和配组加工，便于消费者定量食用，消除顾客使用前繁杂的家务劳动。这是一个典型家务劳动社会化，且有效促进商流的例证。

**配送合理化**

库存是判断配送合理与否的重要标志，实行配送应有利于资金占用降低及资金运用的科学化。对于用户，在保证供应水平或提高供应水平前提下，供应成本的降低，反映了配送的合理化程度。目前末端运输运能、运力使用浪费较大，因而通过配送来解决这个问题，成了配送合理化的重要标志。

配送合理化通过采用专业设备、设施及操作程序，取得较好的配送效果，从而追求配送合理化。通过共同配送，可以以最近的路程、最低的配送成本完成配送，从而追求合理化。配送有助于用户实施低库存或零库存，以追求更高效率的工作。即时配送为客户创造了时间和空间价值，尽管即时配送成本较高，但它免去了客户仓库建设投资和库存维护成本。

蔬菜产品销售物流是通过长途运输、储存、包装和短程配送等实现蔬菜产品销售，完善物流服务功能。其中，主要是根据物流合理化原则确定运输路线、储备系统、包装水平、加工作业水平以及送货方式等内容，伴随着商品实体的运动，必然会出现"场所移动"和"前置时间"这两种物理现象。特别是"前置时间"，在产销紧密联系、流通整体化、网络化的过程中，已成为物流实现其价值增值的关键阶段。在如今的买方市场条件下，销售物流活动带有极强的服务性，以满足市场需求，最终实现销售。再加上蔬菜产品销售物流的流向是从广大的农村到城镇，大部分物流是先从分散的蔬菜生产者手中将蔬菜产品集中起来，再销售到各个城镇，故销售物流是一项繁杂的系统工程。因此，针对蔬菜产品销售的特点，在其营销物流活动中选择最合理的运输、存储、流通加工及配送合理化策略，旨在加速蔬菜产品的流通速度，提高蔬菜产品的附加价值。

通过以上案例，请你分析流通加工合理化应采取哪些具体措施。

## 项目六　包装

### 学习目标

1. 了解包装的含义、功能、分类
2. 了解包装的器材
3. 掌握包装合理化的相关内容

## 技能知识

包装的含义、功能、分类，包装的器材，包装合理化

### 引导案例

#### 儿童专属饮料包装

在北京、上海、广州、成都、西安等大城市对0～12岁孩子的家长做调查发现，平均每一个家庭的儿童每月消费高达897元，其中有超过60%的消费在食品上面，总共大概是每年将近120亿元人民币，从中可以看到儿童饮料消费的巨大潜力。

夏日，饮料为市场上热销的产品。通过走访沪各大超市卖场，我们对消费者、销售商分别进行了调查，他们都异口同声地说："孩子们比我们想象的还要更关注产品的包装。现在的孩子比我们小时候更有主见。"大多数十几岁的孩子能够叫出他们近期曾经购买过的顶级饮料新产品的名称。同时，孩子对家庭购物目标也会产生影响：两岁左右的孩子可以辨别不同的品牌；84%8～12岁的孩子称他们能够决定或影响家庭的食品和饮料购买取向；87%5～14岁的孩子会对整个食品零售购买产生影响；55%的孩子称他们最终能够劝说父母购买他们想要的产品。

**市场分析**

儿童不是简单的消费者，也不是一个单个市场，而是合三为一的市场，这个概念最早由美国儿童市场营销专家麦克尼尔提出，并且这些年也被不断证实。这三个市场包括了儿童作为直接消费者的市场；儿童作为影响者的市场；儿童作为未来消费者的市场。

国家统计局的数字表明，目前18岁以下的人口有3.5亿，其中14岁以下的儿童少年超过2.6亿，占人口总数的20%。尽管相对于72%的成人消费者来讲，儿童市场仅占28%，但这是较成人消费者更有潜力的市场。儿童饮料市场按照年龄段分为三类，婴幼儿市场、4～12岁的儿童市场和13～18岁的青少年市场，不同年龄段的需求是不一样的。

孩子喜欢、妈妈鼓励买的产品是高需求的品类，根据全球儿童饮料新产品品类分析发现，儿童饮料有了营养和口味是远远不够的，还需要在包装设计上迎合目标消费者的功能需求与心理需求。儿童产品的包装应该具备安全、方便、快乐三方面的基本要素，不同年龄段的儿童饮料在这三方面需求上的侧重点不一样，包装设计也就风格迥异。

婴幼儿的父母需要能够与他们沟通的包装。婴幼儿的父母关注对孩子健康、营养的产品，这些产品的主要购买者是父母，因此在包装设计中应考虑营养、安全、值得信赖的设计风格。要在包装上非常清晰地注明成分和配方，帮助父母了解里面的营养、成分的来源，建立信赖感。针对很多年轻的父母不知道产品的使用方法，在设计

细节方面可以很清晰地讲明如何食用，以避免使用中造成不必要的误解。婴幼儿的包装有两大类设计风格，一种是表现产品的天然成分，有高营养、高价值的产品；另外一种就是用婴幼儿图片、玩具包装设计吸引父母的眼球。

针对4～12岁年龄段的产品包装要做到让大人放心，同时让孩子欢心。这个年龄段的目标消费群除了父母，更重要的还要吸引孩子的注意力。4～12岁的儿童最关注有趣、健康、营养、好玩等元素，所以儿童包装设计既要很清晰地标明成分，又要得到父母的认可，同时要在设计风格上吸引孩子们。比如颜色愉快的风格，带有一些冒险、刺激、令人兴奋的故事，可爱的卡通形象、可爱的人物等。

13～18岁的少年儿童属于第三个年龄段的消费人群，这个年龄段跟前面的年龄段完全不一样，他们对新奇、好玩、冒险和翻花样感兴趣，可以很自主地选择自己喜欢的品牌；他们喜欢的东西必须要有"酷"的因素在里面，有流行的元素在里面，并且产品有传递非传统信息的感觉在里面。全球少年饮料包装特色归纳有三类：与众不同、有主张；酷感简约的风格；颜色鲜艳、富有表现力。

分析：根据以上信息，请你阐述一下包装对消费有何影响？

资料来源：豆丁网http://www.docin.com

## 相关知识

### 一、包装的含义

包装是指在流通过程中保护产品、方便储运、促进销售，按照一定的技术方法而采用的容器、材料及辅助物等的总体名称，也指为了达到上述目的而采用容器、材料和辅助物的过程中施加一定技术方法等的操作活动，所以包装是包装物及包装操作的总称。

### 二、包装的分类

按照不同的分类标准，包装可以分为下述不同的类型。

**（一）按照在流通过程中的作用分类**

按照在流通过程中的作用不同，包装可以分为销售包装和运输包装。

**1. 销售包装**

又称商业包装或内包装，是"直接接触商品并随商品进入零售网点和消费者或用户直接见面的包装。"它主要是以促进市场销售为主要目的的包装，这种包装的特点是外形美观，有必要的装潢，包装单位适于顾客的购买量以及商店陈设的要求。在流通过程中，商品越接近顾客，越要求包装有促进销售的效果。

**2. 运输包装**

也称工业包装或物流包装。是为了方便物流各项活动的包装，其目的是为了方便对产品的装卸、搬运、存储、保管、运输，是以满足物流要求为基础的。运输包装又有内包装和外包装之分，如卷烟的条包装为内包装，大箱包装为外包装。运用包装手段，将单个的商品或零部件用盒、包、袋、箱、桶等方式集中成组，以提高物流管理的效率。这种将单个分散的商品组装成一个更大单元的方式称为成组化或集装化，这是物流包装中的一个重要研究课题。

在物流管理中，包装主要讨论的还是运输包装。

## （二）按照包装的形态分类

按照包装的形态不同，包装可分为单个包装、内包装和外包装。

### 1. 单个包装

它也称为小包装，是物品送到使用者手中的最小单位。用袋或其他容器对物体的一部分或全部包裹起来的状态，并且印有作为商品的标记或说明等信息资料。这种包装一般属于商业包装，应注意美观，能起到促进销售的作用。

### 2. 内包装

它是将物品或单个包装，或一至数个归整包装，或置于中间容器中，为了对物品及单个包装起保护作用，中间容器内有时采用一定措施。

### 3. 外包装

基于物品输送的目的，要起到保护作用并且考虑输送搬运作业方便，一般置入箱、袋之中，根据需要对容器有缓冲防震、固定、防温、防水的技术措施要求。一般外包装有密封、增强功能，并且有相应的标识说明。

内包装和外包装属于工业包装，更着重于对物品的保护，其包装作业过程可以认为是物流领域内的活动。而单个包装作业一般属于生产领域活动。

## （三）按照包装适用的广泛性分类

按照包装适用的广泛性不同，包装可以分为专用包装、通用包装。

### 1. 专用包装

是指根据被包装物的特点进行专门设计、专门制造、只适用于某种专门产品的包装。例如：定制化生产后的产品包装。

### 2. 通用包装

是指产品包装不进行专门的设计制造，而根据标准系列尺寸制造的包装，用以包装各种标准尺寸的产品。例如：啤酒生产商使用的标准玻璃瓶包装。

## （四）按照包装技术分类

按照包装的技术的不同，可以将包装分为防潮包装、防锈包装、防虫包装、防腐包装、防震包装、集合包装、拉伸包装与收缩包装、危险品包装等。

## （五）按照容器进行分类

按照包装容器的不同，可以将包装分为包装袋、包装箱、包装盒、包装瓶及包装罐等。

### （六）按照包装使用的次数分类

按照包装使用次数不同，可以将包装分为一次性包装、多次包装和周转用包装。一次性包装只能使用一次，不再回收使用。多次包装指的是回收后经适当加工整理仍可使用的包装。周转用包装是专门设计和制作的能够反复使用的包装容器。

### （七）按照包装材料进行分类

按照包装材料的不同，可以将包装分为木质包装、纸质包装、塑料包装、金属包装、陶瓷包装、玻璃包装、草制包装、纤维包装和复合材料包装等。

### （八）按照产品的经营习惯分类

按照产品的经营习惯不同，包装可分为内销包装、出口包装和特殊商品包装。

## 三、包装的功能

包装主要有保护功能、成组化功能、跟踪功能、促销功能、便利功能、效率功能六种功能。

**1. 保护功能**

包装的第一项功能，是对物品起保护作用。货物在整个流动过程中，要经过多次的装卸、存取、运输，甚至拆卸和再包装，会受到各种各样的外力冲击、碰撞、摩擦。另外，有可能在恶劣环境中受到有害物质的侵蚀。为了保护货物、避免不必要的损失，货物必须包装。

**2. 成组化功能**

即为了材料搬运或运输的需要而将物品整理成适合搬动、运输的单元，如适合使用托盘、集装箱、货架或载重汽车、货运列车等运载的单元。

**3. 跟踪功能**

良好的货物包装能使物流系统在收货、储存、取货、出运等各个过程中跟踪商品。如将印有时间、品种、货号、编组号等信息的条形码标签贴在物品上供电子仪器识别，能使生产厂家、批发商和仓储企业迅速准确地采集、处理和交换有关信息，加强了对货物的控制，减少了物品在流通过程中的货损货差，提高了跟踪管理的能力和效率。

**4. 促销功能**

包装能起到广告宣传的效果，良好的包装，往往能为广大消费者或用户所瞩目，从而激发其购买欲望，成为产品推销的一种主要工具和有力的竞争手段。产品包装后，可与同类竞争产品相区别。精美的包装，不易被仿制假冒、伪造，有利于保持企业的信誉。

**5. 便利功能**

货物的形态是各种各样的，有固体、液体、气体之分，有大有小，有规则与不规则，有块状与粉末状，有硬与软等各种特性，而装卸、运输的工具式样要少得多，为了提高处理的效率，也必须对货物进行包装。良好的包装能有利于物流各个环节的处理方便。如对运输环节来说，包装尺寸、重量和形状，最好能配合运输、搬运设备的尺寸、重量，以便于搬运和保管；对仓储环节来说，包装则应方便保管、移动简单、标志鲜明、容易识别、具有充分的强度。管理工作中的劳动生产率指标一般都用包装后所组成的货物单元来描述。

**6. 效率功能**

为了提高货物的搬运效率，多数货物都需要经过成组包装后进行运输，以便于运输过程中的搬运和装卸，缩短作业时间，减轻劳动强度，提高机械化作业的效率。另一方面，一类货物的统一包装能使货物堆放、清点变得更加容易，从而提高了仓储工作的效率。

## 四、包装的器材

包装器材包括包装器具和包装材料。

### （一）包装器具

一般的器具形式有刚性容器、托盘用具和集装箱。

**1. 刚性容器**

是以一定的材料为原料制成的具有一定物理性能的容器。具体包括以纸制品、塑料、木料、玻璃、陶瓷、各类金属为材料制成的箱子、瓶子、罐子等容器。

（1）纸制容器。运输用大型纸袋可用3～6层牛皮纸多层叠合而成，也可用牛皮纸和塑料薄膜做成复合多层构造。纸箱的原料是各种规格的白纸板和瓦楞纸板，但要求其强度和耐压能力必须达到一定指标，在选材和尺寸设计时应加以注意。

（2）塑料制品容器。塑料包装制品的应用日益广泛，塑料袋及塑料交织袋已成为牛皮纸袋的代用品。塑料制品还用于酒、食油等液体运输容器的革新，开发了纸袋结合包装，其方法是将折叠塑料袋容器放入瓦楞纸箱中，以代替传统的玻璃瓶、金属罐、木桶等。塑料成型容器也得到广泛的应用，如聚乙烯容器，包括箱、罐等，特别是颜料和食品业等塑料通用箱发展很快。

（3）木制容器。木制容器包括木箱、胶合板箱及木桶。为了节省木材，常使用框架箱、栅栏箱或木条胶合板箱，为了增加强度也有加铁箍的。对于重物包装，常在底部加木制垫货板。

（4）金属容器。输送用的金属容器有罐和箱，材料有镀锌铁板等。罐用于装食品、化学药品、牛奶、油质类物品，而桶则主要用于装以石油为主的非腐蚀性的半流体及粉体、固体。

**2. 托盘用具**

托盘用具，特别是联运用平托盘，是包装的主要用具之一，也是物流的主要器具之一。托盘用具的标准化，是我国物流标准化的内容之一。

虽然我国尚未从物流系统角度全面开展物流各环节的标准化工作，但是已经制定了一些分系统的标准，其中如汽车、叉车、吊车已经全部实现了标准化，而包装模数、包装尺寸、联运用平托盘，也参照国际标准，制定了国家标准。联运用平托盘的外部尺寸规定为优先选用两种尺寸，分别为：TP2-800mm×1200mm，TP3-1000mm×1200mm，可选用尺寸为TP1-800mm×1000mm，托盘高度的基本尺寸为100mm与70mm两种。

### 3. 集装箱

集装箱又称货柜，是一种具有一定规格和强度的、专门为运输周转使用并便于装卸机械操作的大型货物容器。由于集装箱与货物的外包装和其他容器不同，使用集装箱转运货物，可以直接在发货人的仓车装货，运到收货人的仓库卸货，中途更换车船时，无需把货物从箱内取出，所以它既是一种包装容器，又是一种运输工具。

## （二）包装材料

我国常用的包装材料有纸、塑料、木材、金属及玻璃等。从各个国家包装材料的使用情况来看，使用最广泛的是纸和纸制品，其次是木材，塑料材料的使用数量正在以很快的速度增长。随着各国对环境保护的要求，再生资源利用的包装制品、可多次利用的包装材料以及新型材料也在物流行业开始使用。

## （三）包装用辅助材料

包装用的辅助材料主要有：

（1）黏合剂。用于材料的制造、制袋、制箱及封口作业。黏合剂有水型、溶液型、热融型和压敏型的区分。近年来由于普遍采用高速制箱及封口的自动包装机，所以大量使用短时间内能够黏结的热融黏合剂。

（2）黏合带。它有橡胶带、热敏带、黏结带三种。橡胶带遇水可直接溶解，结合力强，黏结后完全固化，封口很结实；热敏带一经加热活化便产生黏结力，一旦结合，不好揭开且不易老化；黏结带是在带的一面涂上压敏性黏合剂，如纸带、布带、玻璃纸带、乙烯树脂带等，也有两面涂胶的双面胶带，这种带子用手压便可结合，十分方便。

（3）捆扎材料。捆扎的作用是打捆、压缩、缠绕、保持形状、提高强度、封口防盗、便于处置和防止破损等。现在已很少用天然捆扎材料，而多用聚乙烯绳、聚丙烯绳、纸带、聚丙烯带、钢带、尼龙布等。

## （四）绿色包装材料

在社会经济得到发展的同时，如何减少资源的消耗，如何减少对环境的污染，走可持续发展的道路已成为当今各行各业关心的重点，绿色包装就是顺应了这种趋势而发展起来的。绿色包装就是指在包装设计、包装材料的应用等方面要充分考虑资源的尽可能少的消耗，尽可能避免环境的污染，走可持续发展的道路,在中国的物流及包装行业的素质不断提高、包装材料多样化发展、包装设备与技术不断更新改进的今天,我们更应该大力提倡绿色物流。

### 1. 重复再用和再生的包装材料

重复再用包装,如啤酒、饮料、酱油、醋等包装采用玻璃瓶可反复使用。

再生利用包装,例如聚酯瓶在回收之后,可用两种方法再生。物理方法是指直接彻底净化粉碎,无任何污染物残留,经处理后的塑料再直接用于再生包装容器;化学方法是指将回收的PET粉碎后,用解聚剂在碱性催化剂作用下,全部或部分解聚为单体或低聚物,纯化后再重新聚合成再生的PET树脂包装材料。

包装材料的重复利用和再生,仅仅延长了塑料等高分子材料作为包装材料的使用寿命,当达到其使用寿命后,仍要面临对废弃物的处理和环境污染问题。

### 2. 可食性包装材料

几十年来,大家熟悉的糖果包装上使用的糯米纸及包装冰激凌的玉米烘烤包装杯都是典型的可食性包装。

人工合成可食性包装膜中比较成熟的是20世纪70年代已工业化生产的普鲁兰树脂,它是无味、无臭、非结晶、无定形的白色粉末,在水中容易溶解,可为黏性、中性、非离性的不胶化水溶液,经干燥或热压能制成透明、无色、无臭、无毒,具有韧性、高抗油性,能食用的薄膜,也可做仪器包装。可食性包装材料在食品工业,尤其在果蔬保鲜方面,具有广阔的应用前景。

### 3. 可降解材料

可降解材料是指在特定时间内造成性能损失的特定环境下,其化学结构发生变化的一种塑料。可降解塑料包装材料既具有传统塑料的功能和特性,又可以在完成使用寿命之后,通过阳光中紫外线的作用或土壤和水中的微生物作用,在自然环境中分裂、降解和还原,最终以无毒形式重新进入生态环境中,回归大自然。

可降解塑料主要分为合成光降解塑料、添加光敏剂的光降解塑料和生物降解塑料以及多种降解塑料复合在一起的多功能降解塑料。

## 五、包装合理化

### (一)包装合理化的概念

包装合理化一方面包括包装总体的合理化,这种合理化往往用整体物流效益与微观包装效益的统一来衡量,另一方面也包括包装材料、包装技术、包装方式的合理组合及运用。

### (二)不合理包装的形式

#### 1. 包装不足

由于包装不足,造成的主要问题是在流通过程中的损失及降低促销能力。这一点不可忽视。我国曾经举行过的全国包装大检查,经过统计分析,认定由于包装不足引起的损失，一年达100亿元以上。

**2. 物流包装过剩**

主要指：

（1）包装物强度设计过高。如包装材料截面过大、包装方式大大超过强度要求等，从而使包装防护性过高。

（2）包装材料选择不当，选择过高。如可以用纸板却不用而采用镀锌、镀锡材料等。

（3）包装技术过高。包装层次过多，包装体积过大。

（4）包装成本过高。一方面可能使包装成本支出大大超过减少损失可能获得的效益，另一方面，包装成本在商品成本中比重过高，损害了消费者利益。

包装过剩的浪费不可忽视，对于消费者而言，购买的主要目的是内装物的使用价值，包装物大多作为废物甩弃，因而会形成浪费。此外过重、过大的包装，有时适得其反，反而会降低促销能力，所以也不可取。根据日本的调查，目前发达国家包装过剩问题很严重，约在20%以上。

（三）包装合理化的途径

包装合理化主要包括以下五个方面。

**1. 包装的轻薄化**

由于包装只是起保护作用，对产品使用价值没有任何意义，因此，在强度、寿命、成本相同的条件下，更轻、更薄、更短、更小的包装，可以提高装卸搬运的效率。而且轻薄短小的包装一般价格比较便宜，如果是一次性包装也可以减少废弃包装材料的数量。

**2. 包装的单纯化**

为了提高包装作业的效率，包装材料及规格应力求单纯化，标准规格还应标准化，包装形状和种类也应单纯化。

**3. 包装的标准化**

包装的规格和托盘、集装箱关系密切，也应考虑到和运输车辆、搬运机械的匹配，从系统的观点制定包装的尺寸标准。

**4. 包装的机械化**

为了提高作业效率和包装现代化水平，各种包装机械的开发和应用是很重要的。

**5. 包装的绿色化**

绿色包装是指无害少污染的符合环保要求的各类包装物品。主要包括：纸包装、可降解塑料包装、生物包装和可食用包装等，这是包装合理化的发展主流。

### 拓展知识

## 品牌包装

什么是"品牌包装"？"包装"不仅指的是为产品披上件外衣，而是指在与消费者接触的各类场合，把产品的个性特征，以各种载体形式进行塑造和推广的行为。"包装"是产品概念由内至外的诠释，它从包装物的形式、材料，到终端卖场的各类推广物品，形成一个对消费者由大到小的环境的影响。就像我们光临一家品牌专卖店，它的店面形象、橱窗、产品陈列、功能区域的划分、营业员的服装、价格牌、POP等各个细节，都围绕着一个品牌概念。消费者从整体环境到细小环节，无处不在感受着品牌的文化影响力，从而留下一个深刻的印象。这是我们说的整体包装，并且这个包装也是随着产品的推广持续进行中的，因产品运作的不同阶段而有所调整。在保持统一格调的基础上，"包装"的每一阶段又有独立的主题，做到既丰富而又统一。就像麦当劳的VI系统是统一的，而在不同时间段都会有不同的空间形象推广主题，让消费者能始终保持新鲜感，从而不断光临消费。

## 知识回顾

包装是指在流通过程中保护产品、方便储运、促进销售，按照一定的技术方法而采用的容器、材料及辅助物等的总体名称，也指为了达到上述目的而采用容器、材料和辅助物的过程中施加一定技术方法等的操作活动，所以包装是包装物及包装操作的总称。

按照不同的分类标准，包装可以分为下述不同的类型。按照在流通过程中的作用不同，包装可以分为销售包装和运输包装。按照包装的形态不同，包装可分为单个包装、内包装和外包装。按照包装适用的广泛性不同，包装可以分为专用包装、通用包装。按照包装的技术的不同，可以将包装分为防潮包装、防锈包装、防虫包装、防腐包装、防震包装、集合包装、拉伸包装与收缩包装、危险品包装等。按照包装容器的不同，可以将包装分为包装袋、包装箱、包装盒、包装瓶及包装罐等。按照包装使用次数不同，可以将包装分为一次性包装、多次包装和周转用包装。按照包装材料的不同，可以将包装分为木质包装、纸质包装、塑料包装、金属包装、陶瓷包装、玻璃包装、草制包装、纤维包装和复合材料包装等。按照产品的经营习惯不同，包装可分为内销包装、出口包装和特殊商品包装。

包装主要有保护功能、成组化功能、跟踪功能、促销功能、便利功能、效率功能六种功能。

包装器材包括包装器具和包装材料。一般的器具形式有刚性容器、托盘用具和集装箱。我国常用的包装材料纸、塑料、木材、金属及玻璃等。包装用的辅助材料主要有：黏合剂、黏合带、捆扎材料等。

绿色包装材料主要有重复再用和再生的包装材料、可食性包装材料、可降解材料等。

包装合理化一方面包括包装总体的合理化，这种合理化往往用整体物流效益与微观包装效益的统一来衡量，另一方面也包括包装材料、包装技术、包装方式的合理组合及运用。不合理包装的形式：包装不足；物流包装过剩等。

包装合理化主要包括以下五个方面：包装的轻薄化；包装的单纯化；包装的标准化；包装的机械化；包装的绿色化。

### 复习思考

1. 简述包装的含义与分类。
2. 简述包装的功能。
3. 简述包装的器材都有哪些。
4. 简述包装合理化的方法。

### 技能训练

#### 罗林洛克啤酒的独特包装策略

随着竞争的加剧和消费的下降，美国啤酒的竞争变得越来越残酷。像安毫斯·布希公司和米勒公司这样的啤酒业巨人正在占据越来越大的市场份额，从而把一些小的地区性啤酒商排挤出了市场。

出产于宾夕法尼亚州西部小镇的罗林洛克啤酒在20世纪80年代后期勇敢地进行了反击。营销专家约翰·夏佩尔通过他神奇的经营活动使罗林洛克啤酒摆脱了困境，走向了飞速发展之路。而在夏佩尔的营销策略中，包装策略发挥了关键作用。

包装在重新树立罗林洛克啤酒的形象时，扮演了重要角色。夏佩尔为了克服广告预算的不足，决定让包装发挥更大的作用。他解释道："我们不得不把包装变成牌子的广告。"该公司为罗林洛克啤酒设计了一种绿色长颈瓶，并漆上显眼的艺术装饰，使包装在众多的啤酒中很引人注目。夏佩尔说："有些人以为瓶子是手绘的，它跟别的瓶子都不一样，独特而有趣。人们愿意把它摆在桌子上。"事实上，许多消费者坚持装在这种瓶子里的啤酒更好喝。公司也重新设计了啤酒的包装箱。"我们想突出它的绿色长颈瓶，与罗林洛克啤酒是用山区泉水酿制的这个事实。"夏佩尔解释道："包装上印有放在山泉里的这些瓶子。照片的质量很高，色彩鲜艳、图像清晰。消费者很容易从30英尺外认出罗林洛克啤酒。"

夏佩尔喜欢用魅力这个词来形容罗林洛克啤酒的新形象。"魅力，这意味着什么呢？我们认为，瓶子和包装造就了这种讨人喜欢的这种感觉。看上去它不像大众化的产品，而是一种高贵的品质感。而且这种形象在很大程度上也适合啤酒本身。罗林洛克啤酒出口于宾州西部的小镇。它只有一个酿造厂，一个水源。这和安豪斯·布希啤酒或库尔斯啤酒完全不同，我们知道，并非所有的库尔斯啤酒都是在科罗拉多州的峡谷中酿造的。"包装对增加罗林洛克啤酒的销量有多大作用呢？夏佩尔说："极为重要。那个绿瓶子是确立我们竞争优势的关键。"

资料来源：中华管理学习网http://www.100guanli.com

思考：罗林洛克啤酒的包装发挥了什么作用？

# 项目七 物流信息

## 学习目标

1. 理解信息的含义
2. 掌握物流信息的含义
3. 掌握物流信息管理的原则
4. 了解物流信息系统的开发

## 技能知识

物流信息的含义，物流信息管理的原则，物流信息系统的开发

### 引导案例

### 中国红牛公司物流信息化战略案例

**红牛分销信息化动因分析**

虽然红牛公司总部搭建了内部局域网，并给各地分公司办事处购置了电脑，但由于没有建立包括总部、分公司、办事处、一二三级经销商、大客户以及第三方物流公司在内的统一的营销平台和使用相应的管理软件系统，公司也就不可避免地面临以下问题：

（1）无论是经销商、客户向上一级分支机构订货，还是各分支机构向总部订货，均采用电话或传真的方式，不仅传输速度慢，而且数据量大，需重复录入，汇总困难，出错率高，直接导致订单处理效率低、发货迟缓。

（2）在手工管理模式下，每周只能进行1、2次销售汇总数据的统计和报告，无法实现对分公司、办事处销售、存货、客户应收账款等明细数据的实时额度控制，也就无法采取有效的措施，尤其在销售旺季，经常出现断货情况，如果凭过时的销售数据或仅凭感觉发货，又会出现存货积压，数量巨大时就会影响资金周转。

（3）由于没有统一的平台进行各种数据的采集和整理，数据时效性往往很差，数据质量也参差不齐，造成数据根本无法分析或分析结果无价值。没有科学的决策分析工具，面对大量而分散的数据和信息，无法进行有效的统计汇总和分析，难以察觉数据之间最细微的变化与联系，找到其中的价值所在，也就无法为决策管理层提供及时、准确、科学有效的决策依据。

（4）不能实时了解各经销商、客户的基本信息和历史交易情况，无法了解应收账款和信用额度，经常出现对应收账款已经超过警戒线的经销商继续发货。

（5）不能准确了解竞争对手的情况，尤其是竞争对手的价格、销量、广告、促销、对经销商政策、营销网络分布等情况。就是对红牛自身在全国范围投放的大量广告和开展的大量促销活动的效果也没有一个有效的评估。

落后的信息化已经严重影响了红牛公司的发展，体现在数据传输、数据汇总、订单处理、集团配送、应收账款、存货控制、信息搜集等许多方面，尤其在竞争异常激烈的中国饮料市场上，对整个分销体系进行信息化建设已经刻不容缓。

**红牛分销管理系统解决方案**

红牛采用的分销管理系统主要由：订单处理、库存管理、物流配送、应收账款、销售业绩排行、经销商信用等级控制、财务汇总、统计查询组成。

考虑到红牛的实际情况与其他分销企业的差异，应用后的分销业务流程如下：

经销商或客户通过互联网登录分销系统，直接在网上填写订单，由各地分公司汇总并进行初步审核，审核成功的订单传给总部；红牛总部接到订单后，由财务部先核实该经销商或客户的信用等级，符合标准后由财务部、市场部、储运部依次对该订货单进行审核并确认，生成发货单；储运部将发货单传给第三方物流公司，由后者在规定的时间内将货物直接发到经销商和客户手中。

分公司也备有一定的库存，在下属经销商和客户的订货数量较少时，分公司可以登录系统处理此类订单，然后将货物直接发到经销商和客户手中。

办事处并不直接参与订单的处理和发货，其职能主要是拜访代理商和客户，巩固渠道关系，协助他们开展促销活动，同时搜集市场情报，包括竞争对手情况、市场占有率等。

资料来源：物流天下 http://www.56885.net

# 相关知识

## 一、信息

"信息"是当代使用频率很高的一个概念，也是信息系统中最基本的概念。现代经济生活每天都产生大量的各式各样的信息，信息的概念是十分普遍的，客观世界存在着各种各样的信息现象。自然的演化需要信息，生命的进化也需要信息，人类的生活更是需要信息。没有信息，千变万化的实物之间就没有了联系，也就没有大千世界的统一。

### （一）信息的含义

目前对于信息的定义争论激烈，由于观察事物的多维视野，造成了对于信息的定义呈现出多定义而又无定论的局面。多维视野是现代自然科学、社会科学、人文科学以及横向科学研究的一个显著特点，因此，不同学科有不同的信息定义，即使是同一学科也可能出现很大的差异。

信息化的创始人香农和韦弗1948年在《通信的数学理论》中指出："凡是在一种情况下能减少不确定性的任何事物都叫做信息（information）。"这一定义是从通信科学的角度来探讨信息概念的，排除了信息的语义因素的定义，不考虑信息的含义价值，特指一种形式信息和统计概率信息，这一定义指出了信息的一个价值——减少不确定性，这是信息的认知知识功能，即当一个信息为人们所感知和确认后，这一信息就成为一定意义上的知识，形成后的知识又可以作为信息来传递。

控制论的创始人维纳对信息的定义是："信息就是我们在适应外部世界，并且使这种适应所作用于外部世界的过程中，同外部世界进行交换的内容的名称。"这一定义深入到了人与世界的交换关系，涉及交换内容。他确认了信息是人类主观世界与客观世界间的桥梁，客观世界作用于主观世界，主观世界反作用于客观世界，都必须依靠信息的媒介作用，人的大脑是个信息处理中心，在不断地接收、处理、储存来自人体内部和外部的种种信息，并利用这些信息来改造客观世界。

我国国家标准GB489885《情报与文献工作词汇基本术语》中，关于"信息"的解释是："Information物质存在的一种方式、形态或运动状态，也是事物的一种普遍属性，一般指数据、消息中所包含的意义，可以使消息中所描述事件的不定性减少。"这个定义首先明确了信息的本质是物质的属性，而不是物质实体本身。客观存在的一切事物，包括自然界、人体本身和人类社会，都是在不断运动着的，运动的物质，必然会产生相互作用和影响，从而引起物质结构、数量等多方面的变化，事物的这些变化，便成为信息产生的物质基础。因此，信息不是事物本身，而是由事物发出的数据、消息中所包含的意义。这个定义中还弥补了信息论中对信息定义的特定指向性——即只描述了非人类、非语义层的信息概念，把信息这一概念放到人类社会以及人类交往中考察，也纠正了控制论信息定义中对信息概念的泛化倾向，继而明确指出信息是物质的属性，而不是事物本身，是由事物发出的消息、指令、数据、信号等所包含的内容，是数据、消息中的意义。同时，这一定义明确了信息的认知知识的功能，即能减少不确定性的能力，可以说，信息是知识的源泉，知识是对获得信息进行处理并使之系统化的结果。这一功能是信息的基本功能，是人类解释客观世界发展规律的重要途径，知识的积累、科技的发展进步、经济文化的繁荣，都离不开信息的这一功能，经过大脑对信息的鉴别、筛选、归纳、提炼和存储，人类对客观世界的认识逐步深入，人类逐步进化、进步、发展。其次，这一定义明确了信息是指数据与消息中所包含的意义，是数据与消息这样的讯息中所包含的内容，区分了信息与讯息，从结构上使信息的概念更加准确。

在物流科学中，信息是物流最基本的要素，也是实现资源有效配置和实现利润最大化的前提。如果信息流不畅通或缺乏足够和有效的信息，将无法实现其物流的目标。所以，必须对与物流相关的方方面面的信息进行采集、筛选、分析、整理，找出最适宜的物流信息。同时，由于信息技术的飞速发展，也必须尽可能地应用最新的信息技术，从而降低物流成本。

综上所述，信息是通过一定的物资载体形式反映出来的，表征客观事务变化特征的，由发生源发生，经加工与传递，可以被接收者接收、理解和利用的信息、数据、资料、知识的统称。

## （二）信息的特征

### 1. 普遍性

信息是事物运动的状态和方式，只要有事物存在、运动，就会有其运动的状态和方式，就存在信息。无论在自然界、人类社会，还是思维领域，绝对的"真空"是不存在的，绝对不运动的事物也是没有的，信息是普遍存在的。

### 2. 载体依附性

信息本身是看不见、摸不着的，它必须依附在一定的物质形式之上，不能脱离物质单独存在，如声波、电磁波、纸张、化学材料等，这些承载信息为主要任务的物质形式就是信息的载体。如过马路前先看交通灯，再判断是否可以过马路。

### 3. 传递性

信息从时间或空间上的某一点向其他点移动的过程称为信息的传递。信息传递要借助一定的物质载体。早在远古时代，我们的祖先就懂得了用"结绳记事"、"烽火告急"、"信鸽传书"等方法来传递、表达信息。现代信息的传递、表达，我们利用图片、网页、动画或其他信息技术，以比特的形式存储，可以使信息更快、更便利地在世界范围内传递。

### 4. 时效性

信息的价值性只表现在一定的时间内，在信息的有效期间利用信息能产生效益，过了这个时段，就不会产生效益。例如股市、天气预报等信息如果过期便无价值可言。

### 5. 共享性

信息可以被共同占有、共同享用，不但在传递过程中可以被信源（信息的发出方）和信宿（信息的接收方）共同拥有，还可以被众多的信宿同时接收和利用。如萧伯纳的名言"你有一个苹果，我有一个苹果，彼此交换一下，我们仍然各有一个苹果；但你有一种思想，我有一种思想，彼此交换，我们就都有了两种思想，甚至更多。"交换双方不仅不会失去原有信息，还会增加新的信息。说明信息具有可共享性。

### 6. 价值性

信息的价值性是指人们通过利用信息，可以获得效益。企业可以利用国家的某些政策，作出合适的决策，则有可能获得更高的效益。例如朝鲜战争与兰德咨询公司的故事。朝鲜战争前，兰德公司向美国国防部推销一份秘密报告，其主题词只有7个字，要价150万美元。美国国防部认为是敲诈，不予理睬，结果"在错误的时间，在错误的地点，与错误的敌人进行了一场错误的战争"。战争结束之后，国防部才想起那份报告，要来一看，追悔莫及。那7个字是"中国将出兵朝鲜"。这就体现了信息的价值性。

**7. 相对性**

客观上信息是无限的，但相对于认知主体来说，人们实际获得的信息总是有限的。信息只有被利用才有价值，同一个信息，不同的使用者由于其自身素质、修养、能力以及所处的环境不同，会得到不同的使用效果。

## 二、物流信息

国家标准《物流术语》中定义：物流信息是"反映物流各种活动内容的知识、资料、图像、数据、文件的总称。"

从狭义上讲，物流信息是指与物流活动有关的信息。如货物批量的确定、货物跟踪、运输工具选择、运输路线确定、订单管理、库存数量的确定等，都需要详细和准确的物流信息。从广义上讲，物流信息不仅指与物流活动有关的信息，还包括与其他流通活动有关的信息。如商品交易信息、市场信息等，不仅起到连接整合生产厂家、批发商、零售商、消费者的整个供应链作用，还在应用现代信息技术的基础上实现整个供应链活动的效率化。

## 三、物流信息管理的内容、功能、原则

### （一）物流信息管理的内容

物流信息管理指应用现代信息技术和手段完成物流过程中信息的采集、处理、存储、传输和交换，实现物流信息电子化、数字化、网络化。物流信息管理主要包括以下内容。

**1. 采购信息管理**

采购是企业频繁的一种日常经济活动，采购过程需要进行计划、组织、指挥、协调、控制等活动，这些活动都离不开信息的协调与管理。随着贸易全球化的进程以及信息技术和计算机网络的飞速发展，采购环境发生了巨大的变化，现代科学采购越来越离不开信息技术的支持。具体的包括有关企业采购的规章制度、政策、采购预算、采购计划、采购信息发布情况、控制情况、采购统计信息等，还包括对货品及供应商和采购负责人基本信息、合同登记和查询管理、采购登记和查询管理、退货退款登记和查询管理、账务付款登记和查询等进行全面管理的系统。

**2. 销售信息管理**

销售信息管理是对销售过程中产生的信息进行收集、处理、加工的过程，用

以辅助于销售管理。随着企业现代化管理进程的加快,对销售信息管理提出了更新更高的要求。具体来讲,销售信息管理过程一般包括:信息收集、信息筛选及整理和信息注释及归档、信息应用及信息反馈。

(1)信息收集。包括:确定信息收集的目的及任务;明确企业所需信息的重要程度;具体、清晰地集中目标收集信息。

(2)信息的筛选整理。在信息的筛选整理过程中,关键是去粗取精、去伪存真。具体包括:信息收集过程中只收集有用的、正确的、有保存价值的信息;提高自我检索能力,增强寻找信息能力;从报纸和杂志获得情报,确认其正确性,并进一步获得详细深入的资料;为收集情报做记录等。

(3)信息注释及归档。具体包括:现有档案易于查阅,企业的销售信息很多,如何在最短时间提供各种所需信息,并能随时加入各种新信息,企业应在档案管理时详细规划;归档用品的选择信息保存应根据信息性质选择适当工具,妥善加以储存归档。一般所使用的方法有:资料袋、名片、登记卡片、录像带、电脑、录音机、光盘、整理架等;存档地点及安全企业存档地点及方法选择应力求档案安全及由档案使用人保护档案完整无缺;定期销毁过时资料任何信息均有时效性,对于丧失效用的信息,应定期销毁。在销毁时,资料要加以记录,以供急需。

(4)信息应用。把收集到的各种有用的信息加以应用,利用信息为企业计划和决策提供依据,为企业营销活动的开展提供指导。

(5)信息反馈。这个过程当中关键的是信息反馈要及时、要准确。

### 3. 仓储信息管理

无论是在企业物流系统中还是在社会物流系统中,仓库都担负着货主企业生产经营所需的各种货品的收发、储存、保管保养、控制、监督和保证及时供应货主企业生产和经营需要等多种职能,要达到各种职能与活动管理平衡,离不开信息管理,它可以对所有的包括不同地域、不同属性、不同规格、不同成本的仓库资源,实现集中管理,采用条码、射频等先进的物流信息技术,对出入仓货物实现联机登录、存量检索、容积计算、仓位分配、损毁登记、状态报告等进行处理,可使货主企业按计划完成生产经营目标、控制仓储成本和物流总成本。

### 4. 运输信息管理

对所有可以调度的运输工具,包括自有的和协作的以及临时的车辆信息进行调度管理,提供对货物的分析,配载的计算,货物跟踪以及最佳运输路线的选择。实现运输高效率、经济高效益、服务高质量,充分体现信息管理的优越性。

### 5. 客户信息管理

通过对客户资料的全方位、多层次的信息管理,使物流企业之间实现流通机能的整合,物流企业与客户之间实现信息分享和收益及风险共享,在供应链管理模式发展下,实现跨企业界限的整合。

**6. 决策支持信息管理**

及时地掌握商流、物流、资金流和信息流所产生的信息并加以科学地利用，在数据库技术、运筹学模型的基础上，通过数据挖掘工具对历史数据进行多角度、立体的分析，实现对企业中的人力、物力、财力、客户、市场、信息等各种资源的综合管理，为企业管理、客户管理、市场管理、资金管理等提供科学决策的依据，从而提高管理层决策的准确性和合理性。

除此之外，还包括物流过程中涉及的货代信息管理、结算信息管理、报关信息管理、数据信息交换、行政信息管理、统计信息管理、财务信息管理等以及各环节的交叉信息管理。

### （二）物流信息管理的功能

物流作为一个复杂的社会系统工程，它的运作流程是通过输入社会需求文件信息和供应商货源文件信息，形成产品生产计划、生产能力计划、送货计划和订货计划、运输计划、仓储计划、物流能力计划，并进行成本核算等。要使这样一个纵深庞杂、涉及面广的物流体系快速、高效和经济地运行，没有信息这一"润滑剂"的作用是不可想象的。现代物流信息在物流活动中起着神经系统的作用。主要通过物流信息管理的几项基本功能来实现的，包括：

记录交易活动功能。物流信息的记录交易功能就是记录物流活动的基本过程和内容。主要包括记录采购过程、制定价格及相关人员和供求信息的查询、安排储运任务、生产作业程序、销售等整个物流活动的内容。

物流业务服务功能。物流服务的水平和质量以及现有管理个体和资源的管理，要有信息管理做相关的协调和控制，是在充分利用计算机的强大功能，汇总和分析各种物流数据，形成信息资源，为物流管理及其业务活动提供信息服务，使管理者做出合适的决策，增强了企业的竞争优势。

物流工序协调功能。在物流运作中，加强信息的集成与传递，有利于工作的时效性，提高工作的质量与效率。

支持物流决策和战略功能。物流信息管理协调工作人员和管理员通过其服务功能，充分利用企业内、外部物流数据信息资源，进行物流活动的评估和成本收益分析，从而做出更好的物流决策。

### （三）物流信息管理的原则

物流管理很大程度上是对信息的处理与管理，物流信息是物流系统整体的中枢神经，物流信息管理的得当与否影响着整个物流系统，因此，物流信息管理应遵循以下原则。

**1. 专业性原则**

物流信息管理是专门收集、整理、储存和利用物流全过程的相关信息，为物流管理提供信息服务。

**2. 可靠性原则**

必须抓住精确的、及时反映企业当前的状况的信息输出可靠的管理结果，包括书面信息转化电子信息的可靠，电子信息传递的可靠，实施过程的可靠等。

**3. 经济性原则**

企业是经济实体，趋利性组织，它的最终目的不外乎追求最大利润，在每次的投入都会考虑产出，以最小的投入获得最大的收益。所以，在进行企业物流信息管理方面的投入要能给企业带来可观的效益，还要在保证效益的同时，减少不必要的费用。

**4. 灵活性原则**

物流信息具有量大、更新快、来源多样化等特点，要根据物流管理的需要，通过物流信息平台，适时调配物流资源并灵活的调整企业决策，以避免不必要的损失，为企业赢得更大的利润。

## 四、物流信息系统

大千世界存在着各种各样的系统，任何一个有生命力的系统，其内部必须有物质、能量和信息的流动才能维持系统的生存与发展。管理就是围绕既定目标的对系统内部各种"流"进行计划、组织、控制与协调的过程。其中，"信息流"控制着其他"流"的流动，使系统更加有序。从系统的观点出发，信息流在整体上也构成一个子系统，这就是信息系统。管理的现代化、科学化指的就是最有效地组织与控制信息流，使系统在时间上、经济上和效率上达到最佳状态。因此，信息系统对于现代企业的经营管理具有重大的意义。

物流信息系统是根据物流管理运作的需要，在管理信息系统基础上形成的物流信息资源管理、协调系统，它来源于物流系统，反过来又作用于物流系统，使物流系统高效率化、高效益化运作。本章将介绍物流信息系统的一些基本知识，包括物流信息系统的含义、结构以及建设开发的相关问题，并通过案例分析信息技术在物流管理中的应用。

**（一）物流信息系统的含义**

物流信息系统的水平是物流现代化的标志，也是物流管理成为"第三利润源泉"最关键因素之一。它利用信息技术对物流中的各种信息进行实时、集中、统一的管理，使物流、资金流、信息流三者同步，及时反馈市场、客户和物品的动态信息，为企业提供实时的信息服务。

物流信息系统是企业管理系统的一个重要子系统，是通过与企业物流相关信息进行加工处理来实现对物流、资金流地有效控制和管理，并对物流管理人员及其他企业管理人员提供信息分析及运作决策支持的人机系统。物流信息系统是提高企业物流运作效率，降低企业物流总成本的重要基础设置。

企业决策者在物流信息系统的建设中，首先要明确一个概念，即信息是什么。既不是买软件,也不是买硬件,这只是为达到目的所实施的手段和工具,企业实施信息化的最终目的还是应用,因为企业的经营永远离不开一个永恒的主题——最大限度地追求利润。企业的信息化建设也离不开企业的经营之本,信息系统只是为经营服务的手段。只有根据先进的理念,选用正确的技术,使技术应用在有些产品的开发上才可以成为一个成功的企业物流信息系统。

基于现代信息技术的物流信息系统,与其他信息系统一样,能够显著提高企业物流的运营效率和管理水平,越来越多的企业愿意采纳这项集管理和信息技术为一体的信息系统。一个典型的物流信息系统对企业的现实作用体现在如下几个方面:

(1)物流信息系统是物流企业及企业物流的神经中枢。如果没有先进的信息系统来支持,物流企业的功能就不能体现。物流企业要做好面向社会的服务,为其他部门提供功能健全的物流服务,面对众多的企业和零售商甚至是客户所提出的如此庞杂的服务,只有在一个完善的信息系统基础上才可能实现。

(2)通过物流信息系统,企业可以及时地了解产品市场销售信息和产品的销售渠道,有利于企业开拓市场和搜集市场信息。

(3)通过物流信息系统,企业可以及时掌握商品的库存流通情况,进而达到企业销售的平衡,确保企业进、销、存等基本活动顺利、有序、低成本运行。

(4)物流信息系统的建立,可以有效地节约企业的运营成本。通过规模化、少品种、业务统一的管理节约企业的物流运作成本,也可以通过信息系统完成企业的一系列的活动,如报关、订单处理、库存管理、采购管理、需求计划、销售预测等。

(5)物流信息系统的建立使得物流的服务功能大大拓展。一个完善的物流信息系统使得企业能够把物流过程与企业内部管理系统有机地结合起来,如与ERP系统结合,可以使企业管理更加有效。

(6)加快供应链的物流响应速度。通过建立物流信息系统,达到供应链全局库存、订单和运输状态的共享和可见性,以降低供应链中的需求订单信息畸变现象。

(二)物流信息系统的结构

物流信息系统是以系统思想为主导建立起来的为了进行物流操作、控制、决策和计划的人机系统。从系统的观点来看,物流信息系统具有一定的系统结构。

**1. 物流信息系统在垂直方向上的结构**

物流信息系统在垂直方向上分为四个层次,即业务层、管理层、决策层和战略层。

(1)业务层。业务层是用于启动和记录物流活动的最基本层次。业务层的主要任务就是及时地处理每天的物流业务活动。比如订货管理、运输管理、仓储管理、配送管理等具体物流活动。该层是物流信息系统的基础层。

（2）管理层。管理层的主要任务是进行功能评价和报告。管理功能在整个物流信息系统运行过程中占有重要的地位，管理层的主要工作是设计评价过去的功能和鉴别各种可选方案。评价活动一般包括物流生产率、客户服务满意度及质量跟踪反馈等。管理层通过对业务层产生的数据和信息的加工分析，产生相应的报告，为管理人员提供所需的基础信息。

（3）决策层。决策层的主要功能在于协助管理决策人员经过比较物流活动管理可选方案，进行战术上的决策分析。决策分析涉及很多方面，例如物流合同管理、客户关系管理、质量管理、物流计划等。与管理层不同的是该层将注意力主要集中在评估未来策略的可选方案上面。因此，物流信息系统的决策分析更加注重的是决策方案的效果而不是效率。

（4）战略层。物流信息系统的主要目标是通过提炼有价值的战略管理信息来辅助物流管理人员进行战略决策。战略层是物流信息系统的重要组成部分，战略着重用来开发和精炼物流战略的信息支持。与其他各层相比，战略层的决定多半更抽象，无结构性，着眼于长期与全局。由于其放眼于长期的特点以及未来的不确定性，决定了战略计划有一定的风险性，这就要求管理决策者要关注环境的变化，并能够根据环境的变化及时调整战略计划，提高企业的抗风险能力，确立竞争优势。一个完善的战略层可以有效地帮助企业的管理者深刻理解物流战略方案的制定、实施和评价以及它们之间的内在联系，为企业物流未来的发展指明方向。

**2. 物流信息系统在水平方向上的结构**

在水平方向上，物流信息系统贯穿了供应物流、生产物流、销售物流、回收物流的运输、仓储、搬运装卸、包装、流通加工和配送等各个环节。由此可见，物流信息系统是企业物流的神经中枢，涵盖了物流系统的各个方面、各个层次。

（1）物流子系统

①供应物流　生产企业、流通企业或消费者购入原材料、零部件或商品的物流过程称为供应物流，也就是物资供应者到使用者之间的物流。供应物流是整个物流活动的始发点，是资金流的开始，同时又是信息流的端点。即任何一个最终用户的需求信息都要最终分解成采购信息，而需求的满足程度则要最终追溯到供应商对订单的实现程度。供应物流信息系统对采购、仓储、供应等各环节中的物料信息及流通中产生的信息进行搜集、整理，将信息数据库化、代码化、电子化、标准化、实时化。同时通过供应物流与销售、生产等其他物流系统中各点和线的信息化、网络化，使整个系统整合为企业物流信息系统。

②生产物流　从工厂的原材料购进入库起，直到工厂成品库发送出库为止，这一全过程的物流活动称为生产物流。生产物流信息系统是现代企业基于生产物流管理的解决方案，可以解决企业采购、库存、生产、发货等各环节的管理需求。通过系统可以搜集各种生产数据，分析、统计这些数据以利于提高生产效

率,改善生产状况;通过系统可以大大提高工作效率,节省事务性的管理人力、物力支出;发货提供管理层决策数据及依据等功效。

③销售物流　生产企业、流通企业售出产品或商品的物流过程称为销售物流,是指物资的生产者或持有者到用户或消费者之间的物流。销售物流子系统解决了产品销售过程中的采购、进货、退货、销售、销售退回、调拨、进货订单、借进、借进退还、借出、借出退还、库存、查询、初期建账等销售商头痛的问题,通过销售物流信息系统的功能模块可以实现无纸化办公,让销售部门能够准确而及时地监控整个销售服务网络的物流、资金流和人事管理流程,同时避免管理上的漏洞,全面提升整个售后服务网络的工作效率和工作质量。

④回收及废弃物流　在生产及流通活动中有一些物资材料是要回收并加以利用的,有些是所生产的无用的废弃物,对这类物资的处理过程就产生了回收及废弃物流。回收及废弃物流信息系统可以对回收及废弃物的拆卸成本、碎裂成本、材料再生成本、废弃物所产生的环保支出等信息进行成本分析;对回收产品进行包括产品降级再使用、产品维修再使用、部件翻新、零件再造、材料再生、焚烧获能和废弃处置的处理给出合理的策略。通过回收及废弃物流信息系统的使用,既节省了企业的经济支出又提高了企业的环保形象。

(2)物流的各个作业环节

①运输作业环节　运输作业是这个物流活动的一个组成部分,运输作业的任务是对物资进行较长距离的空间移动。物流部门通过运输解决物资在生产地点和需求地点之间的空间距离问题,从而创造货物的空间效益,实现其使用价值。运输环境的信息系统就是通过收集、记录、整理、分析、存储与运输物流相关的信息。运输物流活动的信息,不仅对运输物流活动环节的管理决策及使用有重要意义,而且还是整个企业物流信息系统的不可或缺的一个组成部分。

②仓储作业环节　仓储作业在物流系统中起着缓冲、调节和平衡的作用,是物流的另一个中心环节。仓储的目的是克服产品生产与消费在时间上的差异,使物资产生时间上的效益。它的内容包括商品储存信息、商品管理信息、商品保养信息、商品维护信息等信息的收集、记录、整理、分析、存储与反馈。

③搬运装卸作业环节　搬运装卸作业环节是指同一地域范围内进行的,以改变物的存放状态和近距离空间位置为主要内容和目的的活动。搬运装卸作业信息系统的功能主要包括装上、卸下、移送、拣选、分类、堆垛、入库、出库等活动信息的收集、记录、整理、分析、存储与反馈。

④包装作业环节　无论是产品或是材料,在搬运输送以前都要加以某种程度的包装捆扎或装入适当容器,以保证产品完好地运送到消费者手中,所以包装是生产过程的终点,同时也是物流过程的起点。包装的作用是保护物品,使物品的形状、性能形成一定的单位,作业时便于处置。此外,条形码技术在商品包装上的广泛使用,电子、激光扫描仪的配套使用,使得商品包装以及成为包含和反映

巨大信息容量的承载物。包装作业环节信息子系统的功能就是通过收集、记录、整理、分析、存储、反馈与包装物品的形状、性能、单位以及商品外包装和条形码所包含的有关信息。

⑤流通加工作业环节　在流通过程中辅助性的加工活动称为流通加工。流通与加工的概念属于不同的范畴。加工时改变物质的形状和性质，形成一定产品的活动；而流通则是改变物质的空间状态与时间状态。流通加工则是为了弥补生产过程中加工不足，更有效地满足用户或本企业的需要，使产需双方更好地衔接，将这些加工活动放在物流过程中完成，而成为物流的一个组成部分。流通加工是生产加工在流通领域中的延伸，也可以看成流通领域为了更好地服务，在职能方面的扩大。流通加工作业环节信息子系统的主要功能是收集、记录、整理、分析、存储、反馈与流通加工作业环境有关的信息，该环节有关信息加工和使用对配送作业的影响最直接。

⑥配送作业环节　配送作业是以分拣和配货为主要手段，以送货和抵达为主要目的的一种特殊的、综合的物流活动，是"配"和"送"的有机结合形式，也是物流中一个重要的直接与消费者相连的环节。它主要由集货、配货、车载货物的配装和按确定的配送陆续送达等四个环节组成。该环节直接体现企业的物流顾客服务水平，有关配送物品的时间、地点、品种、数量、安全等信息的收集、记录、整理、分析、存储、反馈是配送作业环节物流信息子系统的主要功能。

物流信息系统通过对供应物流、生产物流、销售物流、回收及废弃物物流的统筹协调、合理规划，使整个物流链形成一个有机系统，通过对系统进行计划、实施与控制，使运输、仓储、搬运装卸、包装、流通加工和配送等环节有机结合，保证物流链畅通有序，节约物流费用，提高效率和效益。

## （三）物流信息系统的建设

物流信息系统在中国的应用才刚刚起步，发展的总体趋势和方向与其他国家不应该有什么不同，然而在完全不同的市场环境、技术环境中，中国的企业必然不会走完全相同的道路。因而，我们应该遵循在发达国家已经得到验证的供应链理论、方法和技术，但是不应该照搬他们的具体方案和实施路线。中国企业有计划采用更廉价、更成熟、更直接的技术和系统，在几年内跨越国外企业几十年的发展历程。最显著的，由互联网和电子商务技术的发展，传统的EDI在中国将不会、也不需要如美国一般普及应用。然而，"CPFR"、"协调计划、预测及补货"作为供应链的核心概念和相应的技术一定会在未来几年内成为中国市场的主流。过去5年来，以管理规范化为主要目标，以ERP为主要工具的企业信息化在中国已经取得了初步的成效。然而，管理规范化只能帮助企业控制现有业务，在此基础上，企业必须进行面向未来的投资，体现在物流信息系统上，这种投资将主要表现在3个方面：提升关键环节的运作效率，优化库存计划调度能力，实现跨企业的供应链协作。

**1. 从控制到效率**

到现在为止,国内企业物流信息系统投资80%以上是面向基本流程的,如库存控制系统、简单的GPS系统、跟踪查询系统等。下一步企业物流信息系统将更多地集中于解决物流运作效率,而不仅仅是控制本身。尤其是以配送中心运作效率为核心的WMS将获得极大的普及。需求的驱动因素来源于两个方面:制造业、分销和零售业的物流改革过程中,小规模、静态、数量多的仓库很大程度上将被数量少、规模相对大、直接配送到客户的区域配送中心取代,为了支持高频率的订单运作和面向客户配送,这些区域配送中心必须进入WMS;为了确保增值服务能力,WMS将成为第三方物流公司进入市场的基本配置。

**2. 供应链调度系统**

对于绝大多数国内企业来说,降低物流总成本和提升竞争力必须大幅度降低库存水平,显著提高库存周转速度。尤其是在最终产品的分销过程中,库存水平和周转速度对于企业的成败具有生死攸关的影响,要过这一关,必须建立创新的、适用于中国物流运作环境和渠道销售的计划体系,因而必须建立支持这种体系的供应链调度系统,最终通过精准的销售预测、库存计划、补货计划等实现上述目标。

**3. 协同计划、预测与供给(collaborative planning forecasting and replenishment,CPFR)**

在物流运作层上,企业间的协作可以大幅度降低运作成本和所需时间;在物流计划层上,企业间的协作可以大幅度降低库存成本。CPFR作为一种供应链协作理念,近几年在国外得到普遍的认同,其技术、实施方法论均进入成熟应用阶段。通过互联网,基于XML技术,CPFR将在多种行业迅速得到普及应用。

## 五、物流信息系统开发

物流管理的主要目标是要减少物流完成周期的不确定性,强调各环节的配送优化的信息共享,因此存货可得性、递送及时性、交付一致性和信息流畅形式企业外部对物流企业的要求,而经济性、可靠性、可维护性、柔性、可扩展性、安全性等是评价物流系统的内部指标。因此,这些也是物流信息系统在开发时应该努力达到的目标。

**(一)物流信息系统开发的原则**

物流信息系统的开发是一个较为复杂的系统工程,它涉及计算机处理技术、系统理论、组织结构、管理功能、管理认识、认识规律及工程化方法等方面的问题。一般说来,物流信息系统的开发应遵循以下几条原则。

**1. 领导参加的原则**

信息系统的开发是一项庞大的系统工程,它涉及组织日常工作各个方面,所以领导出面组织力量、协调各方面的关系是开发成功的首要条件。

### 2. 优化与创新的原则

信息系统的开发不能模拟旧的模式和处理过程，它必须要根据实际情况和科学管理的要求加以优化和创新。

### 3. 充分利用信息资源的原则

数据尽可能共享，减少系统的输入输出，对已有的数据、信息作进一步的分析处理，以便充分发挥深层次加工信息的作用。

### 4. 实用和实效的原则

要求从制定系统开发方案到最终信息系统都必须是实用的、及时的和有效的。

### 5. 规范化原则

要求按照标准化、工程化的方法和技术开发系统，以便更好地进行控制、管理和规划。

### 6. 发展变化的原则

充分考虑到组织管理模式可能发生的变化，使系统具有一定的适应环境变化的能力。

## （二）物流信息系统的开发方案及功能模块

### 1. 物流信息系统的开发方案

物流信息系统开发耗资大、历时长。为了保障系统开发进展顺利，必须由主要领导亲自主抓。领导者除了掌握物流管理、信息系统开发等专业知识外，还要善于用人和组织队伍。领导者应当首先建立一个物流信息系统委员会，该委员会既是领导者的主要咨询机构，又是物流信息系统开发的最高决策机构。在物流信息系统委员会的领导下建立一个系统规划组，系统规划组由各行各业的专家组成。组建队伍后，应首先进行全系统的规划。系统规划是全面长期的计划，在规划的指导下就可以进行一个个项目的开发。每个项目的开发均可由四个阶段来完成，即系统分析、系统设计、系统实施和系统评价。

物流信息系统的分析是在开发中起决定作用的环节。物流信息系统的分析是以物流活动（如生产、运输、保管、储存、搬运、加工等工作）为分析对象，分析物流信息输入、处理、储存、输出的流程与加工过程。它必须有较强的针对性，对软件的工作环境与人机界面作明确的规定，以确定研究对象和系统作用范围。在进行必要、全面的调查研究和系统分析的基础上，对物流管理的管理模式和信息数据交换流程作必要的抽象，经过去粗取精、去伪存真地取舍，进一步回答系统"要做什么"和"能够做什么"的问题，并用书面材料把分析结论表达出来，进而上升为物流信息系统模型。

系统设计是根据系统分析阶段所获得的新系统的逻辑模型建立新系统的物理模型并寻求解决办法、探索建立新系统的过程。系统设计阶段解决"怎么做"的问题（如完成详细设计、选择软硬件、准备草图、描述数据实体说明、准备程序说明指导主要程序员等）。

在系统设计完成之后，如何将原来纸面上的、类似于设计图的新系统方案转移成可执行的应用软件系统，将成为系统实施阶段的主要工作。一个好的设计方案，只有经过精心实施，才能带来实际效益。因此，系统实施阶段工作对系统质量的好坏有着直接的影响。系统实施包括机器的购买、安装、程序调试、系统的运行等。

物流信息系统在其运行过程中除了不断进行大量的管理和维护工作外，还应定期对系统的运行状况进行审核和评价。这项工作主要在高层领导的直接领导下，由系统分析员或专门的审计人员会同各类开发人员和业务部门经理共同参与进行。目的是评估系统的技术能力、工作性能和系统的利用率。它不仅对系统当前的性能进行全面的总结和评价，而且为系统的改进和扩展提供依据。系统评价一般从以下几个方面考虑：

（1）系统是否达到预定目标，目标是否需要做修改。

（2）系统的适应性、安全性评价。系统的适应性包括系统运行是否稳定可靠，系统使用与维护是否方便，运行效率是否满足管理人员的管理需要等。

（3）系统的经济效益评价。经济效益是指通过物流信息系统开发与运行的投资，使企业增加收入、降低成本，进而为企业带来更大的效益。当系统的总效益大于系统的投入时，这个系统便是一个成功的、有益的系统。如果系统运行了一段时间以后，其投入与产出的比例不合适，投入大于或等于产出，则应考虑是否重新开发新的系统或对新系统进行修改。因此要定期进行有关经济效益的评价，对系统未来的发展提出合理的意见和建议。然而，对物流信息系统所带来的经济效益和评价常常不易量化，且系统效益的发挥与人的因素密切相关，需要综合地进行分析、评价，客观地评价物流信息系统的效益，才能真正地把握系统的命脉，确定系统未来发展的方向。

**2. 物流信息系统的功能模块**

在物流信息系统中，主要应做好以下几个模块的开发，各种类型的企业应根据实际情况，有选择的开进行开发工作。

（1）订单管理模块。订单管理作为物流活动的起点，是企业为客户进一步提供运输、仓储等物流服务的前提。首先，订单管理要求为企业提供一个展示服务项目的平台，以提供给客户浏览和选择。客户对感兴趣的服务项目进一步查看服务类别、价格等详细信息，确定委托后便向企业下订单。企业力求确定了的订单快速、准确的传输到各个相关部门（如销售部门、调度部门、运输部门、仓储部门和财务部门等），将订单的需求分解成具体物流服务活动计划（如仓储计划、运输计划、加工计划、配送计划、车辆路线安排等），同时需要生成相应的一系列物流服务单据（入库出库单、订车单、选货单、装车单、加工单、送货单等），提供给相关人员共享，进入相关的工作流程，及时提供物流服务。

订单管理模块的功能结构一般包括以下几个部分：

①服务展示部分：企业发布服务项目，宣传服务情况，整理并调整服务内容。

②服务选择部分：提供客户选择服务功能，宣传服务资源、资格、人才等优势，提供服务统计信息，供企业决策参考。

③服务下单部分：收集、记录、整理、分析、存储客户选择服务信息，等待企业确认和签订合同。

④订单审核部分：建立并更新客户档案，收集、记录、整理企业各部门对订单的审核结果，与客户协商修正订单内容。

⑤合同签订部分：合同签订，成本核计，财务等单据处理生成。

⑥任务分解部分：分解物流服务任务，安排服务计划，设计任务流程，向相应模块传送计划任务并生成相关单据。

⑦订单查询部分：综合查询订单流程、状态、处理环节、处理结果，分类、整理、汇总各类查询信息。

（2）采购管理模块。存货的补充是通过采购实现的。采购部门寻找和考核供应商，谋求折扣和准时保质的供货能力，代表企业签订交易合同并执行，对于大宗订货和特殊的订货，组织必要的招标是采购管理模块必要的功能。

采购管理模块的功能结构一般包括以下几个部分：

①供应商管理部分：名录维护，能力考核，问题反馈。

②招标管理部分：招标项目确定，招标明细维护，招标信息发布，投标信息接收，评标，决标。

③订货执行部分：订货需求选择，订货单位确定，交易合同签订，合同执行跟踪。

④成本核算部分：成本计算，成本分配，成本调整，账生成。

⑤采购查询部分：采购清单查询，供应商查询，招标项目查询，采购成本查询。

（3）仓储管理模块。仓储管理与配货、运输等许多物流环节都有关，虽然"零库存"的思想被很多管理者所推崇，但就物流企业来说，仓储仍是必不可少的职能，甚至上升到战略的高度。零售业需要批发业的仓储支持，制造业需要仓储活动为多个地点的生产活动提供物流支持，还可以通过仓储活动延伸的产品组合装运业务获得新的利润。现代仓库在被视为储备存货地点的同时，更被视为一种转换设施。为保持竞争力，一些仓库提供了仓储以外的增值活动，如改换包装、延伸生产、保护市场机密等。

仓储管理模块的功能结构一般包括以下几个部分：

①货物登记部分：货物入库登记确认，费用计算，入库盘点信息收集、整理。

②仓位分配部分：存货分类，配送需求计划，错入仓控制。
③仓位核认部分：管理仓位货物信息，盘点核对，维护计划，单据生成、打印。
④仓库盘点部分：盘点方式、时间确定，盘点单据生成、打印，盘点结果汇总、分析。
⑤成本核算部分：成本计算，成本分配，成本调整，账单生成。
⑥仓储查询部分：存货分类查询，存货状态查询，订货清单查询，存货成本查询。

（4）配货管理模块。配送是整个物流业务的核心，物流企业90%以上的客户单都由配送业务部门接收、处理并将信息通过网络传输到相关业务部门，如运输、仓储等。一般而言，配货活动是配送业务的起点，此后继续进行运输、流通加工等活动。现代配货管理大量使用条码技术，依靠信息流来控制物流，真正实现精确、快捷、高效、灵活的配货管理，从而提高配送管理水平。

配货管理模块的功能结构一般包括以下几个部分：
①需求汇总部分：汇总拣货单，备货单生成，关联货物信息，统计分类。
②拣货预处理部分：拣货标签生成、打印，指导操作员拣货，出库单生成。
③拣货核对部分：核对货物信息，检查货物拣选，收集、记录、整理、分析、存储拣货处理信息。
④分店装箱跟踪部分：生成、打印配送单、运输单，跟踪、记录分店货物信息。
⑤拣货差错处理部分：重新入库，相关出入库单据生成、打印，错误分析。
⑥配货查询部分：跟踪、记录、分析拣货、选货、送货信息，统计资源使用效率，调度资源。

（5）运输管理模块。作为物流成本中的费用主要部分，运输的有效运作会为服务需求客户节约大量的成本，同时也会为物流企业带来丰厚的利润。因此，依靠信息技术进行可靠、高效、安全的现代物流运输管理显得尤为重要。

运输管理模块的功能结构一般包括以下几个部分：
①订车处理部分：收集、整理、统计、分析订车信息，协调完善信息。
②车辆调度部分：车辆筛选，货物信息整理，车辆、驾驶员信息管理。
③单证生成部分：运输单打印生成，电子单据处理，单证确认。
④路线选择部分：优化运力，操作员查询，路线修正，路线安排打印生成。
⑤配载计算部分：配载方案分析，货物配载信息统计、分析。
⑥关键点处理部分：装货地点、中转地点、口岸选择，费用计算机，账单处理。
⑦运输查询部分：运输分类查询，运输状态查询，运输清单查询，运输成本查询。

（6）结算管理模块。在结算管理模块中，对企业所有的物流服务项目实现合同价格一条龙管理，包括多种模式的仓储费用、运输费用、装卸费用、配货费用、办公费用等的计算，根据规范的合同文本、货币标准、收费标准自动产生结算凭证，为客户以及物流企业（仓库、配送中心、运输企业等）的自动结算提供完整的结算方案以及自动生成各种统计分析报表和图表。

结算管理模块的功能结构一般包括以下几个部分：

①账单设定部分：账单列设定，账单行设定。

②费用结算部分：费用核实，费用计算。

③收款管理部分：费用修改，账单打印，收款处理，退款处理，欠费清单输出，收款清单输出。

④付款管理部分：费用修改，账单打印，付款处理，退款处理，欠费清单输出，付款清单输出。

⑤结算查询部分：客户费用查询，企业费用查询，欠款客户查询，付款客户查询，客户成本查询。

（7）客户关系管理模块。营销机会产生于良好的客户服务，客户管理作为与顾客直接交流的平台，有着特殊而重要的作用。客户关系管理模块集中订单、配货、运输、仓储、流通价格等各模块对客户信息或客户委托的疑问，与客户交流，确认后反馈回上述模块的管理人员。同时，客户对服务过程中有疑问或委托更改，也可通过客户关系管理模块传递到其他服务模块。同时，客户关系管理模块还要对客户档案进行维护。

客户关系管理模块的功能结构一般包括以下几个部分：

①业务交流部分：问题回收整理，转客户问答，回答接收，回答整理，顾客建议。

②客户交流部分：转业务问，转业务答，回答接收，回答整理，提问接收，问题整理。

③客户档案部分：收集、记录、整理、分析、存储客户信息，客户选择服务信息。

④客户查询部分：客户订单查询，业务流程查询，流程进度查询，客户费用查询，综合查询。

（8）流通加工管理模块。流通阶段的加工处于不易于区分生成还是物流的中间环节，能创造货物性质和形态的适用效能，从物流机能拓展的角度看是物流的重要构成要素。流通加工能适应多样化的客户需求，对一些特殊的货物如食品等可以保持并提高其保存机能，能提高商品的附加值，可以规避物流风险，推进物流系统化。由于流通加工内容繁多，并涉及设备管理生产问题，在该环节运用信息技术能加强管理、提高效率。

流通加工管理模块的功能结构一般包括以下几个部分：

①加工定制部分：订单处理、接收，加工信息统计、整理、分析。
②加工安排部分：加工任务安排，加工资源调度，相应单据生成、打印。
③加工过程跟踪部分：收集、反映加工信息，跟踪、优化加工流程，分析加工质量等问题。
④加工验收部分：加工过程验收，加工结果验收。
⑤加工费用核算部分：加工费用核实，加工费用计算，分析、统计费用信息。
⑥加工查询部分：加工分类查询，加工状态查询，加工清单查询，加工成本查询。

## 拓展知识

### 企业内部物流信息化阶段

基础层面的信息化：主要解决信息采集问题，实现信息传递和共享，统一信息标准，提高效率和降低成本。

优化层面的信息化：这个层面的企业通过系统建模、信息分析处理，可以实现优化带来的效益。一是流程的优化，持续改进；二是日常决策的优化，如每一个阶段库存都按预定目标有所降低，运输效率也逐渐提高等。

这要求信息系统中有优化的模块，有进行优化的模型和算法，要求对企业物流业务有非常深入的了解，还要求在数学建模上下工夫。

## 知识回顾

我国国家标准GB489885《情报与文献工作词汇基本术语》中，关于"信息"的解释是："Information物质存在的一种方式、形态或运动状态，也是事物的一种普遍属性，一般指数据、消息中所包含的意义，可以使消息中所描述事件的不定性减少。"

信息的特征：普遍性、载体依附性、传递性、时效性、共享性、价值性、相对性。

国家标准《物流术语》中定义：物流信息是"反映物流各种活动内容的知识、资料、图像、数据、文件的总称。"

物流信息管理主要包括以下内容：采购信息管理、销售信息管理、仓储信息管理、运输信息管理、客户信息管理、决策支持信息管理。

物流信息管理应遵循以下原则：专业性原则、可靠性原则、经济性原则、灵活性原则。

物流信息系统是根据物流管理运作的需要，在管理信息系统基础上形成的物流信息资源管理、协调系统，它来源于物流系统，反过来又作用于物流系统，使物流系统高效率化、高效益化运作。

物流信息系统是以系统思想为主导建立起来的为了进行物流操作、控制、决策和计划的人机系统。从系统的观点来看，物流信息系统具有一定的系统结构。物流信息系统在垂直方向上的结构，物流信息系统在垂直方向上分为四个层次，即业务层、管理层、决策层和战略层。物流信息系统在水平方向上的结构，在水平方向上，物流信息系统贯穿了供应物流、生产物流、销售物流、回收物流的运输、仓储、搬运装卸、包装、流通加工和配送等各个环节。

物流信息系统的开发是一个较为复杂的系统工程，它涉及计算机处理技术、系统理论、组织结构、管理功能、管理认识、认识规律及工程化方法等方面的问题。一般说来，物流信息系统的开发应遵循以下几条原则：领导参加的原则、优化与创新的原则、充分利用信息资源的原则、实用和实效的原则、规范化原则、发展变化的原则。

## 复习思考

1. 什么是信息？什么是物流信息？
2. 物流信息管理的内容有哪些？

## 技能训练

请用连线把下面关于信息特征的资料正确连接。

A. 信息时效性　　①中国田径110m栏刘翔取得奥运冠军的消息已广为人知
B. 信息价值相对性　②孙膑"减灶退敌"、诸葛亮"空城计"吓退司马懿
C. 信息真伪性　　③"一千个读者，一千个'哈姆雷特'"
D. 信息传递性　　④找路时，使用旧的交通地图往往会误事

# 模块三  第三方物流与国际物流

## 项目一  第三方物流

### 学习目标

1. 了解第三方物流的含义
2. 了解第三方物流的特征
3. 了解制约我国第三方物流发展的主要因素
4. 了解我国第三方物流的发展战略
5. 了解第四方物流的特点以及我国发展第四方物流的举措

### 技能知识

第三方物流的含义、特征；制约我国第三方物流发展的主要因素，我国第三方物流的发展战略，第四方物流的特点，我国发展第四方物流的举措

#### 引导案例

**美国通用汽车的第三方物流服务**

美国通用汽车在美国的14个州中，大约有400个供应商负责把各自的产品送到30个装配工厂进行组装，由于卡车满载率很低，使得库存和配送成本急剧上升，为了降低成本，改进内部物流管理，提高信息处理能力，委托Penske专业物流公司为它提供第三方物流服务。

调查了解半成品的配送路线之后，Penske公司建议通用汽车公司在Cleveland使用一家有战略意义的配送中心，配送中心负责接受、处理、组配半成品，由Penske派员工管理，同时Penske也提供60辆卡车和72辆拖车，除此之外，还通过EOI系统帮助通用汽车公司调度供应商的运输车辆以便实现JIT送货，为此，Penske设计了一套最优送

货路线，增加供应商的送货频率，减少库存水平，改进外部物流活动，运用全球卫星定位技术，使供应商随时了解行驶中的送货车辆的方位。与此同时，Penske通过在配送中心组配半成品后，对装配工厂实施共同配送的方式，既降低卡车空载率，也减少通用汽车公司的运输车辆，只保留了一些对Penske所提供的车队有必要补充作用的车辆，这样也减少了通用汽车公司的运输单据处理费用。

另外，美国通用汽车公司选择目前国际上最大的第三方物流公司Ryder负责其土星和凯迪拉克两个事业部的全部物流业务，选择Allied Holdings负责北美陆上车辆运输任务，选择APL公司、WWL公司负责产品的洲际运输。

资料来源：智客网http://www.21ask.com

思考：第三方物流服务选择对企业有何影响？

## 相关知识

### 一、第三方物流的含义

第三方物流，英文表达为Third-Party Logistics，简称3PL，也简称TPL，是相对"第一方"发货人和"第二方"收货人而言的。3PL既不属于第一方，也不属于第二方，而是通过与第一方或第二方的合作来提供其专业化的物流服务，它不拥有商品，不参与商品的买卖，而是为客户提供以合同为约束、以结盟为基础的、系列化、个性化、信息化的物流代理服务。最常见的3PL服务包括设计物流系统、EDI能力、报表管理、货物集运、选择承运人、货代人、海关代理、信息管理、仓储、咨询、运费支付、运费谈判等。由于服务业的方式一般是与企业签订一定期限的物流服务合同，所以有人称第三方物流为"合同契约物流"。

第三方物流内部的构成一般可分为两类：资产基础供应商和非资产基础供应商。对于资产基础供应商而言，他们有自己的运输工具和仓库，他们通常实实在在地进行物流操作。而非资产基础供应商则是管理公司，不拥有或租赁资产，他们提供人力资源和先进的物流管理系统，专业管理顾客的物流功能。广义的第三方物流可定义为两者结合。

### 二、第三方物流的基本特征

从发达国家物流业的状况看，第三方物流在发展中已逐渐形成鲜明特征，突出表现在五个方面。

#### 1. 关系契约化

首先，第三方物流是通过契约形式来规范物流经营者与物流消费者之间关系的。物流经营者根据契约规定的要求，提供多功能直至全方位一体化物流服务，并以契约来管理所有提供的物流服务活动及其过程。其次，第三方物流发展物流联盟也是通过契约的形式来明确各物流联盟参加者之间权责利相互关系的。

**2. 服务个性化**

首先，不同的物流消费者存在不同的物流服务要求，第三方物流需要根据不同物流消费者在企业形象、业务流程、产品特征、顾客需求特征、竞争需要等方面的不同要求，提供针对性强的个性化物流服务和增值服务。其次，从事第三方物流的物流经营者也因为市场竞争、物流资源、物流能力的影响需要形成核心业务，不断强化所提供物流服务的个性化和特色化，以增强物流市场竞争能力。

**3. 功能专业化**

第三方物流所提供的是专业的物流服务。从物流设计、物流操作过程、物流技术工具、物流设施到物流管理必须体现专门化和专业水平，这既是物流消费者的需要，也是第三方物流自身发展的基本要求。

**4. 管理系统化**

第三方物流应具有系统的物流功能，是第三方物流产生和发展的基本要求，第三方物流需要建立现代管理系统才能满足运行和发展的基本要求。

**5. 信息网络化**

信息技术是第三方物流发展的基础。物流服务过程中，信息技术发展实现了信息实时共享，促进了物流管理的科学化、极大地提高了物流效率和物流效益。

## 三、第三方物流的制约因素

目前，在我国制约第三方物流发展的主要因素是以下几个方面。

**1. 观念的影响**

中小工业企业一般实行单一的生产管理，企业经营范围封闭，缺乏进入市场和社会的一体化模式，习惯于传统的企业储运方式，重生产、轻储运，难以形成现代物流管理思想，对第三方物流存在认识上与观念上的障碍，是影响第三方物流发展的根本因素。

**2. 结构的影响**

中小企业量大面广，总规模不小，但组织和产业结构不合理，低水平重复建设，重复投入，在相当多行业形成产品供大于求、结构性过剩，普遍存在产业关联度较低，缺乏社会化、专业化分工协作，是影响第三方物流发展的重要因素。

**3. 技术的因素**

虽然信息产业给中小企业注入了大量高新技术，但资源与技术构成不合理，普遍存在设施设备老化，物流技术水平低，难以适应现代化专业物流发展的需要，是影响第三方物流发展的主要因素。

**4. 管理的因素**

大多数中小工业企业在较大程度上缺乏较为科学的内部管理制度，缺乏管组织能力在生产管理上处于混乱状态，在组织经营上处于无序状态。产前没有市场调研，没有严格的成本核算；产中没有生产控制，没有营销策略；产后没有售后服务，是制约第三方物流发展的基础因素。

**5. 人才的因素**

中小企业普遍存在员工素质低，知识构成不合理，人才匮乏，缺乏创新能力的情况，是制约第三方物流发展的核心因素。

## 四、第三方物流的发展战略

基于我国当前中小企业的实际状况，我国第三方物流的发展战略应突出以下几点。

**1. 资源战略**

物流企业发展第三方物流，需要集中把握和有效运用企业经营资源，主要表现在：首先，准确认识和深入分析企业经营资源的基础状况，正确选择第三方物流发展的方向。其次，积极探索企业资源的有效配置方式，有力促进第三方物流发展的速度。最后，认真研究企业资源的可持续发展问题，确保第三方物流的健康发展。因此中小企业实施战略资源，以供应链管理重构业务流程，构筑第三方物流发展优势；就应把握资源转换方式，不断提高资源产出效益。

**2. 联盟战略**

物流企业发展第三方物流需要本着"优势互补、利益共享"的原则，借助产权方式、契约方式实行相互合作，共同拓展物流市场，降低物流成本，提高物流效益。首先是物流资源的联盟：将中小工业企业分散的物流资源、物流功能要素通过一定的方式联合在一起，形成物流一体化的资源优势。其次是物流地理区域和行业范围的联盟：根据各行各业中小企业的特性，在一定地理区域或一定行业范围实行物流联盟，形成高效直辖市运作体系。最后是与中小企业建立发展第三方物流的联盟，通过组建服务协会，协调和指导物流企业与中小工业企业在发展第三方物流中的各种关系。

**3. 服务战略**

物流企业发展第三方物流必须依托中小工业企业的发展，做到"来自中小企业、服务于中小企业"。主要把握三点：第一，必须依据中小工业企业的实际需要，设计和提供个性化物流服务理念。第二，必须关注市场需求变化，提供保障企业产品服务质量的服务措施。第三，必须深刻理解中小企业物流规律，建立完善的物流运作与管理的服务效益。

**4. 创新战略**

物流的发展过程就是一个不断创新的过程。物流企业发展第三方物流，实施创新战略，首先要创新观念，打破传统思想，借鉴国际先进物流管理思想，与中小企业实践有机结合起来，探索具有中小企业物流特色的新思想和新方法。其次要创新组织，充分运用现代信息技术手段，借助中小企业数量大面广的特点。建立网络化物流新型组织。再次要创新服务，深入研究中小工业企业物流需求，通过引进、模仿和创新物流技术手段，不断设计、创新和提供有效的物流服务。最后要创新制度，既要建立以产权制度为核心的现代企业制度，也要根据发展需要建立完善的合理的物流管理体制。

### 5. 品牌战略

物流企业发展第三方物流必须确立品牌战略，充分发挥品牌效应，获取良好效益。首先要树立物流发展的精品名牌意识，严格制定各项物流质量标准，才会不断提高物流服务水平；其次要引进先进技术手段，设计创造物流服务的精品名牌意识，严格制定各项物流质量标准，才会不断提高物流服务水平；再次要引进先进技术手段，设计出物流服务的精品内容、名牌项目；最后要强化物流技术与管理人员素质培训，建立优秀的物流人才队伍，确保企业名牌战略的实现。

## 五、第三方物流的发展趋势

进入21世纪，随着作为新兴产业之一的现代物流业的迅猛发展，国内的物流公司如雨后春笋般涌现，进而形成了第三方物流产业。相比传统的物流公司，第三方物流更专业化，综合成本更低，配送效率更高，已经成为国际物流业发展的趋势、社会化分工和现代物流发展的方向。

据美国权威机构统计，通过第三方物流公司的服务，企业物流成本会下降11.8%，物流资产下降了24.6%，办理订单的周转时间从7.1天缩短为3.9天，存货总量下降了8.2%。据调查，在西方发达国家，第三方物流已经是现代物流产业的主体。欧洲的大型企业，使用第三方物流的比例高达76%，而且70%的企业不只使用一家。在欧洲，第三方物流所占市场份额，德国为23%，法国为27%，英国为34%。美国、日本等国家使用第三方物流的比例都在30%以上。在工业企业中，原材料的物流交由第三方物流完成的占18%；商品销售物流仅占16%。

目前，我国的第三方物流在物流市场中所占的比例仅为10%。还没有太多大型专业的第三方物流企业，这是当前物流发展中最薄弱的环节，也制约了我国经济的发展。我国第三方物流市场规模在600亿~700亿元，不仅规模小，而且高度分散，在1万~1.5万家第三方物流企业中，没有一家企业能占到2%以上的市场份额，大多数物流公司只是局限在供应链功能的一小部分，无法满足客户的一体化物流服务需求。中国最大的物流供应链管理软件供应商博科资讯总裁沈国康指出，由于大部分物流企业是从原来的储运业转型而来，大都未形成核心竞争力，企业的技术水平与管理水平不高，缺乏公认的物流服务标准。虽然各地的物流企业数量与基础投资猛增，但低价恶性竞争严重扰乱了市场秩序，造成物流企业普遍业绩不佳，发展后劲不足。运用信息化手段提高运输质量和运输效率，提高客户服务能力，从而提高核心竞争力，是很多第三方物流企业应对市场竞争的必然选择。

近几年，我国的第三方物流市场以每年16%～25%的速度增长。虽然我国物流行业发展很快，但目前我国第三方物流信息化应用的水平还比较低。据统计，大量第三方物流企业的信息化水平还停留在GPS、RFID等初级阶段，有的企业甚至连办公套件、企业邮箱都还不具备。这类企业占第三方物流企业总数的50%以上。我国的物流企业中，中小企业占了大部分。绝大多数中小物流企业尚不具备运用信息技术处理物流信息的能力。拥有信息系统的企业，其信息化需求也多数属于底层需求，基础信息系统建设是目前信息化建设的主要内容。同时，中小企业在选购物流信息化系统时，虽然最主要考虑的是成本问题，但还要考虑企业未来的需求。大多数物流信息系统的成本较高，很多功能又用不上，但企业发展壮大之后有可能就非常需要，这就要求产品拥有全生命周期的特性，可以随着企业自身的发展和业务拓展而进化。当今市场上，除了博科资讯，其他物流供应链管理软件厂商还不具备提供此类产品的能力，缺少适合中小物流企业的信息系统严重制约了这类企业信息化的普及。

此外，还有一部分已经初具规模的物流企业，信息化基础相比来说已经有了一定的基础，都已经开始考虑业务流程与管理流程的优化问题。这也是来自降低成本、加快周转等经济上的压力，目的是帮助企业提高自己的核心竞争力。这些优化通常集中在几个最能产生效益的环节，比如仓储管理、运输管理、订单管理等局部环节。这类规模较大的物流企业占物流企业总数的30%左右。但沈国康指出，这种只针对局部供应链流程的信息化建设，结果通常表现为一些孤立的信息系统，难以互联互通，实现整合。供应链的信息化整合不能仅仅满足于提供精细的分别针对分销、零售、仓储、运输等环节的软件产品，而是要旗帜鲜明地贯彻供应链一体化的思想。通过"操作层"、"决策层"和"供应链电子商务层"这一结构清晰的框架，为物流企业提供着眼于全面资源整合的信息化解决方案。这样才能从上至下解决企业所存在的问题，而不是隔靴搔痒。目前，已经形成系统化的物流综合管理平台的物流企业可谓寥寥无几，仅占总数的5%左右。

第三方物流企业的信息化建设目标应是针对整个企业的供应链综合管理，实施企业级的信息系统建设，这样才能跨越部门的界限，实现各个部门的数据和信息的互联互通，并在此基础上，实现信息的集中查询和集中发放。我国第三方物流企业应在借鉴西方发达国家的第三方物流发展经验的基础上，广泛运用计算机技术以及通信技术提高企业自身的运输效率和服务能力，增强核心竞争力，也只有这样，才能在市场竞争中将企业做大做强。

## 六、第四方物流

### （一）第四方物流（4PL）的概念

关于第四方物流的概念，一是"集合和管理包括第三方物流在内的物流资源、物流技术、设施,依托现代信息技术和管理技术提供完整的供应链解决方案"。另一种为"4PL是一个供应链集成商,它调集和管理组织自己的以及具有互补性的服务提供商的资源、能力和技术,以提供一个综合的供应链解决方案"。有的咨询公司以"有领导力量的物流提供商"的名称提供类似服务。不管如何称呼,这种提供供应链的有影响力的、综合的解决方案,将为顾客带来更大的价值。不过第四方物流的概念在我国很少提及,即使在国外,物流业界对此也有不少异议,所以第四方物流思想的发展前景如何,尚待理论完善与实践检验。

第四方物流不仅控制和管理特定的物流服务,而且对整个物流过程提出策划方案。因此,第四方物流成功的关键在于为客户提供最佳的增值服务,即迅速、高效、低成本和人性化服务等。发展第四方物流需综合第三方物流的能力、技术及贸易流通管理等,为客户提供功能性一体化服务,并扩大营运自主性。

## (二)第四方物流的特点

### 1. 提供了综合性供应链解决方法

第四方物流的特点之一,是其提供了一个综合性供应链解决方法,以有效地适应需方多样化和复杂化的需求,集中所有资源为客户完美地解决问题。

(1)供应链再造。是通过供应链的参与并将供应链规划与实施同步进行,或通过独立的供应链参与者之间的合作提高规模和总量。供应链再造改变了供应链管理的传统模式,创造性地重新设计了参与者之间的供应链,使之达到真正的一体化。

(2)功能转化。主要是销售和操作规划、配送管理、材料采购、客户响应及供应链技术等,通过战略调整、流程再造、整体改变管理和技术,使客户间的供应链运作一体化。

(3)业务流程再造。是将客户与供应商的信息和技术系统一体化,把人的因素和业务规范有机地结合起来,使整个供应链规划和业务流程能够贯彻实施。

(4)实施第四方物流,开展多功能、多流程的供应链业务,其范围远远超出传统外包运输管理和仓储作业的物流服务。企业可以把整条供应链全权交给第四方物流运作,第四方物流可为供应链提供完整的一体化服务。

### 2. 通过影响整个供应链获得价值

第四方物流的特点之二,是通过影响整个供应链来获得价值,即与类似外包的供应链的区别之一在于其能够为整条供应链的客户带来收益。

(1)利润增长。第四方物流的利润增长将取决于服务质量的提高、实用性的增加和物流成本的降低。由于第四方物流关注的是整条供应链,而不是单纯的储存或运输方面的效益,因此其为客户及自身带来的综合效益会展现出来。

(2)运营成本降低。可以利用运作效率提高、流程增加和采购成本降低实现,即通过整条供应链外包功能以达到节约的目的。流程一体化、供应链的改善和实施将使运营成本和产品销售成本降低。

（3）工作成本降低。采用现代信息技术、科学的管理流程和标准化管理，使存货和现金流转次数减少，可望得到占总成本30%的成本降低。

（4）提高资产利用率。客户通过第四方物流减少了固定资产占用和提高了资产利用率，使得客户通过投资研究设计、产品开发、销售与市场拓展等获得经济效益的提高。第四方物流成功地影响了大批的服务商（第三方物流、网络工程、电子商务、运输企业等）及客户的能力和供应链中的伙伴。它作为客户间的连接点，通过合作或联盟提供多样化服务。

第四方物流的优点使得迅速、高质量、低成本的运送服务得以实现。不少人认为第四方物流由于难以获得委托方的信任而只是一个设想，但随着社会经济的不断发展，第四方物流将会得到广泛的运用。

## （三）我国发展第四方物流的举措

我国在物流业发展中做了巨大的投入，但物流行业的发展仍十分缓慢。在工业生产中，物流所占用的时间几乎为整个生产周期的90%，物流费用占商品总成本的比重从账面反映为40%，全社会物流费用支出约占国民生产总值的20%，而美国1986年物流费用支出仅占其GDP的11.1%。我国物流仓储能力过剩，而高水平的物流服务能力不足的矛盾突出，整个物流诸环节的贯通存在着严重的脱节现象，从而制约了整个工业、商业的变革及新兴的电子商务在中国的发展。第四方物流作为物流服务更高级、更全面的形式，使得我国发展第四方物流任重而道远。

### 1. 统筹规划

做好物流配送的基础设施建设是现代化大生产、国民经济发展的客观要求，它的发展状况对经济发展、商品流通和大众消费起着重要的促进或制约作用。政府加强统筹规划，注重物流设施的投资建设，打好物流配送基础，是第四方物流成长的基础所在。如日本为了做好物流配送基础设施的建设，在大中城市、港口、主要公路枢纽对物流设施用地进行规划，形成了大大小小比较集中的物流园地。这些物流园地，可集中多个物流企业，便于对物流园地的发展进行统一规划、合理布局，有利于物流配送业的发展。日本的做法值得我国借鉴，良好的物流基础为第四方物流服务提供了坚实的基础。

### 2. 资源整合，竞争走向合作

国内物流业资源较为庞大，但传统意义上的物流的各个环节（如仓储、运输、包装等）之间缺乏有效的整合，需要提供一个全套的（或者称是全面的）管理方式（或手段）。上市公司华北高速的做法是通过资源整合提供第四方物流的有益尝试，目前将主要以提供第四方物流为突破口，今后扩展到提供第三方物流即向参与其中的物流企业提供物流业务的整合服务方面。

据了解，国外在这一领域运作已比较成熟。仅是在物流软件销售方面，一个大型企业所得的物流系统软件，售价甚至可以达到上百万美金。此外，为物流企业提供后期的持续服务（如业务的整合服务）收入也很可观。与国外相比，国内提供类似物流服务有相当大的市场前景。从交通运输来看，国内大大小小百万多家运输企业连成的干线物流资源，利用率并不高，电子商务配送能力及物流末端配送能力不足的矛盾十分突出。因此通过现有物流资源及电子商务等整合，由竞争走向合作是加速我国第四方物流进程的捷径。

**3. 有效贯通物流全程**

目前中国在物流配送方面几乎没有一套专业的服务体系，而广大的中小企业物流能力不强、效率不高。这种滞后的物流服务与网上商流的快速、低成本不相适应，制约了物流及电子商务的发展。许多企业包揽了运输——配送——投递到户这样的全过程体系，这样会造成资源配置的不合理，独家统管全程物流只是一个梦，最后只会造成浪费和失败。小有名气的从事城市间配送的阳光网达和从事物流末端投递到户的上海百大配送通过优势互补的合并，希望能够建立一种贯通物流全程的新物流体系，努力形成第四方物流的理想模式。另一个通过此方式发展第四方物流的案例是，亚洲物流科技宣布与中国铁道部直属公司中铁集装箱运输中心签订合作备忘录，中铁集运中心同意提供铁路集装箱运输的数据及资料与亚洲物流科技共同发展铁路集装箱运输信息技术，通过交流合作，为亚洲物流科技第四方物流服务提供在线的数据及资料。同时，中铁集运中心提供的铁路集装箱运输的数据及资料包括行驶的线路、车次、运价、集装箱站点等。

**4. 物流服务标准化、规范化**

将中国物流重新整合，是现代物流的一个革命性转变，而物流整合的黏合剂就是标准化和规范化。对行业进行规范化和标准化，就是要对有关细节做出明确的规定。这些事情虽然细小，但无论是对整个物流行业、物流企业还是消费者而言，其作用是不容低估的。对物流行业来说，需要用标准化来将干线物流——配送——送达各方等物流环节有机地衔接起来。尤其是信息技术普遍应用到物流企业的今天，其物流接口没有相适应的标准，很难想象其链接的难度和成本。

对物流企业来说，标准化是提高内部管理、降低成本、提高服务质量的有效措施；对于消费者而言，享受标准化的物流服务是消费者权益的体现。第四方物流最大的难点在于用户凭什么信任你将其对物流的控制权交给物流服务商？首要的前提就是物流业务必须标准化和规范化。

**5. 企业革新，适应现代物流发展新趋势**

第四方物流对物流企业提出了更高的要求和标准，因此物流企业的革新势在必行。首先观念的变革和对现代物流的正确理解是物流企业发展战略的出发点；其次注重研究开发物流配送技术和装备，降低物流成本，提高物流配送效率。过去我国对物流发展重视不够，导致物流科技和装备方面的研究开发也相对薄弱，今后应当进一步重视物流配送科技研究开发，提高物流装备的现代化程度；再次要重视物流理论的研究与交流，加快推动物流的合理化、现代化进程，不断研究降低物流成本，注重提高效率。

第四方物流具有突破现行供应链模式的潜能，其不同于当今外包供应链的方法，因为它提供了一种可预测、可持续的利益。进入这个网络，第四方物流必将通过优异的运营计划、技能及其实施，与制造商并肩创造一个长期进步、互惠互利的伙伴关系。

## 拓展知识

### 制约第三方物流发展的因素

近年来，我国物流产业发展迅速，甚至已成为许多企业的"第三利润源"。然而，不可忽视的是，我国物流企业普遍陷入了利润微薄、发展乏力的困境。究其原因，有资金和人才短缺、管理落后、信息化水平低、功能单一、"价格战"恶性循环、区域分割协同性差等。从根本上分析，我国第三方物流面临的种种困境可归结为以下五大矛盾：

**企业快速发展与资金短缺的矛盾**

物流的效益来自于网络和规模经济，在网络布局和信息化建设方面的迟缓，足以影响我国未来第三方物流企业在市场中的地位。随着2005年底中国物流业的全面开放，外资物流企业凭借资本和技术优势，对国内网络较为完善的民营物流企业进行了多次并购，大张旗鼓地布局中国物流市场。与外资企业并购重组速度相比，中国的物流企业发展虽然成绩不俗，但无论是国有企业，还是民营企业，差距是明显的。对于初创时期的我国第三方物流业来讲，规模小、网络有限，制约了企业的快速发展，国外巨头雄厚的资本更是令国内企业相形见绌。资金瓶颈直接制约了国内第三方物流企业的资源整合和网络扩张速度，进而影响了我国物流企业综合竞争实力的提高。

同时，资金短缺也影响了我国物流行业在信息化建设和引进先进物流技术方面的推进速度。国内物流企业虽然对信息化和引进先进技术手段的重要性达成了共识，但由于信息化和新技术往往投资巨大，且要求供应链中的上下游企业同步实施才能真正产生成效，大部分物流企业只能望洋兴叹。除投资资金短缺外，大部分第三方物流企业的运营资金亦在迅速扩大的业务规模中捉襟见肘。

**物流行业复杂化与人才瓶颈的矛盾**

现代物流是一个兼有知识密集、技术密集、资本密集和劳动密集特点的外向型和增值型服务行业，综合性强、操作性强，其所涉及的领域十分广阔。从物流人才的职能结构看可分为规划类、营销类、管理类和作业类。目前的物流人才供给状况中，作业类人员有富余，而规划类、营销类、管理类人才，尤其是复合型的人才缺乏严重。统计资料表明，在我国物流人才的招聘中，规划类、营销类和管理类的职位需求比例占到60%以上。

相对于物流业快速发展而言，我国物流教育相对滞后，致使我国物流人才在结构上的矛盾愈加突出。现有大专院校的物流专业毕业生，在专业知识结构上普遍存在着缺乏硬学科知识背景的问题，而掌握物流专业知识同时又兼备金融、贸易等其他专业知识的复合型人才则更是少而又少。

#### 规范化运作与市场相对无序的矛盾

在物流硬件设施不断改善的情况下，中国物流市场的软环境并没有相应幅度的改观，我国物流市场的无序性较大程度地干扰了正规物流企业的正常运营，成为了我国物流业健康发展的"软性瓶颈"。我国物流市场的无序性主要表现在两个方面，即市场竞争的无序和物流行业标准的缺乏。

目前，中国物流产业呈现过度竞争和高度垄断并存的奇怪市场格局。在基础物流服务领域，如公路运输领域过度竞争十分严重，但在铁路、航空运输领域，垄断性又非常强。我国大部分物流企业从事基础物流服务，功能单一，物流市场准入低，监管力度小，导致目前我国物流市场陷入价格战怪圈。而物流需求企业出于降低成本的压力，价格在其物流外包决策中占有很大的权重，致使出现了很多"胆量大"的"劣质"物流企业在竞争中将合法经营的"优质"物流企业"打败"的怪现象。

物流市场的无序化还表现在缺乏全国统一、与国际接轨的物流行业标准，物流企业各行其是，物流运作标准不一、物流工具规格不一，物流条码不统一，诸多物流标准的缺失增加了物流协同运作的难度，降低了物流效率。

#### 行业快速发展与国企改革相对滞后的矛盾

我国第三方物流快速发展与国有企业改革相对滞后的矛盾主要体现在两个方面：一是国内物流需求企业尤其是国有企业由于物流观念相对落后或者企业内部的原因自营物流，导致第三方物流需求没有得到充分释放；二是脱身于国有企业的第三方物流企业在人力资源管理、决策机制等企业管理制度上还保留着较多原有体制的烙印，在一定程度上局限了第三方物流企业的快速壮大与发展。

第三方物流是社会分工发展的必然趋势，以其专业化、系统化、高效率的服务能力已成为社会物流发展的主流模式。但我国第三方物流的需求没有得到充分释放。从物流企业内部管理体制上看，长期以来，国有企业改革遗留下不少问题，如政策性亏损、债务负担大、在职人员偏多、离退休人员不断增加等，从国有企业改制过来的第三方物流企业，也遇到类似问题，成为了新兴的第三方物流公司的"老包袱"。

#### 现代物流协同化与行政分割的矛盾

物流业是一种跨部门、跨行业的服务行业，不但涉及公路、铁路、航空、水路甚至管道运输等多种方式，还涉及多个业务种类。物流涉及的行业主管部门不但有交通部、铁道部，还有民航总局、邮政局、海关等，这些部门各有各的规划，缺乏统一的大物流构想，导致物流企业在整合各项资源时难度很大。

## 知识回顾

第三方物流，英文表达为Third-Party Logistics，简称3PL，也简称TPL，是相对"第一方"发货人和"第二方"收货人而言的。3PL既不属于第一方，也不属于第二方，而是通过与第一方或第二方的合作来提供其专业化的物流服务，它不拥有商品，不参与商品的买卖，而是为客户提供以合同为约束、以结盟为基础的、系列化、个性化、信息化的物流代理服务。

第三方物流的特征突出表现在：（1）关系契约化；（2）服务个性化；（3）功能专业化；（4）管理系统化；（5）信息网络化。

在我国制约第三方物流发展的主要因素包括：（1）观念的影响；（2）结构的影响；（3）技术的因素；（4）管理的因素；（5）人才的因素。

我国第三方物流的发展战略应突出以下几点：（1）资源战略；（2）联盟战略；（3）服务战略；（4）创新战略；（5）品牌战略。

第四方物流的特点包括：（1）提供了综合性供应链解决方法；（2）通过影响整个供应链获得价值。

我国发展第四方物流的举措包括：（1）统筹规划；（2）资源整合，竞争走向合作；（3）有效贯通物流全程；（4）物流服务标准化、规范化；（5）企业革新，适应现代物流发展新趋势。

## 复习思考

1. 简述第三方物流的含义。
2. 简述第三方物流的特征。
3. 简述制约我国第三方物流发展的主要因素。
4. 简述我国第三方物流的发展战略该如何部署。
5. 什么是第四方物流？其主要特点是什么？

## 技能训练

某国外集团欲进入中国第三方物流市场，经调查分析，果断联合中铁快运注册成立新的"圆通物流股份有限公司"，后又邀请当地一家知名咨询公司和刚刚改制自营的原国有货场加盟。暂且不论具体经营业绩如何，利用企业整合可行性的有关论点，分析这一整合过程的可取之处，并指出各个加盟者今后应发挥作用的重点。

## 项目二 国际物流

## 学习目标

1. 了解国际物流的含义、特征与分类
2. 了解我国国际物流的现状与我国应对国际化物流采取的措施
3. 了解国际物流的发展趋势

# 技能知识

国际物流的含义、特征、分类，我国国际物流的现状，我国应对国际化物流采取的措施，国际物流的发展趋势

## 引导案例

### 国际物流巨头UPS的物流金融操作

**托收——UPS模式核心竞争力**

UPS在其开展的物流金融服务中，兼有物流供应商和银行的双重角色。托收是UPS金融服务的核心。UPS在收货的同时直接给出口商提供预付货款，货物即是抵押。这样，小型出口商们得到及时的现金流；UPS再通过UPS银行实现与进口商的结算，而货物在UPS手中，也不必担心进口商赖账的风险。对于出口企业来说，借用UPS的资金流，货物发出之后立刻就能变现，如果把这笔现金再拿去做其他的流动用途，便能增加资金的周转率。而通过传统的国际贸易电汇或放账交易方式，从出货装箱到真正拿到货款，至少需要45到60天，营运周转的资金压力极其沉重。例如，一家纽约的时装公司向香港的服装供应商订购货物。UPS收到香港供应商交运的货物后，可以即时向其支付高达80%的货款。货物送交到纽约的收货人手中后，由UPS收取货款，再将余额向香港供应商付清。UPS开展这项服务时，同样有一个资金流动的时间差，即这部分资金在交付前有一个沉淀期。在资金的这个沉淀期内，UPS等于获得了一笔无息贷款。UPS还可用这笔资金从事贷款，而贷款对象仍为UPS的客户或者限于与快递业务相关的主体。在这里，这笔资金不仅充当交换的支付功能，而且具有了资本与资本流动的含义，而且这种资本的流动是紧密地服务于业务链的。

资料来源：浙江培训认证网http://www.zjpx.org

分析：你对国际物流服务有何理解？

## 相关知识

## 一、国际物流的概念

### （一）国际物流的含义

所谓国际物流，就是组织货物在国际间的合理流动，也就是发生在不同国家之间的物流。国际物流的实质是按国际分工协作的原则，依照国际惯例，利用国际化的物流网络、物流设施和物流技术，实现货物在国际间的流动与交换，以促进区域经济的发展和世界资源的优化配置。

国际物流的总目标是为国际贸易和跨国经营服务，即选择最佳的方式与路径，以最低的费用和最小的风险，保质、保量、适时地将货物从某国的供方运到

另一国的需方。

### （二）国际物流的特征

国际物流为跨国经营和对外贸易服务，使各国物流系统相互接轨，因而与国内物流系统相比，具有以下几个方面的特征。

#### 1. 国际性

国际性是指国际物流系统涉及多个国家，系统的地理范围大。这一点又称为国际物流系统的地理特征。国际物流跨越不同地区和国家，跨越海洋和大陆，运输距离长，运输方式多样，这就需要合理选择运输路线和运输方法，尽量缩短运输距离，缩短货物在途时间，加速货物的周转并降低物流成本。

#### 2. 复杂性

在国际间的经济活动中，生产、流通、消费三个环节之间存在着密切的联系，由于各国社会制度、自然环境、经营管理方法、生产习惯和消费习惯均不同，一些因素变动较大，因而在国际间组织好货物从生产到消费的流动，是一项复杂的工作。国际物流的复杂性主要包括国际物流通讯系统设置的复杂性、法规环境的差异性和商业现状的差异性等。

#### 3. 风险性

国际物流的风险性主要包括政治风险、经济风险和自然风险。政治风险主要是指由于所经过国家的政局动荡，如罢工、战争等原因造成货物可能受到损害或灭失；经济风险又可分为汇率风险和利率风险，主要是指从事国际物流必然要发生的资金流动，因而产生汇率风险和利率风险；自然风险则是指物流过程中，可能因自然因素，如海风、暴雨等，而引起的风险。

另外，国际物流的运输以远洋运输为主，并由多种运输方式组合。国际运输方式的选择和组合不仅关系到国际物流交货周期的长短，还关系到国际物流总成本的大小，运输方式的选择和组合的多样性也是国际物流的一个显著特征。

## 二、国际物流的种类

根据不同的标准，国际物流主要可以区分为以下几种类型。

### （一）根据商品在国与国之间的流向不同划分

可分为：进口物流和出口物流。

当国际物流服务于一国的商品进口时，即可称为进口物流；反之，当国际物流服务于一国的商品出口时，即为出口物流。由于各国在物流进出口政策，尤其是海关管理制度上的差异，进口物流与出口物流，既存在交叉的业务环节，也存在不同的业务环节，需要物流经营管理人员区别对待。

### （二）根据商品流动的关税区域不同划分

可分为：不同国家之间的物流和不同经济区域之间的物流。

区域经济的发展是当今国际经济发展的一大特征，比如欧洲经济共同体国家之间由于属于同一关税区，成员国之间物流的运作与欧洲经济共同体成员国与其他国家或者经济区域之间的物流运作在方式和环节上存在着较大差异。

### （三）根据跨国运送的商品特性不同划分

可分为国际军火物流、国际商品物流、国际邮品物流、国际捐助或救助物资物流、国际展品物流、废弃物物流等。我们这里所论述的国际物流主要是国际商品物流。

### （四）根据国际物流提供商的不同划分

可分为国际货运代理、国际船运代理、无船承运人、报关行、国际物流公司、仓储和配送公司等。

## 三、国际物流的特点

国际物流的特点体现在以下几个方面。

**1. 物流环境复杂，差异性较大**

国际物流的一个非常重要的特点是各国物流环境的差异，尤其是物流软环境的差异。不同国家的不同物流适用法律使国际物流的复杂性远高于一国的国内物流，甚至会阻断国际物流；不同国家不同经济和科技发展水平会造成国际物流处于不同科技条件的支撑下，甚至有些地区根本无法应用某些技术而迫使国际物流全系统水平的下降；不同国家不同标准，也造成国际接轨的困难，因而使国际物流系统难以建立；不同国家的风俗人文也使国际物流受到很大局限。

由于物流环境的差异就迫使一个国际物流系统需要在几个不同法律、人文、习俗、语言、科技、设施的环境下运行，无疑会大大增加物流的难度和系统的复杂性。

**2. 物流系统范围广阔**

物流本身的功能要素、系统与外界的沟通就已是很复杂的，国际物流再在这复杂系统上增加不同国家的要素，这不仅是地域的广阔和空间的广阔，而且所涉及的内外因素更多，所需的时间更长，广阔范围带来的直接后果是难度和复杂性增加，风险增大。

当然，也正是因为如此，国际物流一旦融入现代化系统技术之后，其效果才比以前更显著。

**3. 国际物流必须有国际化信息系统的支持**

国际化信息系统是国际物流，尤其是国际联运非常重要的支持手段。国际信息系统建立的难度，一是管理困难，二是投资巨大，再由于世界上有些地区物流信息水平较高，有些地区较低，所以会出现信息水平不均衡，因而信息系统的建立更为困难。

当前国际物流信息系统一个较好的建立办法是和各国海关的公共信息系统联机以便及时掌握有关各个港口、机场和联运线路、站场的实际状况，为供应或销售物流决策提供支持。国际物流是最早发展"电子数据交换"（EDI）的领域，以EDI为基础的国际物流将会对物流的国际化产生重大影响。

### 4. 国际物流的标准化要求较高

要使国际间物流畅通起来，统一标准是非常重要的，可以说，如果没有统一的标准，国际物流水平是提不高的。目前，美国、欧洲基本实现了物流工具、设施的标准统一，如托盘采用1000mm×1200mm，集装箱的集中统一规格及条码技术等，这样一来，大大降低了物流费用，降低了转运的难度。而不向这一标准靠拢的国家，必然在转运、换车底等许多方面要多耗费时间和费用，从而降低其国际竞争能力。

在物流信息传递技术方面，欧洲各国不仅实现企业内部的标准化，而且实现了企业之间及欧洲统一市场的标准化，这就使欧洲各国之间系统比其与亚、非洲等国家交流更简单、更有效。

### 5. 国际物流需多种运输方式组合

国际物流中运输距离长，运输方式多样。运输方式包括海洋运输、铁路运输、航空运输、公路运输以及由这些运输手段组合而成的国际综合运输方式等。运输方式选择和组合的多样性是国际物流的一个显著特征。近年来，在国际物流活动中，"门到门"的运输组织方式越来越受到货主的欢迎，这使得能满足这种需求的国际综合运输方式得到迅速发展，逐渐成为国际物流中运输的主流。

## 四、发展国际物流的必要性

随着现代科学技术的迅猛发展和经济全球化趋势的加强，现代物流作为一种先进的组织方式和管理理念，被广泛的认为是企业降低物耗、提高劳动生产率以外的第三利润源泉。

### 1. 国际物流是开展国际贸易的必要条件

世界范围的社会化大生产必然会引起不同的国际分工，任何国家都不能够包揽一切，因而需要国际间的合作。国际间的商品和劳务流动是由商流和物流组成的，前者由国际交易机构按照国际惯例进行，后者由物流企业按各个国家的生产和市场结构完成。为了克服它们之间的矛盾，这就要求开展与国际贸易相适应的国际物流。

### 2. 国际贸易对物流提出新的要求

（1）质量要求。国际贸易结构正在发生巨大变化，传统的初级产品、原材料等贸易品种逐渐让位于高附加值、精密加工的产品。随着高附加值、高精密度商品流量的增加，对物流工作质量也提出了更高的要求。

（2）效率要求。国际贸易合约的履行是由国际物流活动来完成的，而在整个物流活动中涉及不同运输工具、多种运输方式以及装卸搬运等多重环节的衔接，这就要求对整个物流系统进行整合，以促进物流效率的提高。

(3）安全要求。国际物流所涉及的环节多、风险大、情况复杂，要受到自然和政治经济等多方面因素的影响，其中任何一个环节出现问题都会影响到整个物流活动的进行。因此，只有对各方面因素进行综合考虑才能保证国际物流安全、有效的运行。

(4）经济要求。国际物流费用是国际贸易交易中的一项重要开支，国际贸易的特点决定了国际物流的环节多、运期长。这就要求国际物流企业要选择最佳的物流方案，控制物流费用，以减少国际贸易中的物流开支，提高国家贸易企业在国际市场上的竞争力。

## 五、我国国际物流的现状

### 1. 制造企业与物流企业战略合作

制造企业与物流企业发挥各自优势，达成战略合作，共同提升双方主业优势，逐渐达成共识。如中国远洋物流有限公司先后与海尔集团、长虹集团、中核集团、TCL公司等结成战略合作关系。

### 2. 大型领袖企业实现供应链管理

国内各行业的大型企业纷纷实施供应链（SCM）管理技术，提高企业竞争力。鲁能帆茂物流公司在煤炭领域实行从煤炭挖掘、运输，到煤渣的回收、利用和废弃物深埋，从煤矿的采购物流到分销物流的一体化的信息管理，其间供应链管理技术的应用是我国企业转变生产经营模式的重要体现。

### 3. 外资物流企业不断进入

外资物流企业进入中国以后，都有较快的发展。如：美国联合包裹运送公司（UPS）的中国出口业务保持强劲增长势头，增幅高达125%。

## 六、我国应对国际化物流采取的措施

### 1. 加强物流基础设施建设

（1）在陆路方面。除加强主干线铁道运输能力以外，还应将铁路运输与公路运输结合起来，修建通往铁道运输站台的辅助公路，提高公路水平，加强中转站的建设，完善交通运输网络。

（2）在水运方面。要使船舶现代化，船级及型号的选择要与实际运输量相适应；在建设港口上，既要重视集装箱化，又要考虑大批量散装的能源、物资的装卸。

（3）注重专用的货站、自动化立体仓库、配送中心等的建设，逐步实现包装规范化、装卸机械化、运输集装箱化，积极开发推广先进适用仓储、装卸等标准化专用设备以实现国际物流作业连续性、快速化的要求。

（4）鼓励利用国外的资金、设施和技术，参与国内物流设施的建设和经营。

## 2. 完善我国的物流网络，促进国际物流合理化

（1）在规划网络内仓库数量、地点以及规模时，要围绕商品交易需要和我国对国际贸易的总体规划来进行。

（2）要明确各级仓库的供应范围、分层关系以及供应或收购数量，注意各级仓库的有机衔接。

（3）国际物流网点的规划要考虑现代物流技术的发展，留有余地，以备将来的扩建。

## 3. 建立完善的物流信息管理系统

（1）通过条码技术、射频识别技术、全球卫星定位技术、地理信息系统技术等的应用，实现货物的自动识别、分拣、装卸、存取，提高物流作业效率；

（2）对内管理和对外联系实现网络化，把物流信息及时反映在内部局域网的数据库上，由管理信息系统对数据进行分析和调度；外部联系通过互联网，既可以在网上登记需求和网上支付，又可以对物流服务进行跟踪调查；

（3）建立一个公共物流信息平台。通过这个平台整合行业旧有资源，对行业资源实现共享，发挥物流行业的整体优势从根本上改善物流行业的现状，真正实现物流企业之间、企业与客户之间物流信息和物流功能的共享。

## 4. 建立和完善物流技术标准化体系

加快制定物流基础设施、技术装备、管理流程、信息网络的技术标准，尽快形成协调统一的现代物流技术标准化体系。广泛采用标准化、系列化、规范化的运输、仓储、装卸、包装机具设施和条形码、信息交换等技术。

## 5. 完善服务功能，强化增值服务

在欧美国家，物流服务业功能全、水平高，企业和客户联系紧密，甚至是战略合作伙伴。鉴于此，我国物流企业在提供基本物流服务的同时，要根据市场需求，不断细分市场，拓展业务范围，发展增值物流服务，广泛开展加工、配送、货代等业务，用专业化服务满足个性化需求，提高服务质量，以服务求效益；而且要通过提供全方位服务的方式，与大客户加强业务联系，增强相互依赖性，发展战略伙伴关系。

## 6. 加速培养开放性物流人才

（1）要加强对物流企业在职职工的教育和培训，不仅要组织短期培训，还要组织系统的整体培训。

（2）对国际物流人才的培养，不仅要注重物流基本理论知识的传授，更要注重加强计算机、网络、国际贸易、通信、标准化等知识的完善补充。

（3）面对世界范围的人才争夺战，中国要积极改善生活和工作条件，以吸引国外高级物流人才。

## 7. 政策上，要大力扶持和保护我国物流业发展

（1）对从事运输服务、仓储服务、货运代理服务和批发配送业务的企业，

允许它们根据自身业务优势，围绕市场需求，延伸物流服务范围和领域，逐渐成为部分或全程物流服务的供应者。

（2）在规范市场准入标准的基础上，鼓励多元化投资主体进入物流服务市场。

（3）培育大型物流企业，鼓励一些已经具备一定物流服务专长、组织基础和管理水平的大型企业加速向物流领域转变，尽快形成竞争优势，成为我国物流发展的领先者。

## 七、国际物流的发展趋势

### （一）国际物流的发展阶段

国际物流活动随着国际贸易和跨国经营的发展而发展，大致经历了以下几个阶段：

第一阶段：20世纪50年代至80年代初。这一阶段物流设施和物流技术得到了极大的发展，建立了配送中心，广泛运用电子计算机进行管理，出现了立体无人仓库，一些国家建立了本国的物流标准化体系等。物流系统的改善促进了国际贸易的发展，物流活动已经超过了一国范围，但物流国际化的趋势还没有得到人们的重视。

第二阶段：20世纪80年代至90年代初。随着经济技术的发展和国际经济往来的日益扩大，物流国际化趋势开始成为世界性的共同问题。美国密歇根州立大学教授波索克斯认为，进入80年代，美国经济已经失去了兴旺发展的势头，陷入长期倒退的危机之中。因此，必须强调改善国际性物流管理，降低产品成本，并且要改善服务，扩大销售，在激烈的国际竞争中获得胜利。与此同时，日本正处于成熟的经济发展期，以贸易立国，要实现与其对外贸易相适应的物流国际化，并采取了建立物流信息网络，加强物流全面质量管理等一系列措施，提高物流国际化的效率。这一阶段物流国际化的趋势局限在美、日和欧洲一些发达国家。

第三阶段：20世纪90年代初至今。这一阶段国际物流的概念和重要性已成为各国政府和外贸部门所普遍接受。贸易伙伴遍布全球，必然要求物流国际化、物流技术国际化、物流服务国际化、货物运输国际化、包装国际化和流通加工国际化等。世界各国广泛开展国际物流方面的理论和实践的大胆探索，人们已经形成共识：只有广泛开展国际物流合作，才能促进世界经济繁荣，产生了物流无国界论。

### （二）国际物流的发展趋势

21世纪全球经济进一步增长，尤其是发展中国家的经济增长将不可抑制，伴随着经济增长的全球物流将会得到极大发展，发展中国家物流将迎来最大的发展机遇，物流渐渐地被涵盖在供应链管理之中，或者说物流进入了更高的发展阶段。根据国内外物流发展状况，可以将21世纪国际物流的发展趋势归纳为：信息化、自动化、网络化、智能化、柔性化、标准化和绿色化。

### 1. 信息化
现代经济社会已经进入了信息时代，物流的信息化是整个社会信息化的必然需求。物流的信息化表现为物流信息的商品化、物流信息收集的数据库化和代码化、物流信息处理的电子化和计算机化、物流信息传递的标准化和实时化、物流信息存储的数字化等。因此，条码技术、数据库技术、电子订货系统、电子数据交换及快速反应、有效的顾客反应等技术与观念在未来的物流中将会得到普遍采用。

### 2. 自动化
自动化的基础是信息化，自动化的核心是机电一体化，自动化的外在表现是无人化，其效果是省力化。物流自动化的设施非常多，如条码、语音、射频自动识别系统、自动分拣系统、自动存取系统、自动导向车、货物自动跟踪系统等。

### 3. 网络化
物流领域网络化的基础也是信息化，网络化的趋势有两层含义：一是物流配送系统的计算机通信网络；二是组织的网络化。

### 4. 智能化
这是自动化、信息化的一种高层次应用，物流作业过程涉及大量的运筹和决策。专家系统、机器人等相关技术在国际上已经有比较成熟的研究成果，为了提高物流自动化的质量，物流的智能化已经成为物流发展的一个新趋势。

### 5. 柔性化
柔性化本来是生产领域提出来的，但真正做到柔性化，即真正能根据消费需求的变化灵活调整生产工艺，没有配套的柔性化的物流系统是不可能达到目的的。物流的柔性化正是适应生产、流通与消费的需求而表现出来的一种发展趋势。这就要求物流配送中心要根据消费需求的"多品种、小批量、多批次、短周期"特色，灵活组织和实施物流作业。

### 6. 标准化
国际物流标准化是按照物流合理化的目的和要求，制定各类技术标准、工作标准，并形成国际物流系统标准化体系的活动过程。其主要内容包括：物流系统的各类固定设施、移动设备、专用工具的技术标准；物流过程各个环节内部及之间的工作标准；物流系统各类技术标准之间、技术标准与工作标准之间的配合要求以及物流系统和其他相关系统的配合要求等。

### 7. 绿色化
即开展绿色物流。物流虽然促进了经济的发展，但是物流的发展同时也给人类的生存环境带来不利的影响，如运输工具的噪声、污染物排放、对交通的阻塞以及生产及生活中的废弃物的不当处理所造成的对环境的影响。为此，绿色物流在各国逐渐兴起。绿色物流主要包含两个方面：一是对物流系统污染进行控制，即在物流系统和物流活动的规划与决策中尽量采用对环境污染小的方案，如采用排污量小的货车车型，近距离配送，夜间运货，以减少交通阻塞、节省燃料和降低排放。发达国家政府倡导绿色物流的对策是在污染发生源、交通量、交通流等三方面制定了相关政策。绿色物流的另一方面就是建立工业和生活废料处理的现代物流系统。

**拓展知识**

国际物流与国际贸易的区别和联系

国际贸易是指不同国家（和/或地区）之间的商品和劳务的交换活动，是商品和劳务的国际转移。国际物流是指跨关境之间货物的流通。一般情况下，一方面，国际贸易包含国际物流，因为国际物流可以称为国际贸易众多环节中的一环；另一方面，国际物流可以促进国际贸易，因为国际物流的发达，可以使国与国，地区与地区的距离"缩短"，使一国家（地区）与世界任何一个国家（地区）进行国际贸易成为可能。

也就是说，国际贸易是国际物流产生和发展的基础和条件，国际物流的高效运作使国际贸易发展的必要条件。

**知识回顾**

国际物流，就是组织货物在国际间的合理流动，也就是发生在不同国家之间的物流。国际物流的实质是按国际分工协作的原则，依照国际惯例，利用国际化的物流网络、物流设施和物流技术，实现货物在国际间的流动与交换，以促进区域经济的发展和世界资源的优化配置。

国际物流的特征包括：（1）国际性；（2）复杂性；（3）风险性。

国际物流的分类：根据商品在国与国之间的流向不同划分可分为进口物流和出口物流；根据商品流动的关税区域不同划分可分为不同国家之间的物流和不同经济区域之间的物流；根据跨国运送的商品特性不同划分可分为国际军火物流、国际商品物流、国际邮品物流、国际捐助或救助物资物流、国际展品物流、废弃物物流等；根据国际物流提供商的不同划分可分为国际货运代理、国际船运代理、无船承运人、报关行、国际物流公司、仓储和配送公司等。

国际物流的特点包括：（1）物流环境复杂，差异性较大；（2）物流系统范围广阔；（3）国际物流必须有国际化信息系统的支持；（4）国际物流的标准化要求较高；（5）国际物流需多种运输方式组合。

我国国际物流的现状：（1）制造企业与物流企业战略合作；（2）大型领袖企业实现供应链管理；（3）外资物流企业不断进入。

我国应对国际化物流采取的措施主要有：（1）加强物流基础设施建设；（2）完善我国的物流网络，促进国际物流合理化；（3）建立完善的物流信息管理系统；（4）建立和完善物流技术标准化体系；（5）完善服务功能，强化增值服务；（6）加速培养开放性物流人才；（7）政策上，要大力扶持和保护我国物流业发展。

国际物流的发展趋势可以归纳为：信息化、自动化、网络化、智能化、柔性化、标准化和绿色化。

## 复习思考

1. 简述国际物流的特征。
2. 我国应对国际化物流采取的措施有哪些？
3. 简述国际物流的发展趋势。

## 技能训练

### 阿里巴巴和国际物流巨头UPS结成的战略联盟

阿里巴巴"全球速卖通"使得小企业客户能够按照自身特定需求下订单，并提供小批量订单、即时网上交易和保护买卖双方利益的第三方信用担保服务。通过与UPS建立战略联盟，"全球速卖通"平台将整合UPS运输技术，客户将可以享受到在线管理货运所带来的便利，其中包括全程追踪、查询货件状态、打印UPS货运标签、要求UPS上门取件等服务。此次结盟物流巨头UPS，解决了在线国际贸易的物流难题，使得'全球速卖通'的品牌成为集顶级第三方支付、物流于一身的功能强大的在线外贸平台。

请你分析阿里巴巴和国际物流巨头UPS结成的战略联盟对双方各有什么影响。

## 模块四 供应链与企业物流

### 项目一 供应链

**学习目标**

1. 理解供应链与供应链管理的概念
2. 掌握供应链管理的方法及意义

**技能知识**

供应链的概念及类型，供应链管理的内容及意义，供应链管理的方法

**引导案例**

宝洁与沃尔玛供应链管理

宝洁公司与沃尔玛的合作，改变了两家企业的营运模式，实现了双赢。与此同时，他们合作的四个理念，也演变成供应链管理的标准。这四个理念可以用四个字母代表，C（Colaboration合作），P（Planning规划），F（Forcasting预测）和R（Replenishment补充）。

"C"——合作

不是两家企业普通买卖关系的合作，而是为同一目标创造双赢的合作。零售商店不存货，而把存货推给供货商、增加供货商的成本，就不叫合作。如果零售商与供货商共同以零售店顾客的满意为最高目标，来通力合作，就可让双方都成为赢家。这样的合作是长期的、开放的，而且要共享彼此信息，双方不但在策略上合作，在营运的执行上也要合作。双方先要协议对对方信息的保密，制定解决争端的机制，设定营运的监控方法以及利润分配的策略。双方的目标是，在让销售获得最大利润的同时，缩减成本与开销。

#### "P"——规划

供应链管理源于日用品的零售，当初并没有P，以后因为有别的行业应用，认为有把P纳入的必要。P是规划，两家企业合作，要规划的事很多。在运营上有产品的类别、品牌、项目；在财务上有销售、价格策略、存货、安全存量、毛利等。双方在这些问题上的规划，可以维系共同目标的实现。另外，双方可以对产品促销、存货、新产品上架、旧产品下架等一些事情进行共同规划。

#### "F"——预测

对销售的预测，双方可有不同的看法、不同的资料。供货商可能对某类商品预测的准确，而零售商店可以根据实际销售对某项商品预测的准确，但双方最后必须制定出大家都同意的预测方式。系统可依据原始信息，自动作出基础性的预测，但是季节性、时尚性的变化以及促销活动、顾客的反应，都会使预测出现变化。双方预先要制定好规则，来研讨并解决预测可能产生的差异。

#### "R"——补充

补充是供应链管理的重要程序。销售预测，可以换算成为订单预测，而供货商的接单处理时间、待料时间、最小订货量等因素，都需要列入考虑范围之内。货物的运送，也由双方合作进行。零售商订货，应包括存货比率、预测的准确程度、安全存量、交货时间等因素，而且双方要经常评估这些因素。在补充程序上，双方要维持一种弹性空间，以共同应对危机事宜。成功的补充程序，是供货商经常以少量的货品供应零售商，用细水长流的方式，减低双方存货的压力。

资料来源：中国物流与采购联合会 http://www.chinawuliu.com.cn

## 相关知识

### 一、供应链的概念

供应链最早来源于彼得·德鲁克提出的"经济链"，而后经由迈克尔·波特发展成为"价值链"，最终日渐演变为"供应链"。

所谓供应链，其实就是由供应商、制造商、仓库、配送中心和渠道商等构成的物流网络。同一企业可能构成这个网络的不同组成节点，但更多的情况下是由不同的企业构成这个网络中的不同节点。比如，在某个供应链中，同一企业可能既在制造商、仓库节点，又在配送中心节点等占有位置。在分工越细，专业要求越高的供应链中，不同节点基本上由不同的企业组成。在供应链各成员单位间流动的原材料、在制品库存和产成品等就构成了供应链上的货物流。

供应链是一个范围更广的企业机构模式。它不仅是联接供应商到用户的物料链、信息链、资金链，同时更为重要的是它也是一条增值链。因为物料在供应链上进行了加工、包装、运输等过程而增加了其价值，从而给这条链上的相关企业带来了收益。

## 二、供应链的类型

从不同的角度，供应链有不同的分类（图4-1）。

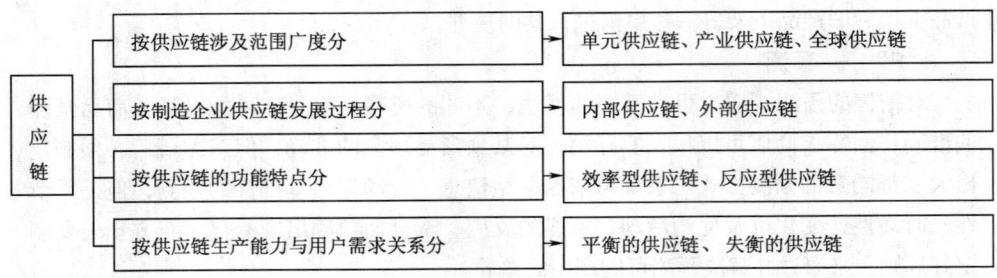

图4-1　供应链的分类

单元供应链是指由一家企业、该企业的直接供货商和直接客户组成，包括了从需到供的循环，它是供应链的最基本模式。

产业供应链是指由单元供应链组成，是企业联合其他上下游企业，通过联盟和外包等各种合作方式建立一条经济利益相关、业务关系紧密、优势互补的产业供需关系网链，企业充分利用产业供应链上的资源来适应新的竞争环境，实现合作优化，共同增强竞争力。

全球供应链是指在全球范围内组合供应链，是企业根据需要在世界各地选取最有竞争力的合作伙伴，结成全球供应链网络，以实现供应链的最优化。

内部供应链是指将采购原材料、零部件、通过生产转换和销售等传递到制造企业的用户的过程，作为制造企业中的一个内部过程看待。

外部供应链是指注重外部资源、与其他企业的联系，注重供应链的外部环境，它偏向于供应链中不同企业的制造、组装、分销、零售等过程，即将原材料转换成产品到最终用户的转换过程，它是更大范围、更为系统的概念。

效率型供应链是指以尽可能低的价格有效地实现以供应为基本目标的供应链管理系统，主要体现供应链的物料转换功能。

反应型供应链是指要求对市场不可预见的需求做出迅速反应的供应链管理系统，主要体现供应链对市场需求的响应功能。

平衡的供应链是指当供应链的生产能力满足用户需求时，供应链处于平衡状态。

失衡的供应链是指当市场变化加剧，造成供应链成本增加、库存增加、浪费增加等现象时，企业不是在最优状态下运作，供应链则处于失衡状态。

## 三、供应链管理

### （一）供应链管理的概念

供应链管理（supply chain management，SCM）是一种集成的管理思想和方法，它执行供应链中从供应商到最终用户的物流的计划和控制等职能。从单一的企业角度来看，是指企业通过改善上、下游供应链关系，整合和优化供应链中的信息流、物流、资金流，以获得企业的竞争优势。

供应链管理是企业的有效性管理，表现了企业在战略和战术上对企业整个作业流程的优化。整合并优化了供应商、制造商、零售商的业务效率，使商品以正确的数量、正确的品质、在正确的地点、以正确的时间、最佳的成本进行生产和销售。供应链至今尚无一个公认的定义，在供应链管理的发展过程中，许多专家和学者提出大量的定义，反映了不同的时代背景，是在不同发展阶段上的产物，可以把这些定义大致划分为三个阶段：早期的观点认为供应链是制造企业中的一个内部过程；后来供应链的概念注意了与其他企业的联系；最近供应链的概念更加注重围绕核心企业的网链关系，如核心企业与供应商、供应商的供应商乃至与一切前向的关系，与用户、用户的用户及一切后向的关系。

### （二）供应链管理的特点

**1. 供应链管理是以实现顾客满意为最高目标的管理**

今天，在顾客驱动的市场中，顾客需求构成市场，需求形成企业获利潜力，需求的满足状态制约着企业获利的多少，因此，顾客的满意就是企业效益的源泉，顾客需求是推动企业生产经营活动正常进行的必要条件，也是供应链存在和发展的必要条件。在供应链管理中，顾客服务的目标设定优先于其他目标，它以顾客满意（Customer satisfation，即CS）为最高目标。供应链管理本质上是满足顾客需求，它通过降低供应链成本的战略，来影响顾客需求中的价格因素，例如，沃尔玛的"天天平价"政策，它通过提供质优价廉的商品，满足顾客需求，在实现自身发展壮大的基础上，提供与其竞争对手所不同的差别化的顾客服务，以此提高顾客满意度，获取竞争优势。目前，供应链管理目标多元化和管理视域也在拓宽。传统管理目标往往寻求针对现有问题，设计的管理行为着力最终解决问题，目标较为单一。供应链管理目标多元化在于不仅强调问题的最终解决，而且关注解决问题的方式，以最快的速度，最低的成本，最佳途径解决问题。凸显出管理目标上既有时间方面的要求，又有成本方面的要求，还有效果上的追求，供应链管理目标呈现出多元化。供应链管理的视域打破过去只限于围绕某个企业、企业内部某个部门或某个行业的点、线以及面的管理区域。供应链管理的触角从一个企业延伸到另一个企业，从企业内一个部门延伸到另一个部门，从本部门扩展到其他相关的行业。供应链管理的视野是全方位、立体状的。

**2. 供应链管理是对物流活动的一体化管理**

物流一体化是指不同职能部门之间或不同企业之间通过物流上的合作，达到提高物流效率、降低物流成本的效果。在传统的企业管理模式下，企业内部各职能部门之间是按本部门的利益开展经营活动的，由于职能部门利益冲突，信息交换不灵，难以实现企业整体目标最优；企业与供应商、批发商、零售商和最终用户之间也是相互独立的，它们之间是相互对立的交易关系，缺乏必要的信息交流与共享，按照各自的利益进行经营活动，容易引起企业间的利益摩擦，而在供应链管理中，企业超越了组织机构的界限，把企业内部各部门及供应链参加各方结合起来，克服了传统的以职能部门为基础的管理缺陷，改变了交易双方利益对立的传统观念，在整个供应链范围内建立起共同利益的协作伙伴关系，使竞争对手成了同盟军，把从供应商开始到最终用户的物流活动作为一个整体进行统一管理，从整体和全局上把握各项活动，使整个供应链的库存水平最低，实现供应链整体的物流最优化。

**3. 供应链管理是以信息为核心的管理**

产品和成本曾经是构成企业竞争力的第一要素，现在仍然是企业考虑的重要因素。随着电子商务的发展，企业能否准确及时地获取信息以及对信息做出及时的响应是决定一个企业竞争力的核心问题。供应链管理具有这样的优势：通过建立强大的信息网络，利用先进的信息技术（如EDI，互联网，EOS，POS），使供应链的参与各方不仅能及时有效地获得其客户的需求信息，并对信息做出及时响应，满足客户的需求，还能缩短从订货到交货的时间间隔，提高企业的服务水平。离开信息及网络技术的支撑，供应链管理就无法进行下去，信息已成为供应链管理的核心要素。

供应链管理集合了多种先进的管理技术，对库存进行优化管理。它应用快速反应（QR）、有效客户反应（ECR）、及时生产方式（JIT）、材料资料计划（MRP）、企业资源计划（ERP）等先进管理技术对企业及整个供应链的库存进行管理，对减少库存，缩短供货时间，提高顾客满意度，发挥了巨大作用。

**（三）供应链管理的内容**

供应链管理包含的丰富内涵主要表现在以下几个方面。

第一，供应链管理把产品在满足客户需求的过程中对成本有影响的各个成员单位都考虑在内，包括从原材料供应商、制造商到仓库再经过配送中心到渠道商。不过，实际上在供应链分析中，有必要考虑供应商的供应商以及顾客的顾客，因为它们对供应链的业绩也是有影响的。

第二，供应链管理的目的在于追求整个供应链的整体效率和整个系统费用的有效性，总是力图使系统总成本降至最低。因此，供应链管理的重点不在于简单地使某个供应链成员的运输成本达到最小或减少库存，而在于通过采用系统方法来协调供应链成员以使整个供应链总成本最低，使整个供应链系统处于最流畅的运作中。

第三，供应链管理是围绕把供应商、制造商、仓库、配送中心和渠道商有机结合成一体这个问题来展开的，因此它包括企业许多层次上的活动，包括战略层次、战术层次和作业层次等。

尽管在实际的物流管理中，只有通过供应链的有机整合，企业才能显著地降低成本和提高服务水平，但是在实践中供应链的整合是非常困难的，这是因为首先，供应链中的不同成员存在着不同的、相互冲突的目标。比如，供应商一般希望制造商进行稳定数量的大量采购，而交货期可以灵活变动；与供应商愿望相反，尽管大多数制造商愿意实施长期生产运转，但它们必须顾及顾客的需求及其变化并作出积极响应，这就要求制造商灵活地选择采购策略。因此，供应商的目标与制造商追求灵活性的目标之间就不可避免地存在矛盾。

第四，供应链是一个动态的系统，随时间而不断地变化。事实上，不仅顾客需求和供应商能力随时间而变化，而且供应链成员之间的关系也会随时间而变化。比如，随着顾客购买力的提高，供应商和制造商均面临着更大的压力来生产更多品种更具个性化的高质量产品，进而最终生产定制化的产品。

研究表明，有效的供应链管理总是能够使供应链上的企业获得并保持稳定持久的竞争优势，进而提高供应链的整体竞争力。统计数据显示，供应链管理的有效实施可以使企业总成本下降20%左右，供应链上的节点企业按时交货率提高15%以上，订货到生产的周期时间缩短20%~30%，供应链上的节点企业生产率增值提高15%以上。越来越多的企业已经认识到实施供应链管理所带来的巨大好处，比如HP、IBM、DELL等在供应链管理实践中取得的显著成绩就是明证。

### （四）供应链管理的意义

通过建立供应商与制造商之间的战略合作关系，可以达到以下目标。

#### 1. 对于制造商/买主

降低成本（降低合同成本）、实现数量折扣和稳定而有竞争力的价格、提高产品质量和降低库存水平、改善时间管理、缩短交货提前期和提高可靠性、优化面向工艺的企业规划、更好的产品设计和对产品变化更快的反应速度、强化数据信息的获取和管理控制。

#### 2. 对于供应商/卖主

保证有稳定的市场需求、对用户需求更好地了解/理解、提高运作质量、提高零部件生产质量、降低生产成本、提高对买主交货期改变的反应速度和柔性、获得更高的（比非战略合作关系的供应商）利润。

#### 3. 对于双方

改善相互之间的交流、实现共同的期望和目标、共担风险和共享利益、共同参与产品和工艺开发、实现相互之间的工艺集成、技术和物理集成、减少外在因素的影响及其造成的风险、降低机会主义影响和投机几率、增强解决矛盾和冲突的能力、订单、生产、运输上实现规模效益以降低成本、减少管理成本、提高资产利用率。

### (五)供应链管理的方法

#### 1. 快速反应(quick response, QR)

快速反应是指在供应链中,为了实现共同的目标,零售商和制造商建立战略伙伴关系,利用EDI等信息技术,进行销售时点的信息交换以及订货补充等其他经营信息的交换,用多频度、小批量配送方式连续补充商品,以缩短交货周期,减少库存,提高客户服务水平和企业竞争力的供应链管理方法。QR最早由连锁零售商沃尔玛、偌马特等为主力开始推动,并逐步推广到纺织服装行业。

QR的成功实施必须具备以下5个条件:

①改变传统的经营方式,革新企业的经营意识和组织结构。一是企业必须改变只依靠独立的力量来提高经营效率的传统经营意识,树立通过与供应链各方建立战略合作伙伴关系,从而利用供应链各成员的资源来提高经营效率的现代经营理念;二是零售商在垂直型QR系统中起主导作用,零售店铺是垂直型QR系统的起始点;三是在垂直型QR系统内,通过POS数据等销售信息和成本信息的相互公开和交换来提高各个供应链成员企业的运作效率;四是明确垂直型QR系统内各个企业之间的分工协作范围和形式,消除重复作业及无效作业,建立有效的分工协作框架体系;五是通过利用信息技术实现事务作业的无纸化与自动化。

②开发和应用现代信息技术。这些现代信息技术包括:条形码技术、电子订货系统(EOS)、POS数据读取系统、EDI技术、预先发货清单技术(ASN)、电子资金转账系统(EFT)、供应商管理库存(VMI)和持续补货系统(CRP)等。

③与供应链上下游企业建立战略伙伴关系。其具体内容包括积极寻找和发现战略合作伙伴并在合作伙伴之间建立分工和协作关系。合作的目标既要削减库存,又要避免缺货现象的发生,还要降低商品风险,避免大幅度降价现象发生以及减少作业人员和简化事务性作业等。

④改变对企业商业信息保密的传统做法。将销售信息、库存信息、生产信息、成本信息等与合作伙伴交流分享,并在此基础上,要求各方在一起发现问题、分析问题和解决问题。

⑤缩短生产周期和降低商品库存。供应方必须做到缩短商品的生产周期;进行多品种、少批量生产和多频度、小批量配送,降低零售商的库存水平,提高为顾客服务的水平;在商品实际需要将要发生时参照JIT生产方式组织生产,减少供应商的库存水平。

快速反应关系到一个厂商是否能及时满足顾客的服务需求的能力。信息技术提高了在最近的可能时间内完成物流作业和尽快地交付所需存货的能力。这样就可减少传统上按预期的顾客需求过度地储备存货的情况。快速反应的能力把作业的重点从根据预测和对存货储备的预期,转移到以从装运到装运的方式对顾客需求作出反应方面上来。不过,由于在还不知道货主需求和尚未承担任务之前,存货实际上并没有发生移动,因此,必须仔细安排作业,不能存在任何缺陷。

这里需要指出的是虽然应用QR的初衷是为了对抗进口商品,但是实际上并没有出现这样的结果。相反,随着竞争的全球化和企业经营业员全球化,QR系统管理迅速在各国企业界扩展。航空运输为国际间的快速供应提供了保证。现在,QR方法成为零售商实现竞争优势的工具。同时随着零售商和供应商结成战略联盟,竞争方式也从企业与企业间的竞争转变为战略联盟与战略联盟之间的竞争。

### 2. 有效客户反映(efficient customer response,ECR)

ECR是一个制造商、批发商和零售商等供应链成员各方相互协调和合作,以更好、更快的服务和更低的成本满足消费者需要为目的的供应链管理系统。其优势在于供应链各方为提高消费者满意这一共同的目标进行合作,分享信息和决策,它是一种把以往处于分散状态的供应链节点有机联系在一起以满足消费者需求的工具。

应用 ECR 时必须遵守5个基本原则:

① 以较少的成本,不断致力于向供应链客户提供更优的产品、更高的质量、更好的分类、更好的库存服务以及更多的便利服务。

② ECR 必须由相关的商业带头人启动。该商业带头人应决心通过代表共同利益的商业联盟取代旧式的贸易关系而达到获利之目的。

③ 必须利用准确、实时的信息以支持有效的市场、生产及后勤决策。这些信息将以 EDI 的方式在贸易伙伴间自由流动,它将影响以计算机信息为基础的系统信息的有效利用。

④ 产品必须随其不断增值的过程,从生产至包装,直至流动至最终客户的手中,以确保客户能随时获得所需产品。

⑤ 必须建立共同的成果评价体系。该体系注重整个系统的有效性(即通过降低成本与库存以及更好的资产利用,实现最优价值),清晰地标识出潜在的回报(即增加的总值和利润),促进对回报的公平分享。

有效的产品引进、有效的店铺分类组合、有效的促销以及有效的补货被称为 ECR 的四大要素。

有效的产品引进:通过采集和分享供应链伙伴间时效性强的更加准确的购买数据,提高新产品销售的成功率。

有效的店铺分类组合:通过有效地利用店铺的空间和店内布局,来最大限度地提高商品的盈利能力。如建立空间管理系统,有效的商品品类管理等。

有效的促销:通过简化分销商和供应商的贸易关系,以提高贸易和促销的系统效率。如可采取消费者广告(优惠券、货架上标明促销)、贸易促销(远期购买、转移购买)等方式。

有效的补货：从生产线到收款台，通过EDI，以需求为导向的自动连续补货和计算机辅助订货等技术手段，使补货系统的时间和成本最小化，从而降低商品的售价。

> **拓展知识**

## 供应链电子商务

供应链电子商务是指借助互联网服务平台，实现供应链交易过程的全程电子化，彻底变革传统的上下游商业协同模式。

一、供应链电子商务的作用

1. 实现供应链业务协同

可以完善企业的信息管理，通过平台帮助企业快速的实现信息流、资金流和物流的全方位管理和监控。同时，利用供应链电子商务可以把供应链上下游的供应商、企业、经销商、客户等进行全面的业务协同管理，从而实现高效的资金周转。

2. 转变经营方式

供应链电子商务可以帮助企业从传统的经营方式向互联网时代的经营方式转变。随着互联网技术的深入应用、网上交易习惯的逐渐形成，使得企业的经营模式也需要相应转变，借助供应链电子商务平台，可以帮助企业分享从内部管理到外部商务协同的一站式、全方位服务，从而解放了企业资源、显著提升企业的生产力和运营效率。

二、供应链电子商务的流程

供应链电子商务以企业级内部ERP管理系统为基础，在统一了人、财、物、产、供、销各个环节的管理，规范了企业的基础信息及业务流程的基础上，采用金蝶友商网的在线管理服务，建立全国范围内经销商的电子商务协同平台，并实现外部电子商务与企业内部ERP系统的无缝集成，实现商务过程的全程贯通。

三、供应链电子商务的主要功能

1. 在线订货

企业通过ERP将产品目录及价格发布金蝶友商网在线订货平台上，经销商通过在线订货平台直接订货并跟踪订单后续处理状态，通过可视化订货处理过程，实现购销双方订货业务协同，提高订货处理效率及数据准确性。企业接收经销商提交的网上订单，依据价格政策、信用政策、存货库存情况对订单进行审核确认以及后续的发货及结算。

2. 经销商库存

通过经销商网上确认收货，自动增加经销商库存，减少信息的重复录入；提升了经销商数据的及时性和准确性；通过经销商定期维护出库信息，帮助经销商和企业掌握准确的渠道库存信息，消除牛鞭效应，辅助企业业务决策。

3. 在线退货

企业通过在线订货平台，接收经销商提交的网上退货申请，依据销售政策、退货类型等对申请进行审核确认，经销商通过订单平台，实时查看退货申请的审批状态，帮助企业提高退货处理效率。

4. 在线对账

通过定期从ERP系统自动取数生成对账单,批量将对账单发布网上,经销商上网即可查看和确认对账单,帮助企业提高对账效率,减少对账过程的分歧,加快资金的良性循环。

## 知识回顾

所谓供应链,其实就是由供应商、制造商、仓库、配送中心和渠道商等构成的物流网络。同一企业可能构成这个网络的不同组成节点,但更多的情况下是由不同的企业构成这个网络中的不同节点。

供应链的类型,从不同的角度,供应链有不同的分类,按供应链涉及范围广度分为单元供应链、产业供应链、全球供应链;按制造企业供应链发展过程分为内部供应链、外部供应链;按供应链的功能特点分为效率型供应链、反应型供应链;按供应链生产能力与用户需求关系分为平衡的供应、失衡的供应链。

供应链管理(supply chain management,SCM)是一种集成的管理思想和方法,它执行供应链中从供应商到最终用户的物流的计划和控制等职能。从单一的企业角度来看,是指企业通过改善上、下游供应链关系,整合和优化供应链中的信息流、物流、资金流,以获得企业的竞争优势。

供应链管理的特点:供应链管理是以实现顾客满意为最高目标的管理;供应链管理是对物流活动的一体化管理;供应链管理是以信息为核心的管理。

供应链管理包含的丰富内涵主要表现在以下几个方面。第一,供应链管理把产品在满足客户需求的过程中对成本有影响的各个成员单位都考虑在内,包括从原材料供应商、制造商到仓库再经过配送中心到渠道商。第二,供应链管理的目的在于追求整个供应链的整体效率和整个系统费用的有效性,总是力图使系统总成本降至最低。第三,供应链管理是围绕把供应商、制造商、仓库、配送中心和渠道商有机结合成一体这个问题来展开的,因此它包括企业许多层次上的活动,包括战略层次、战术层次和作业层次等。

## 复习思考

1. 供应链有哪些类型?
2. 供应链管理的特点有哪些?
3. 供应链管理的内容与意义分别有哪些?
4. 简述供应链与物流之间的关系。

## 技能训练

### 沃尔玛公司供应链管理分析

"让顾客满意"是沃尔玛公司的首要目标,顾客满意是保证未来成功与成长的最好投资，这是沃尔玛数十年如一日坚持的经营理念。为此，沃尔玛为顾客提供"高品质服务"和"无条件退款"的承诺绝非一句漂亮的口号。在美国只要是从沃尔玛购买的商品，无需任何理由，甚至没有收据，沃尔玛都无条件受理退款。沃尔玛每周都有对顾客期望和反映的调查，管理人员根据计算机信息收集信息以及通过直接调查收集到的顾客期望即时更新商品的组合，组织采购，改进商品陈列摆放，营造舒适的购物环境。

沃尔玛能够做到及时地将消费者的意见反馈给厂商，并帮助厂商对产品进行改进和完善。过去，商业零售企业只是作为中间人，将商品从生产厂商传递到消费者手里，反过来再将消费者的意见通过电话或书面形式反馈到厂商那里。看起来沃尔玛并没有独到之处，但是结果却差异很大。原因在于，沃尔玛能够参与到上游厂商的生产计划和控制中去，因此能够将消费者的意见迅速反映到生产中，而不是简单地充当二传手或者电话话筒。

供应商是沃尔玛唇齿相依的战略伙伴。早在20世纪80年代，沃尔玛采取了一项政策，要求从交易中排除制造商的销售代理，直接向制造商订货，同时将采购价格降低2%~6%，大约相当于销售代理的佣金数额，如果制造商不同意，沃尔玛就拒绝与其合作。沃尔玛的做法造成和供应商关系紧张，一些供应商为此还在新闻界展开了一场谴责沃尔玛的宣传活动。直到20世纪80年代末期，技术革新提供了更多督促制造商将低成本、削减价格的手段，供应商开始全面改善与沃尔玛的关系，通过网络和数据交换系统，沃尔玛与供应商共享信息，从而建立伙伴关系。沃尔玛与供应商努力建立关系的另一做法是在店内安排适当的空间，有时还在店内安排制造商自行设计布置自己商品的展示区，以在店内营造更具吸引力和更专业化的购物环境。

沃尔玛还有一个非常好的系统，可以使得供应商们直接进入到沃尔玛的系统，沃尔玛叫做零售链接。任何一个供应商可以进入这个系统当中来了解他们的产品卖得怎么样，昨天，今天，上一周，上个月和去年卖得怎么样。他们可以知道这种商品卖了多少，而且他们可以在24小时之内就进行更新。供货商们可以在沃尔玛公司的每一个店当中，及时了解到有关情况。

另外，沃尔玛不仅是等待上游厂商供货、组织配送，而且也直接参与到上游厂商的生产计划中去，与上游厂商共同商讨和制定产品计划、供货周期，甚至帮助上游厂商进行新产品研发和质量控制方面的工作。这就意味着沃尔玛总是能够最早得到市场上最希望看到的商品，当别的零售商正在等待供货商的产品目录或者商谈合同时，沃尔玛的货架上已经开始热销这款产品了。

沃尔玛的前任总裁大卫·格拉斯曾说过："配送设施是沃尔玛成功的关键之一，如果说我们什么比别人干得好的话，那就是配送中心。"沃尔玛第一间配送中心于1970年建立，占地6000平方米，负责供货给4个州的32间商场，集中处理公司所销商品的40%。在整个物流中，配送中心起中枢作用，将供应商向其提供的产品运往各商场。从工厂到上架，实行"无缝链接"平化过渡。供应商只需将产品提供给配送中心，无需自己向各商场分发。这样，沃尔玛的运输、配送以及对于订单与购买的处理等所有的过程，都是一个完整的网络当中的一部分，可以大大降低成本。

随着公司的不断发展壮大，配送中心的数量也不断增加。现在沃尔玛的配送中心，分别服务于美国18个州约2 500间商场，配送中心约占地10万平方米。整个公司销售商品的85%都由这些配送中心供应，而其竞争对手只有约50%~65%的商品集中配送。如今，沃尔玛在美国拥有100%的物流系统，配送中心已是其中一小部分，沃尔玛完整的物流系统不仅包括配送中心，还有更为复杂的资料输入采购系统、自动补货系统等。

供应链的协调运行是建立在各个环节主体间高质量的信息传递与共享的基础上的。沃尔玛投资4亿美元发射了一颗商用卫星，实现了全球联网。沃尔玛在全球4 000多家门店通过全球网络可在1小时之内对每种商品的库存、上架、销售量全部盘点一遍，所以在沃尔玛的门店，不会发生缺货情况。20世纪80年代末，沃尔玛开始利用电子数据交换系统（EDI）与供应商建立自动订货系统，该系统又称为无纸贸易系统，通过网络系统，向供应商提供商业文件、发出采购指令，获取数据和装运清单等，同时也让供应商及时准确把握其产品的销售情况。沃尔玛还利用更先进的快速反应系统代替采购指令，真正实现了自动订货。该系统利用条码扫描和卫星通信，与供应商每日交换商品销售、运输和订货信息。凭借先进的电子信息手段，沃尔玛做到了商店的销售与配送保持同步，配送中心与供应商运转一致。

请依据上述背景材料，回答以下问题：

1. 请总结沃尔玛供应链管理的成功之处？
2. 沃尔玛是如何强化供应链战略伙伴关系的？
3. 信息共享在沃尔玛的供应链管理中起了什么作用？沃尔玛为强化供应链信息管理采取了哪些措施？其效果怎样？
4. 根据你对沃尔玛的物流体系的了解，你认为现代物流系统应包括哪些内涵？

## 项目二　企业物流

### 学习目标

1. 了解企业物流的含义及其发展过程
2. 掌握企业物流的类型
3. 掌握企业物流合理化途径
4. 了解回收物流、废弃物流的含义
5. 了解我国回收物流和废弃物流的发展状况

### 技能知识

企业物流的含义，企业物流的类型，企业物流合理化途径，回收物流、废弃物流的含义及发展

**引导案例**

## 华明灯具：生产物流优化之道

华格照明灯具有限公司（以下简称"华明灯具"）是面向美国市场的室内照明行业的美资企业。其产品广泛应用于高档酒店、别墅会所、博物馆、展览展示空间等高端照明领域。20世纪90年代末开始在东莞建立制造基地，华明灯具的信息化也同时起步并一直走在行业前列。作为供应链的一部分，生产物流贯穿生产的全过程，如何利用信息化手段，降低成本，提高准时交货率，对客户需求做出快速反应是华明灯具SAP物流资深顾问、供应链总监万兵一直在思考的问题。

### SAP覆盖生产物流

华明灯具在信息化推进方面一直走在前列。中国工厂的订单主要是美国总部的内部订单。不过，照明灯具行业物料品种复杂，产品的时尚性和潮流导向性更新换代非常快。"在我们这个行业列出一张采购订单，如果人工来计算的话，复杂度相当高，很难做到精准，必须用信息化软件。"万兵指出。

1997年东莞工厂成立时，华明灯具便引进了MRPII。2000年，在面临千年虫问题时，华明灯具又将系统软件重新进行了更换，这次选择的是对美国一个软件进行汉化。随着公司业务规模的不断扩张，华明灯具美国总部希望将中美两地的业务整合到一起，并利用信息化手段予以实现。于是，华明灯具开始了规模和投资巨大的ERP选型和实施。"这套软件必须满足这样几个目标，支持多语言版本，能够实现两地业务在系统内的集成以及满足未来业务量增长的需求等。"在将全球排名前20位的软件逐一评估之后，最终选择了SAP。

华明灯具的SAP完整地涵盖了MM，PP，SD，FI，CO五大模块，在美国总部还实施了WM（仓储管理）。强大的系统功能很好地满足了华明灯具的业务需求，这其中不仅是现有需求，还包括对未来业务发展的需求。基于成本以及业务布局调整的考虑，华明灯具将美国部分业务逐步转移到了中国的供应链管理部门，成立了VMI（供应商管理库存）小组。基于SAP系统，中美两地双方业务实现了集成，数据透明，随时可以共享，大大节约了人员成本，提高了工作效率。

### 数据分析支持决策

与第三方物流关注仓储和高效配送不同，生产物流关注的是供应链上游的材料、原材料和半成品的流转如何做到更加高效，如何能够更加快速地采购到，并实现成本的降低。

灯具行业是个非常特殊的行业，产品对个性化的追求非常突出，这就导致产品品类繁多且复杂，必须利用IT手段提前进行分析。"比如，哪些产品销售得更好，哪些产品的哪些关键材料需要提前做安全扩充计划，或者和供应商谈策略性的采购方案。利用ERP可以对海量的数据进行分析，从而帮助企业进行决策。"

目前华明灯具的数据仓库主要用于分析销售和物流环节。"比如，哪些产品卖得最好，哪些客户的销售额做得最好，哪些产品的准时交货率做得最好，哪些原材料的采购量最大，分别集中在哪里，哪些是企业要着重培养的长期的合作伙伴。这些数据支撑为采购部门和销售部门提供了非常有力的决策支持。"

**推行寄售库存**

华明灯具在物流供应链管理方面做了很多整合创新的工作。华明灯具与长期合作的供应商推行了VMI寄售库存。寄售库存是一种以用户和供应商双方都获得最低成本为目的，在共同协议下由供应商管理库存，并不断监督协议执行情况，修正协议内容，使库存管理得到持续改进的合作性策略。这种库存管理策略打破了传统的各自为政的库存管理模式，体现了供应链的集成化管理思想。

供应商根据合同生产的原材料可以存放在华明灯具的仓库，不过产品的所有权属于供应商，华明灯具根据需要使用，用多少就付相应的钱给供应商。这种寄售库存策略由于库存由供应商承担，可以为华明灯具节约大量的库存资金。同时，供应商也赢得了未来的市场占有，客户与供应商被捆绑在一起。对于华明灯具来讲，这样的优势还在于当有大批订单进来时，由于库存是在华明灯具自己的仓库里，所以可以随时调用，快速反应，因此寄售库存实现了客户与供应商的双赢。不过万兵也指出，这种策略性的框架协议必须要有非常严格的条件去评估。因为如果出现产品经常发生变更，有重大的品质不良，或者产品发生结构性变化等因素都会导致库存里的原材料浪费掉，而这样的结果对于用户来说是非常不划算的。

基于SAP，东莞制造基地与美国总部的信息集成达到了很高的程度，可以开展很多深化与优化的工作。为了更加合理地利用全球资源，美国总部开始将一些业务转移到中国。比如销售订单，IT系统对客户订单的响应非常及时，24小时之内客户就能够看到商品。在美国总部，电子商务也得到了广泛的应用。很多订单都是在网上处理的。在后端SAP系统与网站连通，客户登录以后可以清晰地看到订单处理情况，产品的库存情况、产品的到达情况等。

生产计划环节是目前很多ERP软件做的还不够完善的部分。每家企业的具体情况不同，都有个性化的需求，因此当管理软件按照一个模式去排列生产计划的时候，如何排列是最优化最高效的，是当前的软件无法解决的问题。同时，管理软件的生产计划无法做到最优的现状也与企业的管理水平有关。"中国的制造企业的管理水平还没有达到一定的高度，很难找到多数公司能够参考的模板。"

资料来源：比特网 http://do.chinabyte.com

## 相关知识

### 一、企业物流的含义

企业物流是指企业内部的物品实体流动。它从企业角度上研究与之有关的物流活动，是具体的、微观的物流活动的典型领域。企业物流又可区分以下不同典型的具体物流活动：企业供应物流、企业生产物流、企业销售物流、企业回收物流、企业废弃物物流等。

企业物流可理解为围绕企业经营的物流活动，是具体的、微观物流活动的典型领域。企业系统活动的基本结构是投入→转换→产出，对于生产类型的企业来讲，是原材料、燃料、人力、资本等的投入，经过制造或加工使之转换为产品或服务；对于服务型企业来讲则是设备、人力、管理和运营，转换为对用户的服务。物流活动便是伴随着企业的投入→转换→产出而发生的。相对于投入的是企业外供应或企业外输入物流，相对于转换的是企业内生产物流或企业内转换物流，相对于产出的是企业外销售物流或企业外服务物流。由此可见，在企业经营活动中，物流是渗透到各项经营活动之中的活动（图4-2）。

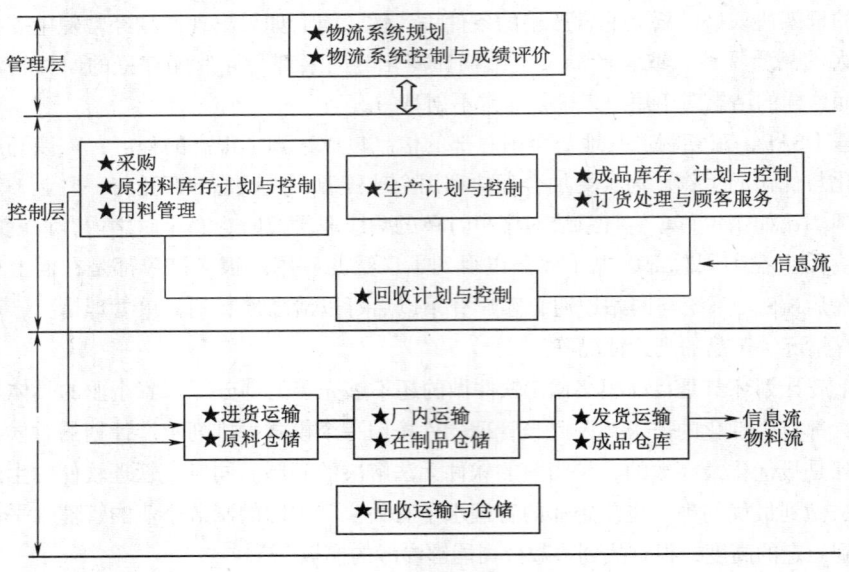

图4-2　企业物流的垂直结构

### 二、企业物流的重要性

从事商品生产的制造企业、进行商品流通的批发企业以及直接面向消费者售卖商品的零售企业，在积极开展业务时必然会产生商品在时间和空间上的运动。

因此，对于从事生产、流通的企业来讲，具备包括储存、搬运、包装、流通加工、运输、配送以及相应的信息处理等物流能力是必不可少的。

## 三、企业物流的发展过程

概括地说，企业物流的发展过程大致可以分为如下三个阶段：

第一个阶段：产品物流阶段，又称为产品配送阶段。这个阶段的时间起止为20世纪60年代初期至70年代后期，属于企业物流的早期发展阶段，在该阶段中，物流的主要功能大多围绕在对产品从企业工厂生产出来到如何到达消费者手中这一过程的运作上。

在当时，企业重视产品物流的目的是希望能以最低的成本把产品有效地送达到顾客。企业重视产品物流的主要原因来自两个方面：一是为了扩大市场份额，满足不同层次顾客的需要，扩张其生产线；二是为了对付企业内部与外部市场的压力，倾向于生产非劳动密集型的高附加值产品。产品物流阶段物流管理的特征是注重产品到消费者的物流环节。

第二个阶段：综合物流阶段，这个阶段的时间起止为20世纪70年代中后期至80年代后期，在这个阶段中，企业物流集中表现为原材料物流和产品物流的融合。实践证明，综合物流管理可以为企业带来更大的效益，因此，在这个期间综合物流得到了迅速的发展。

在当时，运输自由化以及全球性竞争的日渐加剧，使企业认识到把原材料管理与产品配送综合起来管理可以大大地提高企业运行效率与效益，因此，在上述因素的推动下，企业物流迅速地从产品物流阶段向综合物流阶段发生转移。

第三个阶段：供应链管理阶段，这个阶段开始于20世纪90年代初期，在这个阶段中，企业对传统的物流管理有了更为深刻的认识。企业已经将单纯的个体企业之间的竞争上升到企业群、产品群或产业链条上不同企业所形成的供应链之间的竞争这个高度。

从20世纪80年代后期开始，信息技术获得了飞速的发展，信息技术的发展迅速转化为生产力，进而在生产领域掀起了一场前所未有的信息化革命。由信息技术所衍生的一系列外部因素的变化，使得企业开始把着眼点放开至物流活动的整个过程，包括原材料的供应商和制成品的分销商，进而使企业物流从综合物流阶段向供应链管理阶段发生转移。

## 四、企业物流的类型

**1. 按企业物流所处生产经营活动的环节，可分为供应物流、生产物流、销售物流和废弃及回收物流**

（1）供应物流。又称输入物流，是企业为保障自身的生产与经营活动，不断组织原材料、零配件、燃料、辅助材料供应的物流活动。

（2）生产物流。指企业生产过程中的物流活动。这种物流活动是与整个生产工艺过程伴生的，实际上已构成了生产工艺过程的一部分。

（3）销售物流。即实物配送或输出物流。

（4）回收物流及废弃物物流。企业在供应、生产、销售过程中总会产生边角余料和废料，其中有些是可以回收利用的，称为回收物流；而有些则无利用价值，必须向外部排放，称为废弃物流。回收物流及废弃物流处理不当，会影响企业的生产环境、造成浪费，甚至破坏企业的公众形象。

**2. 按企业性质不同，企业物流可以分为工业企业物流、流通企业物流**

（1）工业企业物流。工业企业物流是对应企业生产经营活动的物流，这种物流一般包含供应物流、生产物流、销售物流、回收与废弃物物流四个环节。但不同类型的工业企业，各有所侧重，分述如下：

①供应物流突出型。如电力工业、汽车等机械制造工业，原材料、燃料、零配件的组织十分繁杂、工作量大，而销售物流相对简单，甚至没有。

②生产物流突出型。如冶金、化工企业，生产工艺过程复杂，厂内物流环节多，生产物流相对困难。

③销售物流突出型。如服装、小百货等轻工企业，大宗原材料进货，加工也不复杂，但产品种类繁多，分销渠道宽而长，属于销售物流突出型。

（2）流通企业物流。流通企业物流从制造商的角度都属于销售物流，但从流通企业本身来看，也包括供应（采购）物流。不同类型的流通企业，其物流也各有特点。

## 五、企业物流合理化的意义

企业加强物流管理使其合理化有着十分深远的意义。

**1. 降低物流费用，减少产品成本**

物流费用在产品成本中占有相当比重，企业物流合理化可以提高物流作业效率，减少运输费用及仓储包装费用，从而直接达到降低成本的目的。

**2. 缩短生产周期，加快资金周转**

通过合理制定生产计划使物流均衡化，同时减少库序、减少物流中间环节可以有效地缩短生产周期，使进厂的原材料在较短的时间内，形成"成品"供给用户，更快地适应市场的变化，提高企业的竞争能力。

**3. 压缩库存，减少流动资金的占用**

通过各种控制策略和控制方法使企业的原材料、中间在制品和成品库存在满足生产要求的前提下，把库存控制在合理范围之内。

**4. 通过物流改善，提高企业的管理水平**

日本一位企业家认为，"只要看物流状况，就能判断企业的管理水平"，这是很有道理的。就以库存为例：库存过多不仅占压流动资金，而且掩盖了企业管理中的许多矛盾,如某部门工作效率不高,劳动纪律松弛,各部门之间配合不协调等。

## 六、企业物流的合理化

从前所述可看出,物流活动的总目标是要在尽可能最低的总成本条件下实现既定的客户服务水平。企业物流合理化也正是围绕着企业的总目标,贯穿于企业的生产和经营的全过程,通过各种措施降低物流费用。

**1. 企业生产设施的合理布局**

企业生产系统和服务系统的各类设施的空间布置规划和设计是物流合理化的前提。企业内部生产设施的相对位置是确定企业物流(尤其是生产物流)路线的基础,而且一旦确定形成,那么物流路线很难修正。因此,在设计、规划生产物流时就应考虑以下因素:

(1)集团级物流分析,确定集团内各个公司的相关位置。

(2)公司级物流分析,确定公司内各个工厂的相关位置。

(3)工厂级物流分析,确定工厂内各个部门,包括供应仓库,生产车间,辅助车间和其他相关部门的相关位置。

(4)车间级物流分析,确定车间内各个生产区域或生产线的相关位置。

(5)生产线或生产区域的物流分析,确定生产线或生产区域内相关设备的位置。

(6)从生产流程和生产特点出发确定装卸搬运机械的选型、设置位置、台数等。

生产设施的合理布局对企业物流来说遵循了"连续"(不中断、停留)、"直接"(不迂回、倒流)、"迅速"(时间短)的原则,追求物流的"时间、空间"的最优化。

**2. 提高和推广先进的物流技术**

提高和推广先进的物流技术包括以围绕物流服务的硬技术和物流软技术。物流硬技术在物流发展初期是起主导作用的技术,它是指组织实物运动所涉及的各种机械设备、运输设备、仓库建筑、站场设施以及服务于物流的电子计算机、通信网络设备等。物流软技术是指为组成高效率的物流系统而使用的应用技术,具体来说,是指各种物流设备、设施、人才等最合理地调配和使用。物流软技术具有能够不改变物流硬技术即装备的情况下,充分地发挥现有设备能力,获得较高经济效益的特性。

**3. 提高物流效率**

在物流活动中提高物流效率的手段除了采用先进的物流设备和物流技术外,还可以运用许多方法和手段,消除和减少物流生产中的无效作业现象。如集装化,不仅可以加大物流的单位运量,同时还可以使物流作业环节更加连续、紧凑，大大提高了物流的效率。

### 4. 加强和深化物流管理

管理和生产是企业的两个车轮，管理是提高企业物流水平，提高企业经济效益的主要措施。其本质是以最少的消耗，实现最优的服务，达到最佳的经济效益。物流管理体现在"管"上，是指要使物流活动受到一定的约束和限制；体现在"理"下，则是指要使物流活动符合物品实体运动的规律。因此，物流管理要通过一定的组织体系手段和方法，使物流活动与客观规律的要求相适应，从而求得实效。

### 5. 健全物流信息系统

为了有效地对物流系统进行管理和控制，必须建立完善的信息系统。信息系统水平是物流现代化的标志。物流信息几乎覆盖企业的全部生产过程，合理控制生产计划、控制生产物流节奏、压缩库存、降低成本、合理调度运输和搬运设备，使企业内部物流顺畅等，这些都依赖于及时、准确的物流信息。在企业外部，原材料供应市场和产品销售市场的信息，也是组织工厂物流活动的依据。因此，必须从基本数据的搜集、整理、加工做起，建立完善的物流信息系统。以利于物流管理层进行分析，使企业领导者的决策具有科学的依据。

## 七、回收物流与废弃物流

### （一）回收物流的含义

回收物流指不合格物品的返修、退货以及周转使用的包装容器从需方返回到供方所形成的物品实体流动。即企业在生产、供应、销售的活动中总会产生各种边角余料和废料，这些东西的回收是需要伴随物流活动的。如果回收物品处理不当，往往会影响整个生产环境，甚至影响产品的质量，占用很大空间，造成浪费。

随着社会经济的发展，社会上各类消费品逐年增加，随之产生的废旧品也日益增多，虽然各种产品的性能不断改善，使用期也在延长。然而，不论何种产品，最终都将被废弃而面临如何处理问题。由此形成回收物流，也使回收物流的合理化成为亟待研究的问题。

回收物流系逆向物流的一部分。逆向物流是指与传统供应链反向，为价值恢复或处置合理而对原材料、中间库存、最终产品及相关信息从消费地到起始点的有效实际流动所进行的计划、管理和控制过程。回收物流包含了从不再被消费者需求的废旧品变成重新投放到市场上的可用商品的整个过程的所有物流活动。回收物流是与传统的正向物流方向正好相反的系统。它的作用是将消费者不再需求的废弃物，运回到生产和制造领域重新变成新商品或者新商品的某些部分。

目前的回收物流体系将大量废旧品仅回收到掩埋或焚烧处理的终端，其不但达不到重新利用的效果，也达不到无害化处理的要求，反而对环境形成了很大的破坏。没有处理的大量废旧品占用大面积的山谷、沟壑和土地，造成了土地资源的严重浪费。虽然也有一些城市按法规的要求，对废旧品进行了分类处理，但很难达到环保的要求。

废旧品的回收处理过程是能源开发和再利用的过程，其虽然来源于生活，危害于人类，但是它完全可以成为人类可利用的不竭资源，是宝贵的物质财富。融智力、科技等要素于废旧品回收处理与再利用，可节约大量的土地资源，减少对环境的污染、破坏。

（二）废弃物流的含义

废弃物流是指将经济活动中失去原有使用价值的物品，根据实际需要进行收集、分类、加工、包装、搬运、储存等，并分别送到专门处理场所时所形成的物品实体流动。它仅从环境保护的角度出发，不管对象物有没有价值或利用价值，而将其妥善处理，以免造成环境污染。如炼钢生产中的钢渣、工业废水、废弃的电脑、废弃电池以及其他各种无机垃圾等。这些废弃物对本企业已没有再利用的价值，但如果不妥善加以处理，就地堆放会妨碍生产甚至造成环境污染。对这类废弃物的处理过程就产生了废弃物流。

（三）回收物流与废弃物流的区别

二者出发的角度不同，回收物流一般都是从回收再利用的角度出发，含有价值的再开发利用的意思。而废弃物流从环境保护的角度出发，不管对象物有没有价值或利用价值，而将其妥善处理，以免造成环境污染。

回收物流指不合格物品的返修、退货以及周转使用的包装容器从需方返回到供方所形成的物品实体流动。即企业在生产、供应、销售的活动中总会产生各种边角余料和废料，这些东西的回收是需要伴随物流活动的。如果回收物品处理不当，往往会影响整个生产环境，甚至影响产品的质量，占用很大空间，造成浪费。

废弃物流是指将经济活动中失去原有使用价值的物品，根据实际需要进行收集、分类、加工、包装、搬运、储存等，并分别送到专门处理场所时所形成的物品实体流动。它仅从环境保护的角度出发，不管对象物有没有价值或利用价值，而将其妥善处理，以免造成环境污染。

> 拓展知识

### 逆向物流

**逆向物流的含义**

回收物流与废弃物流都属于逆向物流。逆向物流是指产品卖给消费者并配送给消费者后，从消费者端开始，通过逆向渠道（废弃物从消费者到生产者流通的渠道）对使用过、损坏或过期的物品，从事回收与搬运储存的过程。

美国物流协会对逆向物流下的定义为：为了资源回收或处理废弃物，在有效率及适当成本下，对原料、在制品、成品和相关信息从消费点到原始产出点的流动和储存，进行规划、执行与管制的过程。逆向物流的处理有两方面含义。一是将其中有再利用价值的部分加以分拣、加工分解，使其成为有用的物质重新进入生产和消费领域。二是对已丧失再利用价值的排放物，从环境保护的目的出发将其焚烧，或送到指定地点堆放掩埋，对含有放射性的物质或有毒物质的工业废物，还要采取特殊的处理方法。

**逆向物流组织的意义**

逆向物流处理得好，可以增加资源的利用，可以降低能量的消耗，可以减少环境污染，不仅有重要的经济意义，而且有重要的政治意义。

目前全世界生产的钢约45%，铜40%，铅50%是由回收的废金属冶炼的。废钢的使用能使能量使用降低47%~74%，空气污染减少85%，水污染减少96%，采矿的废物减少90%；废铝的使用能使能量使用降低90%~97%，空气污染减少9.5%，水污染减少97%；废纸的使用能使能量使用降低23%~74%，空气污染减少74%，水污染减少3.5%，用水量降低58%；废玻璃的使用能使能量使用降低4%~32%，空气污染减少20%，采矿的废物减少80%，用水量减少50%。

废弃物如果处理不当，会造成公害。例如把有毒物质倒入河川，对饮用的人健康有害；将废电池随意丢弃，对土壤迫害性极大。美国将会保持有害状况达7年或7年以上的废弃物定义为非常危险的废弃物。废弃物不能再用，必须进行妥善的环保处理。

据有关单位调查，我国可回收利用而没有利用的再生资源价值300多亿元，每年有大约500万吨废钢铁、20多万吨废有色金属、1 400万吨废纸及大量的废塑料、废玻璃、废电池没有回收利用。此外，我国的垃圾堆放量已达60多亿吨，占用土地5亿平方米，一些有毒有害废弃物对土壤、地下水、大气造成现实和潜在的污染相当严重。

对逆向物流的重视已是迫在眉睫。它可变废为宝，化害为利，创造经济价值和社会价值，为人们提供优美环境，促进人与自然的和谐统一。

**我国逆向物流组织的难点**

（1）全民资源和环境保护意识落后。由于历史和经济的原因，相对于发达国家来说，我国国民保护环境和资源的意识比较落后，而且又是人口大国，人口增长速度快，废弃物产生的速度也更快。一方面是人均资源的大大短缺，另一方面是有限资源的大肆浪费，环境与发展的长期矛盾解决不了。发达国家正在形成"资源—产品—再生资源"的良性循环，我国对循环经济的认识尚处于初始阶段。

（2）再生资源回收利用的激励机制和政策不得力。再生资源的回收利用本是一件利国利民的好事，但在我国，由于税制设计不合理，这个行业是做得越多，亏损越多。这从全国供销社系统的再生资源公司所反映出的效益可见一斑。

（3）废家电、废电脑、废旧轮胎以及废电池的回收利用是难中之难。目前我国每年产生废旧轮胎5000多万条，随着轿车进入家庭和汽车拥有量的增加，这个数字还将刷新。另外，20世纪80年代及90年代初投入使用的家用电器，现在已到了报废期，对这些废家电的回收处理是必须解决的问题。特别是旧冰箱，因为其中的制冷剂严重污染环境。目前在我国，废旧家电出手可以收一点钱，而国外回收旧电器是要给市政府交钱的。就以德国来说，回收旧电器要给市政公司交钱。一台旧冰箱要交上百马克（合人民币约300多元）；旧电视、收音机也要交一些钱,不过数量少一些。如果现阶段推行国外那种"回收旧电器不得钱反而交钱"的政策在我国显然是行不通的。

(4)回收网点设置不尽合理。尽管这些年我国从事废旧物品回收的企业和个人逐渐增多。但仍存在回收环节多、渠道混乱、设施之间不配套等弊端。

## 知识回顾

企业物流是指企业内部的物品实体流动。它从企业角度上研究与之有关的物流活动,是具体的、微观的物流活动的典型领域。企业物流又可区分以下不同典型的具体物流活动:企业供应物流、企业生产物流、企业销售物流、企业回收物流、企业废弃物物流等。

企业物流的类型,按企业物流所处生产经营活动的环节,可分为供应物流、生产物流、销售物流和废弃及回收物流。按企业性质不同,企业物流可以分为工业企业物流、流通企业物流、服务企业物流和其他企业物流等。

由企业物流的地位可以看出,企业加强物流管理使其合理化有着十分深远的意义。降低物流费用、减少产品成本;缩短生产周期、加快资金周转;压缩库存、减少流动资金的占用;通过物流改善,提高企业的管理水平。

企业物流合理化途径,对厂址选择进行科学决策;各种设施在生产空间的进行合理布置;合理控制库存;均衡生产;合理的配置和使用物流机械;健全物流信息系统。

回收物流指不合格物品的返修、退货以及周转使用的包装容器从需方返回到供方所形成的物品实体流动。即企业在生产、供应、销售的活动中总会产生各种边角余料和废料,这些东西的回收是需要伴随物流活动的。

废弃物流是指将经济活动中失去原有使用价值的物品,根据实际需要进行收集、分类、加工、包装、搬运、储存等,并分别送到专门处理场所时所形成的物品实体流动。它仅从环境保护的角度出发,不管对象物有没有价值或利用价值,而将其妥善处理,以免造成环境污染。如炼钢生产中的钢渣、工业废水、废弃的电脑、废弃电池以及其他各种无机垃圾等。

## 复习思考

1. 企业物流合理化的措施有哪些?
2. 回收物流和废弃物流的含义分别是什么?
3. 简述回收物流和废弃物流在我国的现状。

## 技能训练

1. 举例说明21世纪的竞争不是企业和企业之间的竞争,而是供应链与供应链之间的竞争。
2. 你怎么理解回收物流与废弃物流的含义和特点。

# 模块五 物流信息技术

## 项目一 条形码技术

**学习目标**

1. 掌握条形码的分类
2. 了解条形码在物流中的应用

**技能知识**

条形码的分类，条形码在物流中的应用

**引导案例**

### 钢铁行业的条形码管理应用

钢铁生产需要大量地购买大宗原材料，同时伴随着各类钢铁产品的销售，这是生产两端的范畴，属于流程性很强的行业，只有全面地实施精细化管理，才能有效降低管理和交易成本，提升效率。对于物料的管理信息，过去多通过手工记录、电话沟通、人工计算、邮寄或传真等方法，在搬卸、运送的过程中不乏发生产品重复计量、数据人工输入速度慢、易出错、标识混乱、发错品种等弊端，使得统筹协调生产环节中的各物料具有相当的困难度，无法实现系统优化和实时监控。透过条形码管理系统达到信息自动化，企业管理更加有效率和细化。

在入库作业上，透过ARGOX AS扫描仪读取供应商提供的条码，对入库的原材料进行识别和分类，并透过扫描货单上的条码号以及无线局域网络的环境，传送到仓库数据中心，在系统中检索出订单，实时查询该入库产品的订单状态，确认是否可以收货后，提交后台系统。

在计量作业上，计量人员选择批次信息，从电子秤自动采集重量，将数据自动导入系统，及时增加库存，并利用ARGOX X系列打印机生成完整的标盘信息，将其明显贴在指定库位上作为参考。

在出库作业上，通过ARGOX AS扫描仪读取条码，打印出提货的信息，由货场人员根据提货信息进行装货，装货时使用ARGOX PT系列采集终端逐件进行扫描，配合无线网络部署，将扫描数据一次传入生成销售出库单，及时的减少库存。

在库存管理上，系统对货物入库、出库、移库和盘点进行实时反应，透过指定的库位条码，管理每一件产品及其存放的货位，有效利用有限的货位资源。条形码管理系统结合无线技术的解决方案，更加规范且简化了日常的操作流程，减轻钢铁行业人员的劳动负荷，并提高了物料管理水平；此外不仅有效降低库存成本，提高供应链效率，更为重要的是，准确及时的库存信息，让管理层可以对市场变化及时做出调整，加快反应时间及弹性，取得了较好的经济效益和社会效益。

资料来源：中国喷码标识网 http://pm114.com

## 相关知识

### 一、条形码技术概述

条形码技术为我们提供了一种对物流中的物品进行标识和描述的方法，借助自动识别技术、POS系统、EDI等现代技术手段，企业可以随时了解有关产品在供应链上的位置，并即时作出反应。

### 二、条形码分类

（一）按码制分类

**1. UPC码**

1973年，美国率先在国内的商业系统中应用于UPC码之后加拿大也在商业系统中采用UPC码。UPC码是一种长度固定的连续型数字式码制，其字符集为数字0~9。它采用四种元素宽度，每个条或空是1、2、3或4倍单位元素宽度。UPC码有两种类型，即UPC-A码和UPC-E码。

**2. EAN码**

1977年，欧洲经济共同体各国按照UPC码的标准制定了欧洲物品编码EAN码，与UPC码兼容，而且两者具有相同的符号体系。EAN码的字符编号结构与UPC码相同，也是长度固定的、连续型的数字式码制，其字符集是数字0~9。它采用四种元素宽度，每个条或空是1、2、3或4倍单位元素宽度。EAN码有两种类型，即EAN-13码和EAN-8码，如图5-1所示。

**3. 交叉25码**

交叉25码是一种长度可变的连续型自校验数字式码制，其字符集为数字

图5-1　EAN码

0~9。采用两种元素宽度，每个条和空是宽或窄元素。编码字符个数为偶数，所有奇数位置上的数据以条编码，偶数位置上的数据以空编码。如果为奇数个数据编码，则在数据前补一位0，以使数据为偶数个数位。

**4. 39码**

39码是第一个字母数字式码制。1974年由Intermec公司推出。它是长度可比的离散型自校险字母数字式码制。其字符集为数字0~9，26个大写字母和8个特殊字符（+、-、*、/、%、$、.、Space）共44个字符。每个字符由9个元素组成，其中有5个条（2个宽条，3个窄条）和4个空（1个宽空，3个窄空），是一种离散码，如图5-2所示。

图5-2　39码

**5. 库德巴码**

库德巴码（Code Bar）出现于1972年，是一种长度可变的连续型自校验数字式码制。其字符集为数字0~9和6个特殊字符（-、：、/、。、+、￥），共16个字符。常用于仓库、血库和航空快递包裹中，如图5-3所示。

图5-3　库德巴码

### 6. 128码

128码出现于1981年，是一种长度可变的连续型自校验数字式码制。它采用四种元素宽度，每个字符由3个条和3个空，共11个单元元素宽度组成，又称（11，3）码。它有106个不同的条形码字符，每个条形码字符有三种含义不同的字符集，分别为A、B、C。它使用这3个交替的字符集可将128个ASCII码编码，如图5-4所示。

图5-4　128码

### 7. 93码

93码是一种长度可变的连续型字母数字式码制。其字符集成为数字0～9，26个大写字母和7个特殊字符（-、。、Space、/、+、%、￥）以及4个控制字符。每个字符由3个条和3个空，共9个元素宽度，如图5-5所示。

图5-5　93码

### 8. 49码

49码是一种多行的连续型、长度可变的字母数字式码制。出现于1987年，主要用于小物品标签上的符号。采用多种元素宽度。其字符集为数字0～9，26个大写字母和7个特殊字符（-、。、Space、%、/、+、%、￥）、3个功能键（F1、陀、F3）和3个变换字符，共49个字符。

### 9. 其他码制

除上述码外，还有其他的码制，例如25码凸现于1977年，主要用于电子元器件标签；矩阵25码是11码的变形；Nixdorf码已被EAN码所取代；Plessey码出现于1971年5月，主要用于图书馆等。25码如图5-6所示。

图5-6　25码

（二）按维数分类

**1. 普通的一维条形码**

普通的一维条形码自问世以来，很快得到了普及并广泛应用。但是由于一维条形码的信息容量很小，如商品上的条形码仅能容13位的阿拉伯数字，更多的描述商品的信息只能依赖数据库的支持，离开了预先建立的数据库，这种条形码就变成了无源之水，无本之木，因而条形码的应用范围受到了一定的限制。

**2. 二维条形码**

除具有普通条形码的优点外，二维条形码还具有信息容量大、可靠性高、保密防伪性强、易于制作、成本低等优点。美国Symbol公司于1991年正式推出名为PDF417的二维条形码，简称为PDF417条形码，即"便携式数据文件"。FDF417条形码是一种高密度、高信息含量的便携式数据文件，是实现证件及卡片等大容量、高可靠性信息自动存储、携带并可用机器自动识读的理想手段，如图5-7所示。

图5-7　PDF417二维条形码

**3. 多维条形码**

进入20世纪80年代以来，人们围绕如何提高条形码符号的信息密度，进行了研究工作。多维条形码和集装箱条形码成为研究、以展与应用的方向。信息密度是描述条形码符号的一个重要参数据，即单位长度中可能编写的字母个数，通常记作：字母个数/cm。影响信息密度的主要因素是条、空结构和窄元系的宽度。128码和93码就是人们为提高密度而进行的成功的尝试。128码1981年被推荐应用；而93码于1982年投入使用。这两种码的符号密度均比39码高将近30%。随着条形码技术的发展和条形码三制的种类不断增加，条形码的标准化显得越来越重要。为此，曾先后制定了军用标准1189；交叉25码、39码和Coda Bar码ANSI标准MH10.8M等。同时，一些行业也开始建立行业标准，以适应发展的需要。此后，戴维·阿利尔又研制出49码。这是一种非传统的条形码符号，它比以往的条形码符号具有更高的密度。特德·威廉姆斯（Ted Williams）GFI988推出16K码，该码的结构类似于49码，是一种比较新型的码制，适用于激光系统。

## 三、条形码技术在物流中的应用

### （一）条形码在流通企业中的应用

货物的条形码是建立整个供应链的最基本条件，它是实现仓储自动化的第一步，也是用为POS系统快速准确收集销售数据的手段．借助条形码，POS系统可以实现商品从订购、送货、内部配送、销售、盘货等零售业循环的一元化管理，使商业的管理模式实现三个转变：1. 从传统的依靠经验管理转变为依靠精确的数字分析管理；2. 从事后管理（隔一段时间进行结算，盘点）转变为"实时"管理（对每一商品项目，如品种，规格，包装栏式等细账的管理）。这样一来，销售商可随时掌握商品早晚销售情况，以调整进货计划，组织适销货源，从而减少脱销、滞销带来的损失，并可以加速资金周转，有利于货架安排的合理化，提高销售额。

### （二）条形码在加工制造业中的应用

加工制造业范围很广，我这里仅以汽车制造业为例来说明。汽车制造是通过流水作业线来完成的。一辆汽车要由成千上万个零件装配而成，根据汽车型号不同，所需要的零部件的品种和数量也不同。有的要空调，有的要后备箱，有的要机械换挡变速箱，有的要液压变速箱等。为了能按订单生产，在先进的工业化国家，不同型号的汽车是要在同一生产线上装配的，为了避免差错，在零部件进入装配线前，要用扫描器识别零部件的条形码，确认它与所要装配的汽车匹配。在汽车装配完毕后还要识别整车上的条形码。一方面对生产完成情况做一个记录；另一方面，不同型号的车辆要通过不同的试验程序。试验机可以根据整车的条形码信息来自动完成所需要的试验项目。

### （三）条形码在物流作业中的应用

条形码的物流应用包括配送中心的订货作业、进货作业、补货作业、拣货作业、交货时的交点作业与仓储配送作业。下面以便利店为例分别说明。

**1. 订货作业**

连锁总部定期将订货簿发给各便利店，订货簿上有商品名称、商品货号、商品条形码、订货点、订货单位、订货量等，工作人员拿着订货簿巡视格商品以确认所剩陈列数，记入订货量；或到办公室后，用条形码扫描器扫描预定商品的条形码并输入订货量，再用调制器传出订货数据。

**2. 进货作业**

对整箱进货的商品，其包装箱上有条形码，放在输送带上经过固定式条形码扫描器的自动识别，可接受指令传送到存放位置附近。

对整个托盘进货的商品，叉车驾驶员用手持式条形码扫描器扫描外包装箱上的条形码标签，利用计算机与射频数据通信系统，可将存放指令下载到叉车的终端机上。

### 3. 补货作业

基于条形码进行补货，可确保补货作业的正确性。有些拣货错误源于前项的补货作业错误。商品进货验收后，移到保管区，需适时，适量的补货到捡货区；避免补货错误，可在储位卡上印上商品条形码与储位码的条形码，当商品移动到位后，以手持式条形码扫描器读取商品条形码和储位码条形码，由计算机核对是否正确，这样就可保证补货作业的正确。

### 4. 拣货作业

拣货有两种方式：一种是按客户进行拣取的摘取式拣货；另一种是先将所有客户对各商品的订货汇总，一次拣出，再按客户分配各商品量，即整批拣取，二次分拣，成为播种式拣货。对于摘取式拣货作业，再拣取后用条形码扫描器读取刚拣取商品上的条形码，即可确认拣货的正确性。

对于播种式拣货作业，可使用自动分货机，当商品在输送带上移动时，有固定条形码扫描器判别商品货号，指示移动路线与位置。

### 5. 交货时的交点作业

交货时的交点作业通常分为两种形式，一种是由配送中心出货前即复点数量，另一种是交由客户当面或事后确认。

对于配送中心出货前的复点式作业，由于在拣货的同时已经以条形码确认过，就无需进行此复点作业了。

对于客户的当面或事后确认，由于拣货时已用条形码确认过，无需交货时双方逐一核对。

### 6. 仓储配送作业

其实商品的自动辨识方法还可以采用磁卡，IC卡等其他方式来达成。但以物流仓储配送作业而言，由于大多数的储存货品都具备有条形码，所以用条形码作自动识别与资料收集是最便宜，最方便的方式。商品条形码上的资料经条形码读取设备读取后，可迅速，正确，简单地将商品资料自动输入，从而达到自动化登录，控制，传递，沟通的目的。其在储存管理的效益上有：

（1）登录快速，节省人力。
（2）提高物流作业效率。
（3）减少管理成本。
（4）降低错误率，提高作业质量。
（5）更精确地控制储位的指派与货品的拣取。
（6）可方便有效地盘点货品，准确地掌握库存，控制存货。
（7）可做到实时数据收集，实时显示，并经计算机快速处理而达到实施分析与实施控制的目的。

由上可见，条形码技术已经成为物流现代化的一个重要组成部分。同时，它还有力的促进了物流体系各环节作业的机械化、自动化，对物流各环节的计算机管理起着基础性作用。条形码在现代化物流管理中起着直接、高效的信息媒体作用，它使现代化的管理和现代化的技术互相结合。以条形码技术的应用为基础的信息流将是未来信息技术的重要特征。控制了信息流就控制了物流。信息技术的现代化必然促进物流技术和管理的现代化。

### 拓展知识

#### 条形码的两种编码方案

**宽度调节法**

宽度调节编码法是指条形码符号有宽窄的条单元和空单元以及字符符号间隔组成，宽的条单元和空单元逻辑上表示"1"，窄的条单元和空单元逻辑上是"0"，宽的条空单元和窄的条空单元可称为四种编码元素。code-11码、code-B码、code39码、2/5code码等均采用宽度调节编码法。

**色度调节法**

色度调节编码法是指条形码符号是利用条和空的反差来标识的，条逻辑上表示"1"，而空逻辑上表示"0"。我们把"1"和"0"的条空称为基本元素宽度或基本元素编码宽度，连续的"1"、"0"则可有2倍宽、3倍宽、4倍宽等。所以此编码法可称为多种编码元素方式，如ENA\UPC码采用八种编码元素。

### 知识回顾

条形码分类，按码制分类分为UPC码、EAN码、交叉25码、39码、库德巴码、128码、93码、49码。按维数分类分为普通的一维条形码、二维条形码、多维条形码。

条形码技术在物流中的应用，在生产企业和销售企业中利用条形码完成计算机的信息采集与输入；在超市和购物中心利用条形码可实现自动售货；在铁路运输、航空运输、邮政通信等行业利用条形码完成货物的自动分拣；在仓储配送业中条形码技术的应用。在国内，条形码在加工制造和仓储配送业中的应用也已有了良好的开端。

条形码作为商品标识方面的应用，目前国内约有60%制造企业的产品已经采用，相对而言大中型企业的普及程度更高。

### 复习思考

请你简述一维条形码和二维条形码的区别。

### 技能训练

结合本模块内容，简单说明条形码在物流中还有哪些应用？

# 项目二　RFID技术、EDI技术、GIS技术、GPS技术、EOS系统

## 学习目标

1. 了解RFID技术、EDI技术、GIS技术、GPS技术、EOS系统的相关知识
2. 掌握RFID技术在物流中的应用
3. 掌握EDI技术在物流中的应用
4. 掌握GIS技术在物流中的应用
5. 掌握GPS技术在物流中的应用
6. 掌握EOS系统的应用

## 技能知识

RFID技术、EDI技术、GIS技术、GPS技术、EOS系统的相关知识，掌握RFID技术在物流中的应用，掌握EDI技术在物流中的应用，掌握GIS技术在物流中的应用，掌握GPS技术在物流中的应用，掌握EOS系统在物流中的应用

### 引导案例

#### RFID技术在世博会的应用

**未来商店**：于2009年投入运营的世博未来商店以全国独有的基于RFID的商业模式取胜：顾客登记信息领取IC卡和掌上电脑后进入商店选购商品，如需购买任何一款世博会特许商品，只要将掌上电脑对准扫描商品便可获知商品的介绍及价格等各类信息，顾客可以借此了解商品，如果满意可进行订购。在结账时，顾客也无需排队，只需要在结账时刷一下身份卡，就知道哪张账单该你付。整个流程都贯穿了RFID，RFID技术的应用推广正需要这样创新的商业模式设计及流程运作来推动。世博未来商店目前在大众中的知名度不断攀升，世博特许商品火热出售，销售额持续上涨。

**食品监管**：上海市食药监管部门表示，在世博食品供应链中将全面运用RFID电子标签技术，实现食品的安全信息全程溯源。进入园区的蔬菜、水果、水产品、蛋等初级产品及配送的餐饮半成品等，包装袋上都将戴上RFID标签，这个标签会储存种植养殖企业或生产单位、品名、产地、生产日期、保质期等信息，在专供世博食品的物流货车上也配备相应的RFID设备，对装载冷藏、冷冻食品的车辆配备RFID等温度连续监控设备。在食品进入园区时，工作人员通过手持式RFID读取器，就能在现场快速追溯食品和原料的来源。

**车辆交通**：在车辆交通安全方面，世博会主办方将采用RFID技术的驾车安全管

理系统，这套系统具有车辆和驾驶员电子证件双 配对、过车自动检测、图像触发抓拍、车牌图像智能识别、自动放行、黑名单布控及即时报警等功能，为世博会区域车驾安全提供坚实保障。

此外，RFID技术还广泛应用于世博会的物流配送、证件管理、导游机、机器人、RFID手环和自助图书馆等诸多方面。RFID在世博会上带来的妙处唯有亲临其中方能有更深刻的体会，一个个精彩的、活生生的RFID解决方案、应用案例、实施项目和创新成果届时都将现场直播，RFID业界的同仁如果有机会去看世博会，或将有意外的收获，触发创新灵感，科技无处不在、创意无处不在。

包括RFID在内的很多科技成果通过世博会的展示将进一步走向市场。市场化和产业化是业界一直以来对RFID发展进程的一个期待。毋庸置疑，每年的重大活动都为RFID的应用创造了商机，这成为了一个相对固定的RFID应用市场，此次世博会的筹备过程中，已经有若干厂商基于政府层面的拉动和企业自身实力接受挑战，取得了RFID的投资回报。

在物联网广受关注的时代，上海幸运的借世博会赢得了一个很大的推力，RFID在世博会中的实践经验对全国着手布局、积极推动RFID产业的发展的城市来说是一个很好的借鉴。正所谓"随风潜入夜，润物细无声"，RFID随着物联网的春风潜移默化的融入到规模宏大的世博会应用之中，在参与、呈现、融合与体验中引领着多城市、多行业和多企业之中RFID的成长，孕育着预期之内与预期之外的RFID的普及，为发展民族的甚至世界的RFID力量摸索新的道路。

请举例说明你所了解的应用RFID技术的领域（行业）。

资料来源：中国日报http://www.chinadaily.com.cn

## 相关知识

## 一、RFID技术

射频识别技术（radio frequency identification，RFID）是20世纪90年代开始兴起的一种自动识别技术，射频识别技术是一项利用射频信号通过空间耦合（交变磁场或电磁场）实现无接触信息传递并通过所传递的信息达到识别目的的技术。RFID是一种名叫"无线射频识别"的非接触自动识别技术，实现对静止或移动的物体或人员进行自动识别。RFID在商品上置入特制的微芯片，称为RFID标签，可以用来追踪和管理几乎所有的物理对象，是物流管理、追踪等领域信息化的重要手段之一。

## 二、RFID技术在物流配送中心的具体应用

针对传统物流配送中心存在的问题，从以下方面详细论证如何在配送中心应用RFID技术。

### 1. 入库和检验

当贴有射频标签的货物运抵配送中心时，入口处的阅读器将自动识读标签，根据得到的信息，管理系统会自动更新存货清单，同时，根据订单的需要，将相应货品发往正确的地点。这一过程将传统的货物验收入库程序大大简化，省去了繁琐的检验、记录、清点等大量需要人力的工作。

### 2. 整理和补充货物

装有移动阅读器的运送车自动对货物进行整理，根据计算机管理中心的指示自动将货物运送到正确的位置，同时将计算机管理中心的存货清单更新，记录下最新的货品位置。存货补充系统将在存货不足指定数量时自动向管理中心发出申请，根据管理中心的命令，在适当的时间补充相应数量的货物。在整理货物和补充存货时，如果发现有货物堆放到了错误位置，阅读器将随时向管理中心报警，根据指示，运送车将把这些货物重新堆放到指定的正确位置。

### 3. 订单填写

通过RFID系统，存货和管理中心紧密联系在一起，而在管理中心的订单填写，将发货、出库、验货、更新存货目录整合成一个整体，最大限度地减少了错误的发生，同时也大大节省了人力。

### 4. 货物出库运输

应用RFID技术后，货物运输将实现高度自动化。当货品在配送中心出库，经过仓库出口处阅读器有效范围时，阅读器自动读取货品标签上的信息，不需要扫描，可以直接将出库的货物运输到零售商手中，而且由于前述的自动操作，整个运输过程速度大为提高，同时所有货物都避免了条形码不可读和存放到错误位置等情况的出现，准确率大大提高。

## 三、EDI技术

电子数据交换技术（electronic data interchange，EDI）是一种利用计算机进行商务处理的新方法。EDI是将贸易、运输、保险、银行和海关等行业的信息，用一种国际公认的标准格式，通过计算机通信网络，使各有关部门、公司与企业之间进行数据交换与处理，并完成以贸易为中心的全部业务过程。电子数据交换技术是20世纪80年代发展起来的一种新颖的电子化贸易工具，是计算机、通信和现代管理技术相结合的产物。

## 四、EDI技术在物流中的应用

现代社会已步入信息化时代，物流的信息化是整个社会信息化的必然要求。物流信息化表现为物流信息的商品化、物流信息收集的数据库化和代码化、物流信息处理的电子化和计算机化、物流信息传递的标准化和实时化、物流信息存储的数字化等。

在物流过程中，数据和凭证的处理时常超过运输的时间，因此在物流和运输中，准确而迅速的信息联系能力显得越来越重要。到了物流管理观念发展的最新阶段，交易主体企业强调通过业务外包的形式，把实物进口、存储和出口等业务交给专业化中介储运公司去完成。运输业务从交易主体企业向运输中介集中的必要条件有两个，一是交易主体企业必须有强大的对外协调能力，这主要建立在企业本身发达的管理信息系统之上；二是运输中介必须与客户有着广阔的通讯联系能力，这是由物流企业在地域空间上的广域性决定的，可以通过运输企业发达的对外业务网络来解决。

物流企业在某地的办事处通过互联网连接物流公司总部的站点，通过其EDI系统的报文生成处理模块，生成订单，通过格式转换模式将产生的报文转换成符合标准的格式，通过网络把报文传给总部，总部EDI系统通过报文生成处理接收信息，通过格式转换联系模块把数据存入数据库，在企业内部通过其WEB服务及WEB与数据库的连接，使用这些在数据库中的EDI数据。

物流企业EDI系统还应与有关企业、海关、运输部门、银行、客户、商检等机构的EDI系统协同工作。通过这种模式来完成物流中信息的处理，优点是互联网EDI的通信费用低廉，特别是可以利用企业已有的网络租用线路，外加互联网传输，而不必从头采用费用较高的VAN。基于互联网的EDI系统容易实现，技术并不复杂。一般而言，通过VAN建立全球EDI系统只有大型企业才有形成规模经济的条件，但通过互联网，中小企业也能方便地建立自己的全球物流EDI系统。在互联网上实施EDI是一种必然趋势，虽然物流企业对互联网的安全性有一些疑虑，但未来将迫使传统的VAN公司提供互联网作为给客户的选择性方案。在物流企业中，基于互联网的EDI系统的比例将越来越高。

互联网使传统的EDI走出了困惑，物流企业采用基于互联网的EDI模式进行信息的处理，前景诱人。但是当前发展互联网的EDI系统还存在一些有待解决的问题。

一是互联网的EDI系统所要求的安全性问题。安全可靠是企业运用该技术的前提条件，物流企业往往认为只要通过EDI中心服务便可对付EDI交易中的欺诈行为，避免出错。但随着EDI社会复杂性的不断增加，信息安全性受到了影响。同时，互联网的开放性、松散性、不设防性所带来的不安全性，使基于互联网的EDI系统的应用受到了很大局限。所以我们应该提高安全性的意识，加强对通信的安全性和保密性工作。

二是互联网的EDI系统所要求的标准化问题。标准化是互联网的EDI推广应用的基础，当今标准化存在两方面的问题，第一是标准本身还不够完善，有待于进一步统一，如EDI报文标准就存在用户标准、行业标准及国际标准三个层次的标准，如何使众多的不同版本实现统一兼容，还有待于社会各方面的共同努力。第二是人们对标准化问题还没有统一的认识，企业、个人为了方便，一般较多地都采用用户标准或行业标准，这给信息的国际化带来了许多障碍。所以国际标准组织、各国政府机构应及时制定出世界统一的、规范实用的标准来，同时各企业、个人也应主动采纳国际标准。

三是互联网的EDI系统所涉及的法律问题。由于EDI取消了纸面单证，用计算机储存介质上的信息和网络数据交换来取代传统的单证和以单证交换为主要内容的商务操作。那么计算机储存介质上的信息能否像纸面单证那样具有法律效力？一旦发生贸易纠纷，法庭将根据什么来进行法律仲裁？这是摆在涉及开发EDI应用系统和物流企业面前的一个非常现实的问题。

物流业的迅猛发展，对物流信息处理提出了更高的要求。EDI技术的自动处理、实时、安全、节约成本等优点，使得EDI在互联网中广泛采用。可以肯定，互联网的EDI无论从适用性、多样性和通用性等方面都会胜过传统的和现代的EDI，必将会有更多的用户在互联网上使用EDI，以适应未来电子商务的需要。随着互联网安全性技术的发展，互联网的EDI模式在物流信息处理中将得到广泛使用。

## 五、GIS技术

地理信息系统（geographic information system，GIS）是20世纪60年代开始迅速发展起来的地理学研究技术，是多种学科交叉的产物。顾名思义，地理信息系统是处理地理信息的系统。地理信息是指直接或间接与地球上的空间位置有关的信息，又常称为空间信息。一般来说，GIS可定义为用于采集、存储、管理、处理、检索、分析和表达地理空间数据的计算机系统，是分析和处理海量地理数据的通用技术。从GIS系统应用角度，可进一步定义为GIS由计算机系统、地理数据和用户组成，通过对地理数据的集成、存储、检索、操作和分析，生成并输出各种地理信息，从而为土地利用、资源评价与管理、环境监测、交通运输、经济建设、城市规划以及政府部门行政管理提供新的知识，为工程设计和规划、管理决策服务。

## 六、GIS技术在现代物流中的应用

现代物流中的GIS主要应用在运输路线的选择、仓库位置的选择、仓库容量的设置、合理装卸策略、运输车辆的调度、投递路线的选择。如通过GIS，可以根据客户邮编和详细地址字符串，自动确定客户的地理位置（经纬度）和客户所在的区、分站和投递段。通过基于GIS的查询、地图表现的辅助决策，实现对物流配送、投递路线的合理调度和安排客户投送排序，用地图符号在地图上表示客户的地理位置，不同类型的客户采用不同的标志。通过GIS能在地图上点击客户符号，显示客户的属性信息（如位置）等。

目前，国外企业已经利用GIS为物流活动分析提供了专门的分析工具软件。完整的GIS物流活动分析软件集成了车辆路线模型、最短路径模型、网络物流模型、分配集合物流模型和设施定位模型。

**1. 车辆路线模型**

主要用于解决一个起点、多个终点的货物运输中，降低物流成本并保证服务质量的问题。包括决定使用多少车辆，每辆车的行驶路线等。

**2. 网络物流模型**

主要用于解决物流网点的布局，寻求最有效的分配货物路径的问题。如将货物从4个仓库运往14个商店，每个商店都有固定的需求量，因此需要研究由哪个仓库提货送往哪个商店所付出的代价最低。

**3. 分配集合模型**

可以根据各个要素的相似点把同一层上的所有或部分要素分为几个组，用以解决确定服务范围和销售市场范围等问题。如某一公司要设立若干个分销点，要求这些分销点要覆盖某一地区，而且要使每个分销点的顾客数目大致相等。

**4. 设施定位模型**

主要用于研究一个或多个设施的位置。在物流系统中，仓库和运输线路共同组成了物流网络，仓库处于网络的节点上，节点决定着路线。如何根据供求的实际需要并结合经济效益等原则，在既定区域内设立多少个仓库，每个仓库的位置、规模以及仓库之间的物流关系等问题，运用此模型均能很容易地得到解决。

## 七、GPS技术

全球定位系统（global positioning system，GPS）包括三大部分：空间部分——GPS卫星星座；地面控制部分——地面监控系统与用户设备部分——GPS信号接收机。

GPS工作卫星及其星座由21颗工作卫星和3颗在轨备用卫星组成GPS卫星星座，记作（21+3）GPS星座。24颗卫星均匀分布在6个轨道平面内，轨道倾角为55度，各个轨道平面之间相距60度，即轨道的升交点赤经各相差60度。每个轨道平面内各颗卫星之间的升交角距相差90度，一轨道平面上的卫星比西边相邻轨道平面上的相应卫星超前30度。

在两万公里高空的GPS卫星，当地球对恒星来说自转一周时，它们绕地球运行二周，即绕地球一周的时间为12恒星时。这样，对于地面观测者来说，每天将提前4分钟见到同一颗GPS卫星。位于地平线以上的卫星颗数随着时间和地点的不同而不同，最少可见到4颗，最多可见到11颗。在用GPS信号导航定位时，为了结算测站的三维坐标，必须观测4颗GPS卫星，称为定位星座。这4颗卫星在观测过程中的几何位置分布对定位精度有一定的影响。对于某地某时，甚至不能测得精确的点位坐标，这种时间段叫做"间隙段"。

地面监控系统，对于导航定位来说，GPS卫星是一动态已知点。卫星的位置是依据卫星发射的星历——描述卫星运动及其轨道的参数算得的。每颗GPS卫星所播发的星历，是由地面监控系统提供的。卫星上的各种设备是否正常工作以及卫星是否一直沿着预定轨道运行，都要由地面设备进行监测和控制。地面监控系统另一重要作用是保持各颗卫星处于同一时间标准——GPS时间系统。这就需要地面站监测各颗卫星的时间，求出钟差。然后由地面注入站发给卫星，卫星再由导航电文发给用户设备。GPS工作卫星的地面监控系统包括一个主控站、三个注入站和五个监测站。

GPS信号接收机，GPS信号接收机的任务是：能够捕获到按一定卫星高度截止角所选择的待测卫星的信号，并跟踪这些卫星的运行，对所接收到的GPS信号进行变换、放大和处理，以便测量出GPS信号从卫星到接收机天线的传播时间，解译出GPS卫星所发送的导航电文，实时地计算出测站的三维位置，位置，甚至三维速度和时间。

静态定位中，GPS接收机在捕获和跟踪GPS卫星的过程中固定不变，接收机高精度地测量GPS信号的传播时间，利用GPS卫星在轨的已知位置，解算出接收机天线所在位置的三维坐标。而动态定位则是用GPS接收机测定一个运动物体的运行轨迹。GPS信号接收机所位于的运动物体叫做载体（如航行中的船舰，空中的飞机，行走的车辆等）。载体上的GPS接收机天线在跟踪GPS卫星的过程中相对地球而运动，接收机用GPS信号实时地测得运动载体的状态参数（瞬间三维位置和三维速度）。

接收机硬件和机内软件以及GPS数据的后处理软件包，构成完整的GPS用户设备。GPS接收机的结构分为天线单元和接收单元两大部分。对于测地型接收机来说，两个单元一般分成两个独立的部件，观测时将天线单元安置在测站上，接收单元置于测站附近的适当地方，用电缆线将两者连接成一个整机。也有的将天线单元和接收单元制作成一个整体，观测时将其安置在测站点上。

GPS接收机一般用蓄电池做电源，同时采用机内机外两种直流电源。设置机内电池的目的在于更换外电池时不中断连续观测。在用机外电池的过程中，机内电池自动充电。关机后，机内电池为RAM存储器供电，以防止丢失数据。近几年，国内引进了许多种类型的GPS测地型接收机。各种类型的GPS测地型接收机用于精密相对定位时，其双频接收机精度可达5mm+1PPM.D，单频接收机在一定距离内精度可达10mm+2PPM.D。用于差分定位其精度可达亚米级至厘米级。目前，各种类型的GPS接收机体积越来越小，重量越来越轻，便于野外观测。GPS

和GLONASS兼容的全球导航定位系统接收机已经问世。

## 八、GPS技术在物流中的应用

在物流领域，GPS将会越来越普遍地应用于以下各个环节。

**1. 用于汽车自定位、跟踪调度、陆地救援**

GPS导航系统与电子地图、无线电通信网络及计算机车辆管理信息系统相结合，可以实现车辆跟踪、提供出行路线规划和导航、信息查询、交通管理等许多功能。

利用GPS和电子地图可以实时显示出车辆的实际位置，并任意放大、缩小、还原、换图，可以随目标移动，对重要车辆和货物进行跟踪运输。提供出行路线规划是汽车导航系统的一项重要辅助功能，它包括自动线路规划和人工线路设计。自动线路规划是由驾驶者确定起点和目的地，由计算机软件按要求自动设计最佳行驶路线，包括最快的线路、最简单的线路、通过高速公路路段次数最少的线路等的计算。人工线路设计是由驾驶者根据自己的目的地设计起点、终点和途经点等，自动建立线路库。线路规划完毕后，显示器能够在电子地图上显示设计线路，并同时显示汽车运行路径和运行方法。据丰田汽车公司的统计，日本公司在利用GPS系统开发车辆导航系统的市场，在1995年至2000年间将平均每年增长35%以上，全世界在车辆导航上的投资将平均每年增长60.8%，因此，车辆导航将成为未来GPS应用的主要领域之一。我国已有数十家公司在开发和销售车辆导航系统。

**2. 用于内河及远洋船队最佳航程和安全航线的测定、航向的实时调度、监测及水上救援**

在我国，GPS系统最先使用于远洋运输的船舶导航。我国的三峡工程也已规划利用GPS技术来改善航运条件，提高航运能力。

**3. 用于铁路运输管理**

我国铁路开发的基于GPS的计算机管理信息系统，可以通过GPS和计算机网络实时收集全路列车、机车、车辆、集装箱及所运货物的动态信息，可实现列车、货物的追踪管理。只要知道货车的车种、车型、车号，就可以立即从近10万公里的铁路网上流动着的几十万辆货车中找到该货车。还可得知，这辆货车现在何处运行或停在何处以及所有的车载货物发货信息。铁路部门运用这项技术可大大提高其路网及其运营的透明度，为货主提供更高质量的服务。

**4. 用于军事物流**

全球卫星定位系统首先是因为军事目的而建立的。在军事物流中，如在后勤装备的保障等方面应用相当普遍。尤其是在美国，其在世界各地驻扎的大量军队无论是在战时还是在平时都对后勤补给提出很高的需求。在战争中，如果不依赖GPS，美军的后勤补给就会变得一团糟。美军在20世纪末的地区冲突中依靠GPS

和其他顶尖技术,以强有力的、可见的后勤保障,为"保卫美国的利益"作出了贡献。我国军事部门也在运用 GPS,但应时刻注意美国政府的 GPS 政策,当心 GPS 的安全性。

现代物流的 GPS 应用还出现了一个新动向。物流企业提供的物流车辆都装有一部移动电话,即每辆车都有固定的 SIM 卡卡号。当货主交付货物后,物流企业将提货单和密码交给货主,同时将货单输入到互联网 GPS 物流平台中。当货物装到运输车辆后,则代表该车辆的 SIM 卡卡号与货单联系起来。这样,货主和物流企业都可以随时随地通过互联网按货单号和密码查询货物当前的运输地理位置。

## 九、EOS 系统

电子订货系统(electronic ordering system,EOS)是指采购方和供货方利用通信网络(LAN 或互联网)和终端设备以在线联机(On-Line)方式进行订货信息交换的系统。

EOS 按应用范围可以分为三类:企业内的 EOS,如连锁店经营中各个连锁分店与总部之间建立的 EOS;零售商与批发商之间的 EOS 以及零售商、批发商和生产商之间的 EOS。

**1. EOS 的构成和工作流程**

EOS 采用由许多零售店和许多批发商组成的大系统的整体运作方式。EOS 结构如图 5-8 所示。EOS 工作流程为:

(1)批发、零售商场的采购人员根据 MIS 系统提供的功能,收集并汇总各机构要货的商品名称、要货数量,根据供货商的可供商品货源、进货价格、交货期限、供货商的信誉等资料,向指定的供货商下达采购指令。采购指令按照商业增值网络中心的标准格式进行填写,经商业增值网络中心提供的 EDI 格式转换系统而成为标准的 EDI 单证,经由通信界面将订货资料发送至商业增值网络中心,然后等待供货商发回的出货信息。

(2)商业增值网络中心提供用户连接界面,每当接收到用户发来的 EDI 单证时,自动进行 EOS 交易伙伴关系的核查,只有互有伙伴关系的双方才能进行交易,

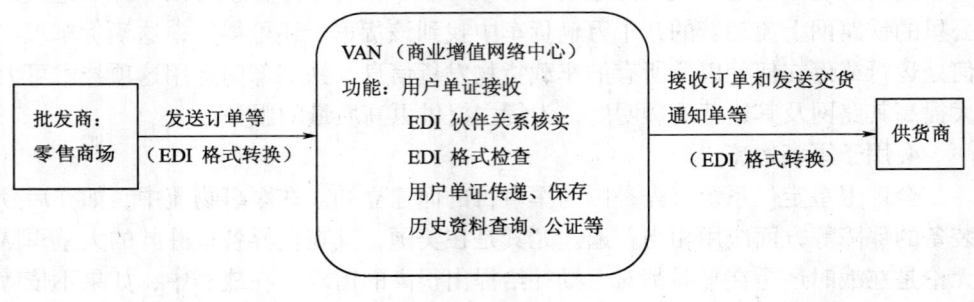

图 5-8　EOS 的系统结构图

否则视为无效交易。确定有效交易关系后再进行EDI单证格式检查，只有交易双方认可的单证格式，才能进行单证传递，并对每笔交易进行长期保存，供用户今后查询或在交易双方发生贸易纠纷时，提供所储存的单证内容作为司法证据。

（3）供货商根据商业增值网络中心转来EDI单证，经商业增值网络中心提供的通信界面和EDI格式转换系统而成为一张标准的商业订单，根据订单内容和供货商的MIS系统提供的相关的信息，及时安排出货，并将出货信息通过EDI传递给相应的批发、零售商场，从而完成一次基本的订货作业。

在EOS工作流程中，交易双方交换的信息不仅是订单和交货通知，还包括订单更改、订单回复、变价通知、提单、对账通知、发票、退换货等许多信息。

**2. 连锁商店电子订货系统的构建**

连锁超市集团是现代商业零售的一个重要的经营形态，它们一般都建有电子订货系统。作为一个大型的连锁超市企业，为了达到公司效益最大化的目标，企业自身往往对供配销的一体化经营有着很高的要求。但由于连锁门店分布广泛、周边消费人群不同，造成了每个门店所需订货的时间、种类和数量也相应的有所差异。如何在整体利益最大化和各个分店订货需求差异化之间寻找一个平衡点，这就成为连锁超市发展的瓶颈所在。在当前企业信息化发展的浪潮中，基于现代通信和网络技术的电子订货系统的出现，顺应了连锁超市企业发展的要求。

从整个系统的构建上来看，一个完整的连锁超市电子订货系统是由从属于不同领域的各个行业综合构成的。它包括：连锁门店、总部、配送中心、供应商、VAN商业增值网络（或者互联网）以及必要的立法监督机构。典型连锁企业电子订货系统流程如图5-9所示。

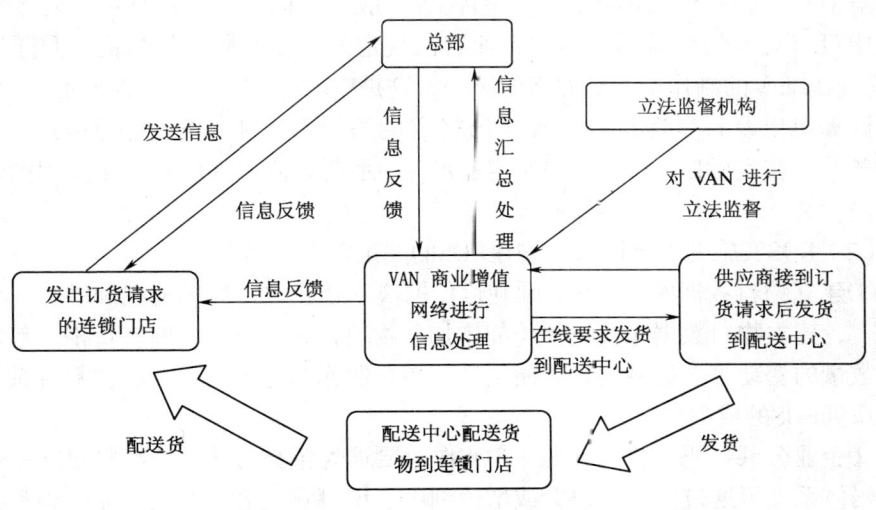

图5-9　连锁企业电子订货系统流程

连锁企业电子订货系统流程的具体流程为：

第一步：订货信息收集阶段。连锁门店中负责订货的人员，在卖场查看各商品的销售状况，收集并汇总订货商品的名称、订货数量等信息输入到掌上型终端机中，并一同将选择哪家供应商进行订货交易的信息通过在线网络系统发送总部，由总部进行信息处理后，发送至VAN商业增值网络中心。

第二步：信息处理阶段。VAN增值网络中心将获得的信息进行处理，核查交易双方的交易有效性；再进行企业与供应商、企业与配送中心之间的EDI单证格式的检查和传递工作。

第三步：信息传递阶段。商业增值网络将订货信息发送给供应商，供应商与相应的配送中心取得联系。如果配送中心有所需货物，则要求配送中心直接配送货至所需货物的连锁门店；如果配送中心中库存不足，则要求供应商接到订货请求后，先发货至配送中心，再由配送中心配送货至连锁门店。

第四步：实物配送阶段。配送中心在得到来自商业增值网络的订货信息后，根据发货清单向连锁门店进行配送货。如果配送中心库存不足，供应商需要先向配送中心发货（如第三步所示）。

通过电子订货系统，连锁企业总部可以实时地获得每天进出货的具体情况，可以掌握连锁门店的销售和库存情况以合理库存；供应商也可以通过电子订货系统及时的了解到其下游企业的订货需求，通过长期积累的数据，可以对其配送中心的库存进行有效的管理和预测。

**3. EOS的实施**

（1）EOS实施的基础。订货业务作业流程标准化是有效实施EOS的前提条件。商品代码统一和标准化是实施EOS的基础条件。在零售行业中，每一个商品品种对应一个独立的商品代码，商品代码一般采用国家统一的标准。对于统一标准中没有规定的商品则采用本企业自己规定的商品代码。订货商品目录账册（Order Book）的制作格式和更新的统一，这是EOS成功应用的重要保证。

计算机以及订货信息输入和输出终端设备的添置和EOS设计是应用EOS的基础条件。在实施EOS时，需要制定EOS应用手册并协调部门间、企业间的经营活动。

（2）EOS实施的关键因素。构建EOS的关键因素包括：

①建立物料数据库。EOS的顺利运作取决于物料数据库的建立和维护。对企业而言，建立物料数据库及更新（如增加新物料，删除废弃物料，价格、包装、单位数量的变动等）的制度，以便发送订单、制作标签、货架卡、物料目录等，将关系到EOS的成败。

②企业公共代码及物料代码。EOS作业要求为各交易体系的物料建立一套公共代码体系。可通过国家、协会或增值网中心统筹建立公共性的企业代码和物料代码，省却企业的转换成本，而且实现化繁为简、统一作业的目标。企业公共代

码和物料代码进一步条形码化,这样除了便于系统化管理外,还可大幅度降低错误率,提高数据输入效率。

③公共数据库。将上述物料代码、企业代码和分类体系建成公共数据库,包括物料名称、规格、参与价格、企业单位地址、电话、负责人、所需物料内容、标准分类级别等信息,供外界查询、更新、增值分析,会对行业有重大贡献。

④EOS增值网支持服务。增值网中心提供必要的转换和数据处理服务以及公共规范(如企业代码、物流代码、订单格式、作业规范等),增值网中心的正常运作是确保EOS成功的关键。

## 十、EOS系统的应用

EOS电子订货系统是由日本7-11公司于1979年研制并投入本公司使用的。7-11公司是世界便利店的巨头,截至到2002年时已在全世界拥有两万多家店铺。通过EOS的实施,公司大大加快了订单的流动速率,提高了公司供应链循环周转的效率。一份订单可在7分钟内处理完毕,一个订货送货周期不会超过6个小时。这一系列高效运作过程,都得益于电子订货系统的应用。另外,美国连锁超市巨头企业沃尔玛,它的每一家门店都有8万种以上的商品。通过EOS及其他的电子通讯手段,如POS等的联合使用,沃尔玛可以保证货品从仓库运送到任何一家商店的时间不会超过48小时,相对于其他同业商店平均两周补货一次,沃尔玛可保证分店货架平均一周补两次。门店销售与配送中心、配送中心与供应商均可保持同步。沃尔玛与生产商、供应商之间建立起的实时订货系统,使其赢得了比其竞争对手管理费用低7%,物流费用低30%,存货周期由6周降至6小时的优异成绩。

电子订货系统是物流信息化的产物,在现代物流发展较为完善的日本,就订货形式而言,在零售业中,有将近一半的日本企业选择了采用电子订货系统作为主要的订货方式,但由于电子订货系统对系统硬件和软件的实施要求较高,即使在现代物流高度发达的日本,目前仍然有相当一部分企业选择传统的订货方式,比如传真、电话或者展会订货等。但相信随着网络技术和计算机技术的不断完善发展,使用EOS订货的零售企业数量会不断增加,是开发利用电子订货系统的必然趋势。

在采用电子订货的商业企业中,依据不同的商品分类,采用电子订货的比例也有所不同,在目前已经应用电子订货系统较为广泛的行业中,除了汽车用品之外,绝大多数商品都可以在连锁超市中经营。这也就说明,只需在这些产业(譬如说食品业)的产业价值链中稍做纵向延伸,即将价值链扩展到产品的经营销售领域,连锁超市就可以方便地将供应商已备建好的电子订货系统纳入到自己的体系中来,这也为连锁企业实施电子订货系统奠定了基础。由以上分析可以得出,电子订货系统在发达国家的实施已经是必然之势,但就国内的连锁企业来说,我们目前的EOS实施还处于一个起步阶段,但由于已有许多先进的跨国零售业企业如家乐福、7-11等都在国内开设了店面,它们拥有一流的管理理念和丰厚的电子订货系统实施经验,因此,这也为我国连锁企业的发展树立了榜样。

> **拓展知识**
>
> MRP、MRP2、ERP三者的区别
>
> MRP(Material Resource Planning):是一种保证既不出现短缺,也不积压库存的计划方法,是ERP系统的核心功能模块。MRP包含几个要素:原料、生产、销售、产品结构。
>
> MRP2:MRP解决了企业物料供需信息的集成,但没有说明企业的经营效益。MRP2采用管理会计的概念,实现物料信息和资金信息的集成;MRP2以产品结构为基础,从最底层的采购成本开始,逐层向上累计材料费、制造费用、人工费用,得到零部件直到最终产品的成本。再进一步接合营销和销售,分析产品的获利情况。
>
> ERP:ERP是面向供需链(Supply Chain Management)的管理信息集成。除了制造、供销、财务功能外,还支持物料流通体系的运输管理、仓库管理、在线分析、售后服务、备品备件管理;支持多语言、多币种、复杂的跨国组织、混合型生产制造类型;支持远程通信、电子商务、工作流的集成;支持企业资本管理;ERP实际上已经超越制造业的范围,成为具有广泛适应性的企业管理信息系统。
>
> ERP和MRP2的区别包括:ERP使用更先进的网络或计算机技术;ERP同BPR密切相关。MRP2已经融入ERP并成为其有机组成。

## 知识回顾

射频识别技术是20世纪90年代开始兴起的一种自动识别技术,射频识别技术是一项利用射频信号通过空间耦合(交变磁场或电磁场)实现无接触信息传递并通过所传递的信息达到识别目的的技术。RFID是一种名叫"无线射频识别"的非接触自动识别技术,实现对静止或移动的物体或人员进行自动识别。RFID在商品上置入特制的微芯片,称为RFID标签(RFID Tags)。可以用来追踪和管理几乎所有的物理对象,是物流管理、追踪等领域信息化的重要手段之一。

针对传统物流配送中心存在的问题,配送中心应用RFID技术,入库和检验;整理和补充货物;订单填写;货物出库运输。

电子数据交换技术(electronic data interchange,EDI)即电子数据交换。它是一种利用计算机进行商务处理的新方法。EDI是将贸易、运输、保险、银行和海关等行业的信息,用一种国际公认的标准格式,通过计算机通信网络,使各有关部门、公司与企业之间进行数据交换与处理,并完成以贸易为中心的全部业务过程。电子数据交换技术是20世纪80年代发展起来的一种新颖的电子化贸易工具,是计算机、通信和现代管理技术相结合的产物。

地理信息系统(geographic information system,GIS)是20世纪60年代开始迅速发展起来

的地理学研究技术，是多种学科交叉的产物。顾名思义，地理信息系统是处理地理信息的系统。地理信息是指直接或间接与地球上的空间位置有关的信息，又常称为空间信息。一般来说，GIS可定义为用于采集、存储、管理、处理、检索、分析和表达地理空间数据的计算机系统，是分析和处理海量地理数据的通用技术。从GIS系统应用角度，可进一步定义为GIS由计算机系统、地理数据和用户组成，通过对地理数据的集成、存储、检索、操作和分析，生成并输出各种地理信息，从而为土地利用、资源评价与管理、环境监测、交通运输、经济建设、城市规划以及政府部门行政管理提供新的知识，为工程设计和规划、管理决策服务。

GPS系统包括三大部分：空间部分——GPS卫星星座；地面控制部分——地面监控系统；用户设备部分——GPS信号接收机。

在物流领域，GPS将会越来越普遍地应用于以下各个环节：用于汽车自定位、跟踪调度、陆地救援；用于内河及远洋船队最佳航程和安全航线的测定、航向的实时调度、监测及水上救援；用于铁路运输管理；用于军事物流。

电子订货系统（electronic ordering system, EOS）是指采购方和供货方利用通信网络（LAN或互联网）和终端设备以在线联机（On-Line）方式进行订货信息交换的系统。

EOS按应用范围可以分为三类：企业内的EOS，如连锁店经营中各个连锁分店与总部之间建立的EOS；零售商与批发商之间的EOS以及零售商、批发商和生产商之间的EOS。

## 复习思考

1. RFID技术在物流中的应用有哪些？
2. EDI技术在物流中的应用有哪些？
3. GIS技术在物流中的应用有哪些？
4. GPS技术在物流中的应用有哪些？

## 技能训练

### GPS在长途客运车辆管理中的应用

以国内首套专业的GPS长途客运车辆管理系统——雅迅长途客运GPS智能管理系统为例，它就是结合了卫星定位技术、GPRS/CDMA通信业务、GIS技术、图像采集技术、计算机网络和数据库等技术，在客运公司建立一个总控（C/S结构和B/S结构相结合），其他设为分控，公安部门和运管部门等各部门建立专控的中心系统，系统由控制中心系统、无线通信平台（GPRS/CDMA）、全球卫星定位系统（GPS）、车载设备四部分组成一个全天候、全范围的驾驶员管理和车辆跟踪的综合平台；系统可对注册车辆实施动态跟踪、监控、拍照、行车记录、管理、数据分析等功能，监控车辆可以在电子地图上显示出来，并保存车辆运行轨迹数据；操作终端可任意选择服务器内部局域网或国际互联网对中心进行访问并可通过IE浏览器提供网上综合客车管理数据分析控制系统（B/S结构）；且系统的容量可随时根据中心服务器和操作终端硬件配置进行扩展，最大为五十万辆，入网车辆不仅可以是长途客运车辆，也可以旅游车等社会车辆。同时系统还可以采用分组管理，不同类型的车辆归入不同分组，便于管理人员的操作。

GPS技术在导航仪一般有以下功能。

1. 地图查询

（1）可以在操作终端上搜索你要去的目的地位置。

（2）可以记录你常要去的地方的位置信息，并保留下来，也可以和别人共享这些位置信息。

（3）模糊地查询你附近或某个位置附近的如加油站、宾馆、取款机等信息。

2. 路线规划

GPS导航系统会根据你设定的起始点和目的地，自动规划一条线路。

规划线路可以设定是否要经过某些途经点。

规划线路可以设定是否避开高速等功能。

3. 自动导航

语音导航。用语音提前向驾驶者提供路口转向，导航系统状况等行车信息，就像一个懂路的向导告诉你如何驾车去目的地一样。导航中最重要的一个功能，使你无须观看操作终端，通过语音提示就可以安全到达目的地。

画面导航。在操作终端上，会显示地图以及车子现在的位置，行车速度，目的地的距离，规划的路线提示，路口转向提示的行车信息。

重新规划线路。当你没有按规划的线路行驶，或者走错路口时候，GPS导航系统会根据你现在的位置，为你重新规划一条新的到达目的地的线路。

资料来源：中国物流采购联合会http://www.chinawuliu.com.cn

请你结合案例分析GPS不具备哪些功能？

## 模块六  电子商务物流

## 学习目标

1. 了解电子商务物流管理的含义
2. 理解电子商务物流的特点
3. 掌握电子商务物流的内容
4. 掌握电子商务与物流的关系

## 技能知识

电子商务物流的特点，电子商务物流的内容，电子商务与物流的关系

### 引导案例

**乐蜂网：打造女性网络时尚品牌的物流后盾**

在网购已经趋于大众化的今天，对于大部分女性消费者而言，"乐蜂"已经不再是一个陌生的名字，特别是其引入明星、专家的模式，已经越来越受到女性消费者的认可。作为一个消费者，当你从快递员的手中接过乐蜂的产品时，您是否想过它是如何到达您手中的？今天记者将带您走进乐蜂，见证这一女性时尚网络品牌背后强大的物流后盾。

**电子商务物流自建，亦喜亦忧**

据网购和快递业内人士介绍，每年的几个重要节日来临前期，大城市都会出现网络销售火爆导致的配送运力不足，以春节最为突出，使得B2C企业不得不另寻他法。阿里巴巴高调宣布在全国范围建立仓储网络体系之后，电子商务自建物流再次成为焦点。对这一现象乐蜂网物流高级经理孙绮威认为，由于目前中国物流业的发展一直滞后于电子商务，此番阿里巴巴欲在全国范围内建立仓储网络，并借此机会整合相关配送资源，此举对于推动电子商务行业发展无疑是健康、积极的举措，希望这个物流体系能够尽快构建成型，使得更多的电子商务公司有更多更好的选择。同时，对于这个

伟大的构想推进时间表，孙绮威先生持谨慎乐观态度，毕竟理想与现实之间存在很大差距。由此可见，庞大仓储网络的完成不仅需要投入巨额资金，更有土地审批过程、配送资源整合、合理利益分配等诸多问题，这其中需要做的功课还很多。

物流业跟不上电子商务行业发展的步伐，这一点最为突出的表现在于配送。至今，仍没有一家网络覆盖全国，成本相对合理，有代收货款资质而且服务质量相对较高的配送企业。业内人士分析，邮政速递网络覆盖最全，但是返款速度较慢，而且成本高服务差；顺丰速递的服务较好，但网点不全，而且高高在上的价格是一般电子商务企业难以承受的；另有一批速递企业相对价格低廉，配送网络覆盖率介于邮政与顺丰之间，但比较明显的缺点是服务质量难以满足电子商务企业要求。正是这样尴尬的现实导致部分电子商务企业踏入自建物流的两难境地。谈及乐蜂是否有自建物流打算时，孙绮威表示，乐蜂现阶段的思路是自建仓储、配送外包的运行模式。目前，在上海、北京已有自己的仓库，随着业务规模的增长，今年有建立第三个分仓的计划，未来也不排除在核心城市尝试自建配送队伍的可能。

**依托第三方，乐蜂期待快递"春运"不再有**

在中国电子商务的发展过程中，B2C最早成为快递公司的"大客户"，并很大程度上促成民营快递公司的快速成长。但由于B2C企业订单量增长过快，直接导致快递"春运"的出现。事实上，快递"春运"仅是一个形象的比喻，孙绮威表示但凡重大节日，电子商务物流都会出现爆仓、订单积压的尴尬，电子商务配送的最后一公里异常艰难。

面对这"最后一公里"，B2C企业可选择的方式仅有两种。其一是与快递公司签署长期的战略合作协议，双方共同成长；其二则是斥巨资在全国范围内建设自己的物流配送体系。但自建物流需要投入的资金及各种成本高昂，是很多B2C企业特别是处于起步发展中的企业无力承担的，更多仅能依赖于第三方物流，将配送全部或部分外包。据孙绮威介绍，目前，乐蜂选择配送全部外包，配送范围可覆盖全国，一些偏远地区的代收货款业务通过中国邮政EMS来实现，非代收业务通过E邮宝来完成。只要是中国邮政能覆盖的范围乐蜂的货件都可送达，这正是依托第三方物流配送的优势所在。

乐蜂网以经营女性时尚用品为主线，其中又以化妆品为主，这就决定其物流运作的难度相对较高，孙绮威介绍，由于经营商品分类的特殊性，对于商品包装方面要求相对较高。其中还有一些是禁航商品，所以配送时只能选择干线运输方式为主，这样的运输方式虽然配送时效会有所降低，但并没有明显差别，尚属正常水准，但每逢节假日配送速度就难以保证。今年春节期间，快递业的"春运"现象尤为突出，各大快递企业爆仓严重，乐蜂受其影响也造成了订单积压，引发了诸多客户投诉。对此，孙绮威提出了自己的希望，物流业的服务模式要尽快转变，电子商务企业与第三方的协同配合也要提升，双方共同发展，快递"春运"才能不再出现。

**B2C良性发展，需要物流协同配合**

中国互联网络信息中心统计报告显示，2010年中国网络购物用户比上一年增长48.6%，增长速度很快。"足不出户，上网购物"已成为网民热衷的生活方式。网络商城中琳琅满目、物美价廉的商品，不停地激发人们的消费欲望，而让网民最关注的就是网购货物的品质保障与服务保障。为消除消费者网购的后顾之忧，乐蜂作出15日退换货的承诺，最大限度保护了消费者权益，而化妆品一旦开封将无法继续销售，如此乐蜂势必要承担一定损失，同时也为物流部门逆向物流管理增加难度。孙绮威表示乐蜂网是以顾客满意为目标，为此付出额外成本也属正常。目前，由退货产生的逆向物流并没有更多有效的管控手段，为了加快代收货款订单中拒收订单的回笼速度，乐蜂与为其承担代收货款业务的配送公司都通过合同约定，要求其定期返回全部货款。如果配送公司不及时返回顾客所退货品，这部分货款将由配送公司支付，货品退回后方可收回货款，所以理论上就是配送公司垫压了一部分资金，通过此种合同约定的形式来推动配送公司尽快返回拒收订单。

在电子商务发展环境大好的前提下，物流就是网站发展的后勤、后盾，希望乐蜂网未来物流的发展规划可以跟上网站自身的发展节奏，甚至前置于网站业务发展，提前布局，做好乐蜂这一女性时尚网络品牌的物流后盾。

资料来源：中国物流与采购联合会http://www.chinawuliu.com.cn

## 相关知识

### 一、电子商务物流管理的含义

所谓电子商务物流管理，是指在社会再生产过程中，根据物质资料实体流动的规律，应用管理的基本原理和科学方法，对电子商务物流活动进行计划、组织、指挥、协调、控制和决策，使各项物流活动实现最佳协调与配合，以降低物流成本，提高物流效率和经济效益。简言之，电子商务物流管理就是研究并应用电子商务物流活动规律对物流全过程、各环节和各方面的管理。

### 二、电子商务物流的起源与发展

电子商务作为数字化生存方式，代表未来的贸易方式、消费方式和服务方式。因此要求整体生态环境要完善，要求打破原有物流行业的传统格局，建设和发展以商品代理和配送为主要特征，物流、商流、信息流有机结合的社会化物流配送中心，建立电子商务物流体系，使各种流的畅通无阻，才是最佳的电子商务境界。

人类最早采取"以物易物"的交换方式，当时没有资金流，商品所有权的转换是紧紧地伴随物流的转换而发生的。随着货币的产生，人类的交易链上出现了第一层中介——货币，人们开始用钱来买东西，不过这时是"一手交钱，一手交货"，商品所有权的转换仍然是紧随物流的（只不过是以货币为中介），这个阶段由于生产力的发展和社会分工的出现，信息流开始表现出来，并开始发挥作用。再后来，随着社会分工的日益细化和商业信用的发展，专门为货币作中介服务的第二层中介出现了。它们是一些专门的机构，如银行，它们所从事的是货币中介服务和货币买卖，由于有了它们，物流和资金流开始分离，产生了多种交易方式：交易前的预先付款，交易中的托收、支票、汇票，交易后的付款如分期付款、延期付款。这就意味着商品所有权的转换和物流的转换脱离开来，在这种情况下，信息流的作用就突出出来了。因为这种分离带来了一个风险问题，要规避这种风险就得依靠尽可能多的信息，比如对方的商品质量信息、价格信息、支付能力、支付信誉等。总的来说，在这一阶段，商流与资金流分离，信息流的作用日益重要起来。

随着网络技术和电子技术的发展，电子中介作为一种工具被引入了生产、交换和消费中，人类进入了电子商务时代。在这个时代，人们做贸易的顺序并没有改变，还是要有交易前、交易中和交易后几个阶段，但进行交流和联系的工具变了，如从以前的纸面单证变为现在的电子单证。这个阶段的一个重要特点就是信息流发生了变化（电子化），更多地表现为票据资料的流动。此时的信息流处于一个极为重要的地位，它贯穿于商品交易过程的始终，在一个更高的位置对商品流通的整个过程进行控制，记录整个商务活动的流程，是分析物流、导向资金流、进行经营决策的重要依据。在电子商务时代，由于电子工具和网络通信技术的应用，使交易各方的时空距离几乎为零，有利地促进了信息流、商流、资金流、物流这"四流"的有机结合。对于某些可以通过网络传输的商品和服务，甚至可以做到"四流"的同步处理，例如通过上网浏览、查询、挑选、点击，用户可以完成对某一电子软件的整个购物过程。

## 三、电子商务物流的特点

电子商务时代的来临，给全球物流带来了新的发展，使物流具备了一系列新特点。

### 1. 信息化

电子商务时代，物流信息化是电子商务的必然要求。物流信息化表现为物流信息的商品化、物流信息收集的数据库化和代码化、物流信息处理的电子化和计算机化、物流信息传递的标准化和实时化、物流信息存储的数字化等。因此，条形码技术、数据库技术、电子订货系统、电子数据交换、快速反应及有效的客户反映、企业资源计划等技术与观念在我国的物流中将会得到普遍的应用。信息化是一切的基础，没有物流的信息化，任何先进的技术设备都不可能应用于物流领域，信息技术及计算机技术在物流中的应用将会彻底改变世界物流的面貌。

**2. 自动化**

自动化的基础是信息化，自动化的核心是机电一体化，自动化的外在表现是无人化，自动化的效果是省力化，另外还可以扩大物流作业能力、提高劳动生产率、减少物流作业的差错等。物流自动化的设施非常多，如条形码/语音/射频自动识别系统、自动分拣系统、自动存取系统、自动导向车、货物自动跟踪系统等。这些设施在发达国家已普遍用于物流作业流程中，而在我国由于物流业起步晚，发展水平低，自动化技术的普及还需要相当长的时间。

**3. 网络化**

物流领域网络化的基础也是信息化，是电子商务下物流活动主要特征之一。这里指的网络化有两层含义：一是物流配送系统的计算机通信网络，包括物流配送中心与供应商或制造商的联系要通过计算机网络，另外与下游顾客之间的联系也要通过计算机网络通信，比如物流配送中心向供应商提出订单这个过程，就可以使用计算机通信方式，借助于增殖网上的电子订货系统和电子数据交换技术来自动实现，物流配送中心通过计算机网络收集下游客户的订货的过程也可以自动完成；二是组织的网络化，即所谓的企业内部网。比如，台湾的电脑业在20世纪90年代创造出了"全球运筹式产销模式"，这种模式的基本点是按照客户定单组织生产，生产采取分散形式，即将全世界的电脑资源都利用起来，采取外包的形式将一台电脑的所有零部件、元器件、芯片外包给世界各地的制造商去生产，然后通过全球的物流网络将这些零部件、元器件和芯片发往同一个物流配送中心进行组装，由该物流配送中心将组装的电脑迅速发给订户。这一过程需要有高效的物流网络支持，当然物流网络的基础是信息、电脑网络。

物流的网络化是物流信息化的必然，是电子商务下物流活动的主要特征之一。当今世界互联网等全球网络资源的可用性及网络技术的普及为物流的网络化提供了良好的外部环境，物流网络化不可阻挡。

**4. 智能化**

这是物流自动化、信息化的一种高层次应用，物流作业过程大量的运筹和决策，如库存水平的确定、运输（搬运）路径的选择、自动导向车的运行轨迹和作业控制、自动分拣机的运行、物流配送中心经营管理的决策支持等问题都需要借助于大量的知识才能解决。在物流自动化的进程中，物流智能化是不可回避的技术难题。好在专家系统、机器人等相关技术在国际上已经有比较成熟的研究成果。为了提高物流现代化的水平，物流的智能化已成为电子商务下物流发展的一个新趋势。

**5. 柔性化**

柔性化本来是为实现"以顾客为中心"理念而在生产领域提出的，以便使企业能根据消费者的需求变化来灵活调节生产和工艺。但要真正做到柔性化，即真正地能根据消费者需求的变化来灵活调节生产工艺，没有配套的柔性化的物流系统是不可能达到目的的。20世纪90年代，国际生产领域纷纷推出弹性制造系统、计算机集成制造系统、制造资源系统、企业资源计划以及供应链管理的概念和技术，这些概念和技术的实质是要将生产、流通进行集成，根据需求端的需求组织生产，安排物流活动。因此，柔性化的物流正是适应生产、流通与消费的需求而发展起来的一种新型物流模式。这就要求物流配送中心要根据消费需求"多品种、小批量、多批次、短周期"的特色，灵活组织和实施物流作业。

另外，物流设施、商品包装的标准化，物流的社会化、共同化也都是电子商务下物流模式的新特点。

## 四、电子商务物流管理的内容

电子商务物流管理主要包括对物流过程的管理、对物流要素的管理和物流中具体职能的管理。

（一）对物流过程的管理

**1. 运输管理**

运输方式及服务方式的选择；运输路线的选择；车辆调度与组织。

**2. 储存管理**

原料、半成品和成品的储存策略；储存统计、库存控制、养护。

**3. 装卸搬运管理**

装卸搬运系统的设计、设备规划与配置和作业组织等。

**4. 包装管理**

包装容器和包装材料的选择与设计；包装技术和方法的改进；包装系列化、标准化、自动化等。

**5. 流通加工管理**

加工场所的选定；加工机械的配置；加工技术与方法的研究和改进；加工作业流程的制订与优化。

**6. 配送管理**

配送中心选址及优化布局；配送机械的合理配置与调度；配送作业流程的制订与优化。

**7. 物流信息管理**

对反映物流活动内容的信息、物流要求的信息、物流作用的信息和物流特点的信息所进行的搜集、加工、处理、存储和传输等。

**8. 客户服务管理**

对于物流活动相关服务的组织和监督，如调查和分析顾客对物流活动的反映，决定顾客所需要的服务水平、服务项目等。

## （二）对物流要素的管理

### 1. 人的管理

物流从业人员的选拔和录用，物流专业人才的培训与提高，物流教育和物流人才培养规划与措施的制定。

### 2. 物的管理

"物"指的是物流活动的客体，即物质资料实体，涉及物流活动诸要素，即物的运输、储存、包装、流通加工等。

### 3. 财的管理

主要指物流管理中有关降低物流成本、提高经济效益等方面的内容，包括物流成本的计算与控制、物流经济效益指标体系的建立、资金的筹措与运用、提高经济效益的方法。

### 4. 设备管理

对物流设备进行管理，包括对各种物流设备的选型与优化配置，对各种设备的合理使用和更新改造，对各种设备的研制、开发与引进等。

### 5. 方法管理

包括各种物流技术的研究、推广普及，物流科学研究工作的组织与开展，新技术的推广普及，现代管理方法的应用。

### 6. 信息管理

掌握充分的、准确的、及时的物流信息，把物流信息传递到适当的部门和人员手中，从而根据物流信息，做出物流决策。

## （三）对物流活动中具体职能的管理

### 1. 物流战略管理

物流战略管理是为了达到某个目标，物流企业或职能部门在特定的时期和特定的市场范围内，根据企业的组织结构，利用某种方式，向某个方向发展的全过程管理。物流战略管理具有全局性、整体性、战略性、系统性的特点。

### 2. 物流业务管理

主要包括物流运输、仓储保管、装卸搬运、包装、协同配送、流通加工以及物流信息传递等基本过程。

### 3. 物流企业管理

主要有合同管理、设备管理、风险管理、人力资源管理和质量管理等。

### 4. 物流经济管理

主要涉及物流成本费用管理、物流投资融资管理、物流财务分析以及物流经济活动分析。

### 5. 物流信息管理

主要有物流MIS、物流MIS与电子商务系统的关系以及物流MIS的开发与推广。

**6. 物流管理现代化**

主要包括物流管理思想和管理理论的更新、先进物流技术的发明和采用。

## 五、电子商务与物流

电子商务的本质是商务，商务的核心内容是商品的交易，而商品交易会涉及四方面：商品所有权的转移，货币的支付，有关信息的获取与应用，商品本身的转交。即商流、资金流、信息流、物流。其中信息流既包括商品信息的提供、促销行销、技术支持、售后服务等内容，也包括诸如询价单、报价单、付款通知单、转账通知单等商业贸易单证，还包括交易方的支付能力、支付信誉等。商流是指商品在购、销之间进行交易和商品所有权转移的运动过程，具体是指商品交易的一系列活动。资金流主要是指资金的转移过程，包括付款、转账等过程。在电子商务环境下，这四个部分都与传统情况有所不同。商流、资金流与信息流这三种流的处理都可以通过计算机和网络通信设备实现。物流，作为四流中最为特殊的一种，是指物质实体的流动过程，具体指运输、储存、配送、装卸、保管、物流信息管理等各种活动。对于少数商品和服务来说，可以直接通过网络传输的方式进行配送，如各种电子出版物、信息咨询服务等。而对于大多数商品和服务来说，物流仍要经由物理方式传输。

### （一）电子商务与物流的关系

电子商务是一场商业领域的根本性革命，然而，它在中国的发展的实际情况却远没有预想中的那样好，其中物流能力的滞后是一个重大的原因。过去，人们对物流在电子商务中的重要性认识不够，对于物流在电子商务环境下应发生变化也认识不足，认为对于大多数商品和服务来说，物流仍然可以经由传统的经销渠道。但随着电子商务的进一步推广与应用，物流能力的滞后对其发展的制约越来越明显。物流的重要性对电子商务活动的影响被越来越多的人所注意。

第一，电子商务最本质的成功是将商流处理信息化，信息处理电子化。电子商务简而言之，就是在网上进行商品或服务的买卖。这种买卖，是商品或服务所有权的买卖，也就是商流。有的观点认为商流要靠物流支持，所以说"物流是电子商务的重要组成部分"。但是物流和商流之间并不只是支持与被支持的关系，像废弃物回收与退货就是两个例子。对于物流与商流的关系，可能这样说更好一点：物流与商流，即电子商务的本质内容，是相对应关系，换个说法，就是物流和电子商务是相对应的关系。

第二，网络经济将商流、资金流信息化，将信息流电子化，把商务、广告、订货、购买、支付、认证等实物和事务处理虚拟化、信息化，可以说是虚拟经济。而物流是实体的位置转移，说"实"是"虚"的组成部分，怎么看也是不恰当的，而把这种关系说成是"虚实相应"可能更为合适。这里补充一点，商流可以包括服务（此处的"服务"不包含物流服务）所有权的转移，而服务的真实

"交付"，即消费，并不是物流的内容，但这也是一种"虚实相应"关系，把服务消费与实物位移合并在一起，与电子商务称"虚实相应"才真正恰当。物流与电子商务的关系极为密切。物流对电子商务的实现很重要，电子商务对物流的影响也肯定极为巨大。物流在未来的发展与电子商务的影响是密不可分的，可以这样理解这种关系：物流本身的矛盾促使其发展，而电子商务恰恰提供了解决这种矛盾的手段；反过来，电子商务本身矛盾的解决，也需要物流来提供手段，新经济模式要求新物流模式。

**（二）电子商务对物流的影响**

由于电子商务与物流间密切的关系，电子商务这场革命必然对物流产生极大的影响。这个影响是全方位的，从物流业的地位到物流组织模式、再到物流各作业、功能环节，都将在电子商务的影响下发生巨大的变化。

**1. 电子商务对物流业的影响**

（1）物流业的地位大大提高。电子商务是一次高科技和信息化的革命。它把商务、广告、订货、购买、支付、认证等实物和事务处理虚拟化、信息化，使它们变成脱离实体而能在计算机网络上处理的信息，又将信息处理电子化，强化了信息处理，弱化了实体处理。这必然导致产业大重组，原有的一些行业、企业将逐渐压缩乃至消亡，将扩大和新增一些行业、企业。产业重组的结果，可能实际上使得社会上的产业只剩下两类行业，一类是实业，包括制造业和物流业；一类是信息业，包括服务、金融、信息处理业等。在实业中，物流企业会逐渐强化。物流企业会越来越强化，是因为在电子商务环境里必须承担更重要的任务：既要把虚拟商店的货物送到用户手中，而且还要从生产企业及时进货入库。物流公司既是生产企业的仓库，又是用户的实物供应者。物流企业成了代表所有生产企业及供应商对用户的唯一最集中、最广泛的实物供应者。物流业成为社会生产链条的领导者和协调者，为社会提供全方位的物流服务。可见电子商务把物流业提升到了前所未有的高度，为其提供了空前发展的机遇。

（2）供应链管理的变化。供应链短路化。在传统的供应链渠道中，产品从生产企业流到消费者手里要经过多层分销商，流程很长，由此造成了很多问题。现在电子商务缩短了生产厂家与最终用户之间供应链上的距离，改变了传统市场的结构。企业可以通过自己的网站绕过传统的经销商与客户直接沟通。虽然目前很多非生产企业的商业网站继续充当了传统经销商的角色，但由于它们与生产企业和消费者都直接互连，只是一个虚拟的信息与组织中介，不需要设置多层实体分销网络（包括人员与店铺设施），也不需要存货，因此仍然降低了流通成本，缩短了流通时间，使物流径路短路化。

供应链中货物流动方向由"推动式"变成"拉动式"。传统的供应链由于供销之间的脱节，供应商难以得到及时而准确的销售信息，因此只能对存货管理采用计划方法，存货的流动是"推动式"的。它有几个明显的缺点：第一是缺乏灵活性，销路好的商品，其存货往往可得性差，销路不好的就积压；第二是运转周期长，等等。

在电子商务环境下，供应链实现了一体化，供应商与零售商、消费者通过互联网连在了一起，通过POS、EOS等供应商可以及时且准确的掌握产品销售信息与顾客信息。此时存货管理采用反应方法，按所获信息组织产品生产和对零售商供货，存货的流动变成"拉动式"，完全可以消除上述两个缺点，并实现销售方面的"零库存"。

（3）第三方物流成为物流业的主要组织形式。第三方物流是指由物流劳务的供方、需方之外的第三方去完成物流服务的物流运作方式。鉴于目前第三方物流在实践中的成功发展，有人预言它将是电子商务时代物流业方面最大的变化。第三方物流将在电子商务环境下得到极大发展，因为电子商务的跨时域性与跨区域性，要求其物流活动也具有跨区域或国际化特征。电子商务按其交易对象可分为B2C和B2B。在B2C形式下，如A国的消费者在B国的网上商店用国际通用的信用卡购买了商品，若要将商品送到消费者手里，对于小件商品（如图书），可以通过邮购；对于大件商品，则是速递公司完成交货。目前，这些流通费用一般均由消费者承担，对于零散用户而言流通费用显然过高。如在各国成立境外分公司和配送中心，利用第三方物流，由用户所在国配送中心将货物送到用户手里，可大大降低流通费用，提高流通速度。在B2B形式下，大宗物品的跨国运输是极为繁复的，如果有第三方物流公司能提供一票到底、门到门的服务，则可大大简化交易，减少货物周转环节，降低物流费用。并且，网上商店一般都是新建的企业，不可能投资建设自己的全球配送网络，甚至全国配送网络都无法建成，所以他们对第三方物流的迫切要求是很容易理解的。

电子商务时代的物流重组需要第三方物流的发展。电子商务时代，物流业的地位将大大提高，而未来物流企业的形式就是以现在的第三方物流公司为雏形，第三方物流将发展成为将来整个社会生产企业和消费者的"第三方"。

**2. 电子商务对物流各作业环节的影响**

（1）采购。传统的采购极其复杂。采购员要完成寻找合适的供应商、检验产品、下订单、接取发货通知单和货物发票等一系列复杂烦琐的工作。而在电子商务环境下，企业的采购过程会变得简单、顺畅。近年来，国际上一些大的公司已在专用网络上使用EDI，以降低采购过程中的劳务、印刷和邮寄费用。通常，公司可由此节约5%~10%的采购成本。互联网与之相比可进一步降低采购成本。与专用增值网相比，大公司能从互联网的更低传输成本中获得更多收益。互联网也为中小型企业打开了一扇大门。通过互联网采购，可以接触到更大范围的供应厂商，因而也就产生了更为激烈的竞争，又从另一方面降低了采购成本。

（2）配送。配送业地位强化。配送在其发展初期，主要是以促销手段的职能来发挥作用。据有的学者研究，供大于求的买方市场格局才是推行和发展配送的适宜环境。这说明在电子商务产生之前，配送存在的根本原因是为了促销。配送建筑在这样的层次上，地位并不高，发展也不太快。而在电子商务时代，B2C的物流支持都要靠配送来提供，B2B的物流业务会逐渐外包给第三方物流，其供货方式也是配送制。没有配送，电子商务物流就无法实现，电子商务也就无法实现，电子商务的命运与配送业联在了一起。同时，电子商务使制造业与零售业实现"零库存"，实际上是把库存转移给了配送中心，因此配送中心成为整个社会的仓库。由此可见配送业的地位大大提高了。实际上，对于电子商务交易方式本身来说，买方通过轻松点击完成了购买，买方势必要把货物配送到家，否则买方选择这种交易方式的意义何在呢？所以，从某种程度上说，电子商务时代的物流方式就是配送方式。

配送中心成为商流、信息流和物流的汇集中心。原来，物流、商流和信息流是"三流分立"的，而信息化、社会化和现代化的物流配送中心把三者有机地结合在一起。从事配送业务离不开"三流"，其中信息流最为重要。实际上，商流和物流都是在信息流的指令下运作的。畅通、准确、及时的信息才能从根本上保证商流和物流的高质量与高效率。

**3. 电子商务对物流各功能环节的影响**

（1）物流网络的变化。物流的网络信息化是物流信息化的必然，是电子商务下物流活动的主要特征之一。当今世界互联网等全球网络资源的可用性及网络技术的普及为物流的网络信息化提供了良好的外部环境。这里指的网络信息化主要指以下两种情况：第一是物流配送系统的计算机通信网络，包括物流配送中心与供应商或制造商的联系要通过计算机网络，另外与下游顾客之间的联系也要通过计算机网络通信。第二是组织的网络，即Intranet。比如，台湾的电脑业在20世纪90年代创造出了"全球运筹式产销模式"，这种模式的基本点是按照客户订单组织生产，生产采取分散形式，即将全世界的电脑资源都利用起来，采取外包的形式将一台电脑的所有零部件、元器件、芯片外包给世界各地的制造商去生产，然后通过全球的物流网络将这些零部件、元器件和芯片发往同一个物流配送中心进行组装，由该物流配送中心将组装的电脑迅速发给订户。这一过程需要有高效的物流网络支持，当然物流网络的基础是信息、电脑网络。

（2）实体物流网络的变化。物流网络可划分成线路和结点两部分，其相互交织连接，就成了物流网络。我们知道物流结点设施的设置，将确定如何进行存货、交付，还融合进运输能力。电子商务会使物流网络产生哪些变化呢？首先，仓库数目将减少，库存集中化。配送与JIT的运用已使某些企业实现了零库存生产，将来由于物流业会成为制造业的仓库与用户的实物供应者，工厂、商场等都会实现零库存，自然也不会再设仓库了。配送中心的库存将取代社会上千家万户的零散库存。其次，将来的物流结点的主要形式是配送中心。现在，仓库的专业分工将其分为两种类型，一类是以长期贮藏为主要功能的"保管仓库"，另一类是以货物的流转为主要功能的"流通仓库"。在未来的电子商务环境下,物流管理以时间为基础,货物流转更快,制造业都实现"零库存",仓库又为第三方物流企业所经营,这些都决定了"保管仓库"进一步减少,而"流通仓库"将发展为配送中心。最后,综合物流中心将与大型配送中心合而为一。物流中心被认为是各种不同运输方式的货站、货场、仓库、转运站等演变和进化而成的一种物流结点,主要功能是衔接不同运输方式。综合物流中心一般设于大城市,数目极少,而且主要衔接铁路与公路运输。配送中心是集集货、分货、集散和流通加工等功能为一体的物流结点。物流结点的设置与运输是有密切关系的。目前,欧洲一些国家的货运已被划为"一次运输"和"二次运输"。"一次运输"是由中央仓库到配送中心的运输,"二次运输"是从配送中心到用户的末端运输。这也是运输的一个发展趋势。结合运输来考虑,物流中心与配送中心都处于一次运输与二次运输的衔接点(物流中心衔接了不同运输方式,也同时衔接了一次运输与二次运输),都具有强大的货物集散功能,因此综合物流中心与大型配送中心很可能合二为一。目前在实践中,城市综合物流中心的筹建已经开始,它是上述变化的一个具体体现。城市综合物流中心将铁路货运站、铁路编组站和公路货运站、配送、仓储、信息设施集约在一起,可以减少必须经过大规模编组站进行编组的铁道运输方式,实现各城市综合物流中心之间的直达货物列车运行,使"一次运输"顺畅化;又可以利用公路运输实行货物的集散、完成"二次运输";还可以实现配送中心的公用化、社会化,并使库存集中化。物流中心已成为城市功能的有机组成部分,一般来说,其选址应处于市区边缘和交通枢纽结点。

(3)运输的变化。电子商务环境下,传统运输的原理并没有改变,但运输组织形式受其影响,却有可能发生较大的变化。

运输分为一次运输与二次运输。物流网络由物流结点和运输线路共同组成,结点决定着线路。传统经济模式下,各个仓库位置分散,物流的集中程度比较低,这使得运输也很分散,像铁路这种运量较大较集中的运输方式,为集中运量,不得不采取编组而非直达方式(只有煤炭等几种大宗货物才可以采用直达方式)。在电子商务环境下,库存集中起来,而库存集中必然导致运输集中。随着城市综合物流中心的建成,公路货站、铁路货站、铁路编组站被集约在一起,物流中心的物流量达到足够大,可以实现大规模的城市之间的铁路直达运输,运输也就被划分成一次运输与二次运输。一次运输是指综合物流中心之间的运输,二次运输是指物流中心辐射范围内的运输。一次运输主要应运用铁路运输,因为运输费率低,直达方式又使速度大大提高了。二次运输用来完成配送任务,它由当地运输组织(即运输组织人员、运输范围,服务对象都在当地区域范围内)来完成。

多式联运大发展。在电子商务环境下,多式联运将得到大发展。这是由以下几条原因所导致的:第一,电子商务技术,尤其是Extranet使企业联盟更加容易实现。而运输企业之间通过联盟，可扩大多式联运经营。第二，多式联运方式为托运人提供了一票到底、门到门的服务方式，因为电子商务的本质特征之一就是简化交易过程，提高交易效率。在未来电子商务环境下，多式联运与其说是一种运输方式，不如说是一种组织方式或服务方式。它很可能成为运输所提供的首选服务方式。

（4）信息的变化。物流信息在将来变得十分重要，将成为物流管理的依据。

信息流由闭环变为开环。原来的信息管理以物流企业的运输、保管、装卸、包装等功能环节为对象，以自身企业的物资流管理为中心，与外界信息交换很少，是一种闭环管理模式。现在和未来的物流企业注重供应链管理，以顾客服务为中心。它通过加强企业间合作，把产品生产、采购、库存、运输配送、产品销售等环节集成起来，将生产企业、配送中心（物流中心）、分销商（零售点）网络等经营过程的各方面纳入一个紧密的供应链中。此时，信息就不是只在物流企业内闭环流动，信息的快速流动、交换和共享成为信息管理的新特征。

信息诸模块功能的变化。电子商务环境下的现代物流技术的应用，使得传统物流管理信息系统的某些模块的功能发生了变化。例如：

①采购。在电子商务的环境下，采购的范围扩大到全世界，可以利用网上产品目录和供应商供货清单生成需求和购货需求文档。

②运输。运用GIS、GPS和RF等技术，运输更加合理，路线更短，载货更多，而且运输由不可见变为可见。

③仓库。条形码技术的使用可以快速、准确而可靠的采集信息，这极大地提高了成品流通的效率，而且提高了库存管理的及时性和准确性。

④发货。原先一个公司的各仓库管理系统互不联系，从而造成大量交叉运输、脱销及积压。而在电子商务环境下，各个仓库管理系统实现了信息共享，发货由公司中央仓库统筹规划，可以消除上述缺点。

发货同时发送相关运输文件，收货人可以随时查询发货情况。

⑤交易过程无纸化。电子商务和物流作为现代流通的两大手段，相互之间有着密切的联系。当前电子商务的兴起，对传统物流组织产生极大影响。本文对电子商务与物流的关系进行了研究，得出它们之间的关系是"虚实相应"的关系。然后本文从各个角度分析了电子商务对物流及其管理产生的影响，从物流业这方面得出了物流业的地位大大提高、供立链短路化、第三方物流成为电子商务环境下物流企业的主要形式等结论；从物流的两个作业环节——采购与配送——的角度分析，采购将更方便、价格更低，配送的规模与地位将大大提高，并且成为商流、信息流与物流的汇集中心；从物流的各功能环节看，库存集中化得到实现；库存集中导致运输集中，运输被划分为一次运输与二次运输，更为方便的"多式联运服务"被广泛提供；开环流动的信息成为物流作业的主要依据。

> **拓展知识**

## 电子商务：打开物流新天地

镜头一：2010年11月11日，淘宝网"双十一"大型促销，24小时之内，物流配送订单达到1500万单。

镜头二：2011年1月26日，淘宝商城大部分卖家停止发货，2011年1月28日，红孩子网站停止向外地发货，2011年2月1日，京东商城全线停止生产订单……受制于物流配送，在春节假期的消费高峰，各大电子商务网站高挂"免战牌"。

镜头三：凡客诚品的派送员耐心地等在上海一户人家的门口，卞小姐正在房间里试穿她在网站上订购的衣服，享受着"先试穿再付款"的网站特有物流配送服务。

这组镜头充分展现了电子商务和物流之间的紧密联系。数据显示，2010年我国网络购物市场交易规模达4980亿元，较2009年增长89%。这4980亿元正是通过一个个包裹快递到消费者手中。物流体系的建设和完善，正在成为电子商务持续健康发展的关键，与此同时，电子商务也在改变着物流业本身，为物流业的发展打开了一片崭新的天地。

### 电子商务企业进军物流业

今年1月，阿里巴巴集团发布物流战略。其核心是两件事：第一，通过"物流宝"平台，大力推进物流信息管理系统；第二，由集团层面主导、投入100亿元的真金白银着手布局全国的仓储网络。2月，当当网宣布正在牵头组建一支由当当网控股的配送服务公司，将打造独立高效的物流开放平台，为电子商务企业提供商品储存、分拣、包装的COD配送服务。京东商城年内抑或将其自建物流业务独立运营，向全行业开放。

"鼠标+水泥"是业内耳熟能详的关于企业信息化的形容，而在电子商务领域，相似的比喻则是"鼠标+快递"，无论有多少种琳琅满目的商品点击一下就能购买，无论有多少家网上银行可以提供便捷的支付服务，但说到底，一件件商品还是需要通过物流才能物理移动到消费者手中。从这个意义上来讲，电子商务巨头们从"鼠标"端向"快递"端的发力并不突兀。正如电子商务专家、中国科学院研究生管理学院副院长吕本富所分析的那样，未来我国电子商务的竞争格局在很大程度上将由物流来决定。当电子商务的发展速度远远超过与之配套的物流业，电子商务企业也就不得不"自己动手，丰衣足食"。

但电子商务企业会抢快递公司的"饭碗"吗？淘宝网CFO张勇表示，阿里巴巴不会介入到硬件和整个作业层面的管理，不会跟物流服务商去抢"饭碗"，而是要做"信息服务集成商"。做自己擅长的事情，"信息整合"成为电子商务企业介入物流业的突破口。

这种"整合"，正是基于电子商务对物流配送业在规模、效率和服务质量方面越来越高的要求，打通数据环节正是其中重要的一步，正如张勇所说的："让消费者看到的产品都能买到，买到的都能按照约定的时间送到消费者手里。"

### 为物流业插上"信息化"翅膀

电子商务对物流业信息化的贡献，不仅限于整合数据，开放平台这些未来有可能成为"盈利点"的服务。

"昨天我们的西安库房停电了，无法发货，有关地区的订单会由系统第一时间转到北京来处理，一旦来电，还未拣货打包的订单还能被追回，重新回到西安库房。"凡客诚品助理总裁贾加用一个简单的例子来解释电子商务企业在物流配送信息化方面所作的工作，"为了优化改善这些流程，我们有一个20多人的团队在工作。"

电子商务企业对物流配送的要求，既体现在效率又体现在质量上。而从供应商预约到收货上架、再到订单处理、拣货、打包、发货、配送，这些环节的效率和质量都需要通过信息化的精准计算和控制来实现。鞋类电子商务网站乐淘网物流总监徐梦周表示："对于传统流通企业来说，物流就是运输，而对于电子商务企业，物流本身就是销售环节的重要部分，所以商品流和信息流必须最大限度地匹配在一起，这就要求物流环节的信息化水平。"

在供货环节，家庭购物商城红孩子直接将供货商的系统与自己的系统对接，通过向供应商开放产品销售情况、市场占有率、用户分析等数据来支持供应商进行供货决策，提高热销产品的供货力度。

在拣货和打包环节，卓越亚马逊北京运营中心总经理周涛告诉记者，在卓越亚马逊，系统甚至可以通过对货物重量和尺寸的综合计算，来告诉打包人员应该使用多大的包装箱，又在其中装填多少环保防震材料，还能通过最后的重量来判断拣货是否有误。

而这些都是消费者看不到的，对于他们来说，最直接的变化还体现在配送环节越来越清晰的订单状态显示上，从何时出库，何时装车运输再到何时抵达派送，在电子商务网站的"物流追踪"中，消费者甚至能够直接看到派送员的姓名和联系电话。对商品到达情况"心中有数"，是他们对电子商务物流信息化最直观的感受。

**仓储经济水涨船高**

"电子商务物流分为三大部分：仓储、干线运输和配送。目前中国的干线运输尚能满足电子商务需求，但配送环节和仓储环节的建设远远滞后。"周涛如是说。

因此，在仓储环节，电子商务网站展开了"跑马圈地"般的竞争，特别是广大的B2C（企业对个人电子商务）网站。它们就像是一个个大型超市，仓库则是他们的店面。在北京，卓越亚马逊4万平方米的百货仓库中存放着100多万种商品，货架已经从平地增加到三层还不够使用；凡客诚品有3万多平方米的仓库，又刚刚签下6万平方米的租约；乐淘网则实现了"三级跳"，从2010年的300平方米仓库到2011年的1700平方米，又很快就要搬到1万平方米的新仓库。在上海，京东商城将2009年融到的2100万美元的70%投放到物流建设，计划2011年在嘉定建成一座15万至18万平方米的超大型仓储中心。

仓库租金也因此节节攀升。"新仓库的租金上涨了30%至40%。"徐梦周表示，这和电子商务网站对仓储的特别要求有关。"网站经营的品种越来越多，为了方便拣货打包，仓库单体面积必须要足够大，至少上万平方米。"因为商品要直接送到消费者手中，所以还要注意防尘、防冻、防晒。仓库的位置也很重要。一方面要便于城市内配送，另一方面，我国的B2C网站习惯于在中心城市布仓，一个仓库要负责几个省的订单，因此还必须选择便于省际配送的位置。"这样的仓库并不好找。"贾加表示，电子商务网站也因此开始"扎堆儿"。在北京，卓越亚马逊、当当和京东商城集中在通州，凡客、乐淘、好乐买则在大兴成了邻居。

电子商务网站也在为仓储环节积累技术。"优化区域分配"成了每个仓库管理者必须解决的技术问题，在卓越亚马逊，系统计算出的最热销商品被堆放在离打包工作台最近的"绿色通道"里，比如一本曾在一分钟内接到过6000多个订单的畅销书。在凡客诚品，通过优化区域分配，拣货员的效率大大提高，上海仓库中的"效率王"一小时的拣货数量从500件提高到了600件。而这样的技术问题，还存在于收货、验货、上架、扫描、打包、装车等各个环节。

**新模式催生"落地配"**

在阿里巴巴集团物流战略发布会的现场有个提问环节，站起来提问的物流企业代表们，绝大多数用一个新名词介绍着自己的身份："COD"公司。

什么是COD？它原本指的是物流配送中的"货到付款"业务，而现在则成了为电子商务服务的末端配送公司的代名词，和传统的快递公司相比，它们能承担"落地配"的物流新业务，即承接起B2C企业在某个城市或区域的货物配送、退换、收账、退还货款的一整套服务。

如今，B2C网站通常采取两种形式来运营自己的配送环节，卓越、京东商城、凡客诚品等采取"自建+外包"的形式，在部分地区（主要是大城市）使用自己的配送队伍，在其他地区则外包给区域配送公司。如中粮我买网在北京一方面有4个官方物流站点，一方面与天成大通、优速快递、中铁速递、天成郊区等10家快递公司有长期合作。卓越亚马逊网站则在自建的快递公司世纪卓越快递之外，同时由风火快递、风景同城、小红帽速运负责部分区域。而另一些B2C网站则干脆将全部订单外包由快递公司配送。

无论是哪种形式，"落地配"业务都在给区域型配送企业新的发展空间，也让它们从与快递巨头"一通四达"（申通快递、圆通速递、中通速递、汇通快运、韵达快运）的竞争中探索出一条"小而精"的新路来。

过去以C2C（个人对个人电子商务）为代表的电子商务结构，其实是一个买家和卖家两者线性传导的过程，是一个多点对多点的配送模式。但随着B2C的兴起，社会分工就有可能在配送环节细化，有人专门提供干线运输，有人运营中心仓，有人专门进行"落地配"，这个新的模式将带给具有高水平服务能力的区域配送企业前所未有的机会，哪怕它只能提供一个省份或者一个城市的配送服务。

对于B2C网站来说，和自建物流相比，只运营仓储环节，而选择配送外包意味着相对较低的投资和成本。北京物流协会专家表示，自建物流意味着企业对配送有更强的控制力，在效率、服务质量上的确有优势，适合短途、单一城市的商品配送；长途的、量大的商品配送外包能够帮助降低B2C企业的综合运营成本，是一条有效的途径。

资料来源：新浪网http://sina.com.cn

## 知识回顾

电子商务物流管理，是指在社会再生产过程中，根据物质资料实体流动的规律，应用管理的基本原理和科学方法，对电子商务物流活动进行计划、组织、指挥、协调、控制和决策，使各项物流活动实现最佳协调与配合，以降低物流成本，提高物流效率和经济效益。简言之，电子商务物流管理就是研究并应用电子商务物流活动规律对物流全过程、各环节和各方面的管理。

电子商务时代的来临，给全球物流带来了新的发展，使物流具备了一系列新特点：信息化、自动化、网络化、智能化、柔性化，另外，物流设施、商品包装的标准化，物流的社会化、共同化也都是电子商务下物流模式的新特点。

电子商务物流管理主要包括对物流过程的管理、对物流要素的管理和物流中具体职能的管理。

电子商务与物流的关系：电子商务的本质是商务，商务的核心内容是商品的交易，而商品交易会涉及四方面：商品所有权的转移，货币的支付，有关信息的获取与应用，商品本身的转交。即商流、资金流、信息流、物流。其中信息流既包括商品信息的提供、促销行销、技术支持、售后服务等内容，也包括诸如询价单、报价单、付款通知单、转账通知单等商业贸易单证，还包括交易方的支付能力、支付信誉等。商流是指商品在购、销之间进行交易和商品所有权转移的运动过程，具体是指商品交易的一系列活动。资金流主要是指资金的转移过程，包括付款、转账等过程。在电子商务环境下，这四个部分都与传统情况有所不同。商流、资金流与信息流这三种流的处理都可以通过计算机和网络通信设备实现。物流，作为四流中最为特殊的一种，是指物质实体的流动过程，具体指运输、储存、配送、装卸、保管、物流信息管理等各种活动。对于少数商品和服务来说，可以直接通过网络传输的方式进行配送，如各种电子出版物、信息咨询服务等。而对于大多数商品和服务来说，物流仍要经由物理方式传输。

## 复习思考

1. 简述电子商务物流的作用和特点？
2. 为何说电子商务物流系统是一个复杂的系统工程？

## 技能训练

1. 结合本模块内容，登录相关网站，查询国内外电子商务物流的发展现状，写出调查报告。
2. 上网了解中国海尔集团的物流配送情况，分析物流配送中心在传统企业实施电子商务中的作用。

## 模块七 绿色物流与冷链物流

### 学习目标

1. 理解绿色物流的含义、内涵、管理及实施策略
2. 了解冷链物流的含义、范围
3. 了解我国食品冷链物流的产业前景

### 技能知识

绿色物流的含义、内涵、管理及实施策略，冷链物流的含义、范围，我国食品冷链物流的产业前景

> **引导案例**
>
> **绿色包装为绿色物流保驾护航**
>
> 　　绿色物流是一种融合了环境保护观念的物流模式，是连接绿色制造和绿色消费的纽带，也是企业降低资源消耗和能源消耗、减少污染、提高竞争优势的一项具有长远利益的战略武器。包装是物流的一个重要环节，要实现物流的绿色化，对包装环节进行绿色化是必不可少的。
>
> 　　绿色包装是指完全以天然植物或有关矿物为原料制成的，能循环利用、易于降解、可促进持续发展的，且在产品的整个生命周期内对生态环境、人体和牲畜的健康无公害的一种环保型包装。
>
> 　　绿色包装要求提供包装服务的物流企业进行绿色包装改造，包括：使用环保材料、提高材质利用率、设计折叠式包装以减少空载率、建立包装回用制度等。促进生产部门采用尽量简化的以及由可降解材料制成的包装；在流通过程中，应采取各种措施实现包装的合理化与现代化。
>
> 　　绿色包装材料是具有良好的使用性能或功能、对生态环境污染小、易降解、易回收，再生利用率高或能进行环境有效循环利用、对人体不造成危害的材料。目前的绿

色包装的研究在某种程度上来说就是包装材料的可重复利用性以及可降解性的研究，所以包装材料技术是绿色包装顺利实施的关键。绿色材料不仅是容易处理的纸质材料，还包括可降解的塑料、铝包装，甚至还有可食用包装。

同时还可以通过减少包装材料的消耗来实现。一是可重复使用的包装容器，二是集合包装方式。在对包装进行设计时，要考虑到便于回收、储存和运输，要经久耐用。而集合包装是将一定数量的包装件或产品，装入具有一定规格、强度和能长期周转使用的更大包装容器内，形成一个合适的搬运单元的包装技术。它不仅有利于产品装卸作业和运输作业的机械化，从而提高物流效率和物流过程的安全性；更重要的是集合包装容器可以反复周转使用，可以降低原产品内包装的用料标准，简化包装操作。因此集合包装容器能节约包装材料，降低包装成本。

对包装废弃物进行回收利用。一些发达国家在这方面做得很好。例如美国，36个州联合立法，实行环境标志制度，在塑料制品、包装容器上使用"绿色标志"或"再生标志"，说明它可以重复使用、再生使用，并通过法规加以保障。每年包装纸盒的回收量高达4 000万吨，这些纸盒经化学处理后，完全可以回收使用。2002年美国共生产了1 925亿个饮料瓶罐，含铝、塑料和玻璃，回收率约为41%，这相当于为美国节省了相当于3 200万桶原油的能量。再如，德国1991年颁布《包装废弃物处理》法令，并采取措施推动工业界将盛装饮料用的"PVC"瓶改为"PET"瓶，还要求将80%的"PET"回收利用。德国政府对使用难降解塑料包装的企业另外征收环境税。80%的商品不再采用展示包装，一次性包装大大减少，包装材料中的玻璃、金属板、铝罐回收十分成功。

绿色包装虽然是顺应环保要求而出生的，但绿色包装在任何国家都无法依靠市场来自发实现。而且，包装越来越成为绿色壁垒，对国界贸易产生越来越重要的影响。因此，实施绿色包装必须从绿色包装的法律调控、标准化制度及科技创新等宏观方面寻求对策。

首先，应该加强对绿色包装的法律调控。国外成功的经验证明，对绿色包装进行法律调控是必不可少，且是卓有成效的。我国现有法律对绿色包装的调控还很不完善，必须借鉴国外的先进经验，尽快制定绿色包装法规。包装法规应该禁止或限制非环保包装材料的使用、强制包装物的重复使用和回收率，必须明确提出"谁污染谁治理，谁的包装谁负责废弃物处理"的原则。

其次，加强物流包装的标准化工作。物流过程中，仓储、搬运作业的对象往往是一个包装单元或一个包装集合体。产品包装标准与物流设施标准之间缺乏有效的衔接，已影响到物流系统的效率和水平。因此，物流包装的标准化不仅有利于绿色包装的发展，还有利于物流作业效率的提高。物流包装的标准不但要制定包装容器结构及基础尺寸规格的标准化，而且要制定绿色包装材料的标准及包装物生产过程的环境标准。

再就是强化绿色包装工程的科技创新研究。绿色包装是一项系统工程，除了政策、法规等宏观条件的支持外，更有赖于绿色包装技术的不断创新和进步。因此，加强绿色包装科学、技术创新的研究是实施绿色包装工程的重要保证。

分析：简述绿色物流与绿色包装的关系。

资料来源：西安钜晖包装网http://118.ipsou.com

## 相关知识

### 一、绿色物流的含义

绿色物流是指以降低对环境的污染、减少资源消耗为目标，利用先进物流技术规划和实施运输、储存、包装、装卸、流通加工等物流活动。绿色物流是以经济学一般原理为基础，建立在可持续发展理论、生态经济学理论、生态伦理学理论、外部成本内部化理论和物流绩效评估的基础上的物流科学发展观。同时，绿色物流也是一种能抑制物流活动对环境的污染，减少资源消耗，利用先进的物流技术规划和实施运输、仓储、装卸搬运、流通加工、包装、配送等作业流程的物流活动。

### 二、绿色物流的内涵

绿色物流的内涵包括以下五个方面。

**1. 集约资源**

这是绿色物流的本质内容，也是物流业发展的主要指导思想之一。通过整合现有资源，优化资源配置，企业可以提高资源利用率，减少资源浪费。

**2. 绿色运输**

运输过程中的燃油消耗和尾气排放，是物流活动造成环境污染的主要原因之一。因此，要想打造绿色物流，首先要对运输线路进行合理布局与规划，通过缩短运输路线，提高车辆装载率等措施，实现节能减排的目标。另外，还要注重对运输车辆的养护，使用清洁燃料，减少能耗及尾气排放。

**3. 绿色仓储**

绿色仓储一方面要求仓库选址要合理，有利于节约运输成本；另一方面，仓储布局要科学，使仓库得以充分利用，实现仓储面积利用的最大化，减少仓储成本。

**4. 绿色包装**

包装是物流活动的一个重要环节，绿色包装可以提高包装材料的使用效率，有效控制资源消耗，避免环境污染。

**5. 废弃物物流**

废弃物物流是指在经济活动中失去原有价值的物品，根据实际需要对其进行搜集、分类、加工、包装、搬运、储存等，然后分送到专门处理场所后形成的物品流动活动。

## 三、绿色物流的管理

**1. 绿色供应商管理**

供应商的原材料，半成品的质量的好坏优劣直接决定着最终产成品的性能，所以要实施绿色物流还要从源头上加以控制。由于政府对企业的环境行为的严格管制，并且供应商的成本绩效和运行状况对企业经济活动构成直接影响。因此在绿色供应物流中。有必要增加供应商选择和评价的环境指标，即要对供应商的环境绩效进行考察。

**2. 绿色生产管理**

绿色生产又包括绿色原材料的供应、绿色设计与制造以及绿色包装。绿色产品的生产首先要求构成产品的原材料具有绿色特性，绿色原材料应符合以下要求：环境友好性；不加任何涂镀，废弃后能自然分解并能为自然界吸收的材料；易加工且加工中无污染或污染最小；易回收、易处理、可重用的材料，并尽量减少材料的种类，这样有利于原材料的循环使用。

绿色制造则追求两个目标，即通过可再生资源、二次能源的利用及节能降耗措施缓解资源枯竭，实施持续利用；减少废料和污染物的生成排放，提高工业品在生产过程和消费过程中与环境的相容程度，降低整个生产活动给人类和环境带来的风险，最终实现经济和环境效益的最优化。

包装是商品营销的一个重要手段，但大量的包装材料在使用一次以后就被消费者遗弃，从而造成环境问题。例如现在中国比较严重的白色污染问题，就是不可降解的塑料包装随地遗弃引起的。绿色包装是指采用节约资源、保护环境的包装，其特点是材料最省，废弃最少且节约资源和能源；易于回收利用和再循环；包装材料可自然降解并且降解周期短；包装材料对人的身体和生态无害。

**3. 绿色运输管理**

交通运输工具的大量能源消耗；运输过程中排放大量的有害气体，产生噪声污染；运输易燃、易爆、化学品等危险原材料或产品可能引起的爆炸、泄漏等事故都会对环境造成很大的影响。因此构建企业绿色物流运输体系就显得至关重要。

（1）合理配置配送中心，制定配送计划，提高运输效率以降低货损量和货运量。开展共同配送，减少污染。共同配送是以城市一定区域内的配送需求为对象，人为地进行有目的、集约化地进行配送。它是由同一行业或同一区域的中小企业协同进行配送。共同配送统一集货、统一送货可以明显地减少货流；有效地消除交错运输缓解交通拥挤状况，可以提高市内货物运输效率，减少空载率；有利于提高配送服务水平，使企业库存水平大大降低，甚至实现"零"库存，降低物流成本。

（2）实施联合一贯制运输。联合一贯制运输是指以件杂货为对象，以单元装载系统为媒介，有效地巧妙组合各种运输工具，从发货方到收货方始终保持单元货物状态而进行的系统化运输方式。通过运输方式的转换可削减总行车量，包括转向铁路、海上和航空运输。联合一贯制运输是物流现代化的支柱之一。

（3）评价运输者的环境绩效，有专门运输企业使用专门运输工具负责危险品的运输，并制定应急保护措施。企业如果没有绿色运输，将会加大经济成本和社会环境成本，影响企业经济运行和社会形象。

（4）绿色储存管理。储存在物流系统中起着缓冲、调节和平衡的作用，是物流的一个中心环节。储存的主要设施是仓库。现代化的仓库是促进绿色物流运转的物资集散中心。绿色仓储要求仓库布局合理，以节约运输成本。布局过于密集，会增加运输的次数，从而增加资源消耗；布局过于松散，则会降低运输的效率，增加空载率。仓库建设前还应当进行相应的环境影响评价，充分考虑仓库建设对所在地的环境影响。例如，易燃易爆商品仓库不应设置在居民区，有害物质仓库不应设置在重要水源地附近。采用现代储存保养技术是实现绿色储存的重要方面，如气幕隔潮、气调储存和塑料薄膜封闭等技术。

（5）绿色流通加工管理。流通加工是指在流通过程中继续对流通中商品进行生产性加工，以使其成为更加适合消费者的需求的最终产品。流通加工具有较强的生产性，也是流通部门对环境保护大有作为的领域。

绿色流通加工的途径主要分两个方面：一方面变消费者分散加工为专业集中加工，以规模作业方式提高资源利用效率，以减少环境污染；另一方面是集中处理消费品加工中产生的边角废料，以减少消费者分散加工所造成的废弃物污染。

（6）绿色装卸管理。装卸是跨越运输和物流设施而进行的，发生在输送、储存、包装前后的商品取放活动。实施绿色装卸要求企业在装卸过程中进行正当装卸，避免商品体的损坏，从而避免资源浪费以及废弃物环境造成污染。另外，绿色装卸还要求企业消除无效搬运，提高搬运的活性，合理利用现代化机械，保持物流的均衡顺畅。

（7）产品绿色设计、绿色包装和标识。绿色物流建设应该起自于产品设计阶段，以产品生命周期分析等技术提高产品整个生命周期环境绩效，在推动绿色物流建设上发挥先锋作用。包装是绿色物流管理的一个重要方面，乳白色塑料的污染已经引起社会的广泛关注：过度的包装造成了资源的浪费。在日本，经营食品的商人已放弃塑料包装，在食品界掀起"绿色革命"，取得了较大的成效。他们的食品包装已不只是要好和实用，照顾环境需要也成为包装业的重要课题。现在的人在给食品包装时尽量采用不污染环境的原料，用纸袋包装取代塑料容器，这也减少了将用过的包装收集到工厂再循环所面对的技术和成本困难，绿色包装设计在这方面发挥了很大作用。

## 四、绿色物流的实施策略

### （一）树立绿色物流观念

观念是一种带根本性和普遍意义的世界观，是一定生产力水平、生活水平和思想素质的反映，是人们活动的指南。由于长期的低生产力，人们更多地考虑温饱等低层次问题，往往为眼前利益忽视长远利益，为个体利益忽视社会利益，企业因这种非理性需求展开掠夺式经营，忽视长远利益和生态利益及社会利益，进而导致来自大自然的警告。

### （二）推行绿色物流经营

物流企业要从保护环境的角度制定其绿色经营管理策略，以推动绿色物流进一步发展。

**1. 选择绿色运输**

通过有效利用车辆，降低车辆运行，提高配送效率。例如，合理规划网点及配送中心、优化配送路线、提高共同配送、提高往返载货率；改变运输方式，由公路运输转向铁路运输或海上运输；使用绿色工具，降低废气排放量，等等。

**2. 提倡绿色包装**

包装不仅是商品卫士，而且也是商品进入市场的通行证。绿色包装要醒目环保，还应符合4R要求，即少耗材（Reduction）、可再用（Reuse）、可回收（Reclaim）和可再循环（Recycle）。

**3. 开展绿色流通加工**

由分散加工转向专业集中加工，以规模作业方式提高资源利用率，减少环境污染；集中处理流通加工中产生的边角废料，减少废弃物污染，等等。

**4. 搜集和管理绿色信息**

物流不仅是商品空间的转移，也包括相关信息的搜集、整理、储存和利用。绿色物流要求搜集、整理、储存的都是各种绿色信息，并及时运用于物流中，促进物流的进一步绿色化。

### （三）开发绿色物流技术

绿色物流的关键所在，不仅依赖绿色物流观念的树立、绿色物流经营的推行，更离不开绿色物流技术的应用和开发。没有先进物流技术的发展，就没有现代物流的立身之地；同样，没有先进绿色物流技术的发展，就没有绿色物流的立身之地。而我们的物流技术与绿色要求有较大的差距，如物流机械化方面、物流自动化方面、物流的信息化及网络化，与西方发达国家的物流技术相比，大概有10年至20年的差距。要大力开发绿色物流技术，否则绿色物流就无从谈起。

### （四）制定绿色物流法规

绿色物流是当今经济可持续发展的一个重要组成部分，它对社会经济的不断发展和人类生活质量的不断提高具有重要意义。正因为如此，绿色物流的实施不仅是企业的事情，而且还必须从政府约束的角度，对现有的物流体制强化管理。

一些发达国家的政府非常重视制定政策法规，在宏观上对绿色物流进行管理和控制。尤其是要控制物流活动的污染发生源，物流活动的污染发生源主要表现在：运输工具的废气排放污染空气，流通加工的废水排放污染水质，一次性包装的丢弃污染环境，等等。因此，他们制定了诸如污染发生源、限制交通量、控制交通流等的相关政策和法规。国外的环保法规种类很多，有些规定相当具体、严厉，国际标准化组织制定的最新国际环境标志也已经颁布执行。

**（五）加强对绿色物流人才的培养**

绿色物流作为新生事物，对营运筹划人员和各专业人员的素质要求较高，因此，要实现绿色物流的目标，培养和造就一批熟悉绿色理论和实务的物流人才是当务之急。

## 五、冷链物流的含义

冷链物流泛指冷藏冷冻类食品在生产、贮藏运输、销售，到消费前的各个环节中始终处于规定的低温环境下，以保证食品质量，减少食品损耗的一项系统工程。它是随着科学技术的进步、制冷技术的发展而建立起来的，是以冷冻工艺学为基础、以制冷技术为手段的低温物流过程。

## 六、冷链物流的范围

冷链物流的适用范围包括：初级农产品：蔬菜、水果；肉、禽、蛋；水产品、花卉产品。加工食品：速冻食品、禽、肉、水产等包装熟食、冰淇淋和奶制品；快餐原料。特殊商品：药品。由于食品冷链是以保证易腐食品品质为目的，以保持低温环境为核心要求的供应链系统，所以它比一般常温物流系统的要求更高、更复杂，建设投资也要大很多，是一个庞大的系统工程。由于易腐食品的时效性要求冷链各环节具有更高的组织协调性，所以，食品冷链的运作始终是和能耗成本相关联的，有效控制运作成本与食品冷链的发展密切相关。

## 七、中国食品冷链产业前景

随着冷冻食品、易腐蚀食品市场的逐渐扩大，我国食品冷链产业迎来了大发展的历史机遇期，在投资食品冷链产业的大好时机之时也暴露出由于我国食品冷链产业发展滞后所导致的数量惊人的食品浪费等问题。

食品冷链是指易腐食品从产地收购或捕捞之后，在产品加工、贮藏、运输、分销和零售直到消费者手中，其各个环节始终处于产品所必需的低温环境下，以保证食品质量安全，减少损耗，防止污染的特殊供应链系统。

我国平均食物年产值约为3 000亿美元，超过20%的食物由于没有很好地冷藏，在运输过程中被浪费。仅水果、蔬菜等农产品在采摘、运输、储存等物流环节上损失率就达25%～30%，每年有总值约92.5亿美元的农产品在运输中损失，腐烂损耗的果蔬可满足近2亿人口的基本营养需求，损耗量居世界首位，而发达国家的果蔬损失率则控制在5%以下。

欧、美、日等国食品冷藏运输率达80%～90%，东欧国家约50%，而我国只有10%左右。由于缺乏完善的冷链，也造成了某些食品零售价高居不下，一些易腐食品售价中甚至有高达七成是用来补偿物流过程中损失的货物价值。而按照国际标准，易腐物品物流成本最高不超过其总成本的50%。

与此同时，我国对高价值的易变质、需冷冻食品的生产和消费都在增加，这更加大了冷链市场的缺口。

从生产来看，目前我国的肉类食品厂有2 500多家，年产肉类6 000万吨，产量以每年5%左右的速度递增；速冻食品厂2 000多家，年产量超过1 000万吨，并以每年20%的幅度递增；冷饮业4 000多家，年产量150多万吨，产量以每年7%左右的速度递增；乳品业1 500多家，产量800万吨，每年以30%的速度递增；水产品产量4 400万吨，每年以4%的速度递增。

从消费来看，速冻食品销售额连续多年在全国连锁超市所销售的食品日用品中名列前位。以牛奶为主的乳制品消费年平均增长率在10%～20%，位居世界首位。预计2010年，我国冷饮市场消费总量将达到260万吨，人均消费量每年可达2公斤；肉类加工和消费都将进入一个高速发展时期。

有专家估算，目前我国已有冷藏容量仅占货物需求的20%～30%，日益扩大的易腐食品市场给冷链产业带来了发展的良机。

**拓展知识**

### 绿色物流理论基础

1. 可持续发展理论

可持续发展指既满足当代人的需要，又不对后代人满足其需要的能力过程构成威胁。当代对资源的开发和利用必须有利于下一代环境的维护及其资源的持续利用，因此，为了实现长期、持续发展，就必须采取各种措施来维护我们的自然环境。这种经济上的可持续发展政策同样适用于物流管理活动。由于物流过程中不可避免地要消耗能源和资源，产生环境污染，因而为了实现长期、持续发展，必须采取各种措施来维护自然环境。现代绿色物流管理正是依据可持续发展理论，形成了物流与环境之间相辅相成的推动和制约关系，进而促进了现代物流的发展，达到环境与物流的共生。

2. 生态经济学理论

生态经济学是研究再生产过程中，经济系统与生态系统之间的物质循环，能量转化和价值增值规律及其应用的科学。物流是社会再生产过程的重要环节，它既包括物质循环利用、能量转化，又有价值转化与价值实现。因此，物流涉及经济与生态环境两大系统，理所当然地架起了经济效益与生态效益之间联系的桥梁。而传统的物流管理没有处理好二者的关系，过多地强调了经济效益，而忽视了环境效益，导致了社会整体效益的下降。经济效益主要涉及目前和局部利益，而环境效益则关系到宏观与长远利益。现代绿色物流的出现，较好地解决了这一问题。绿色物流以经济学的一般原理为指导，以生态学为基础，对物流的经济行为、经济关系和规律与生态系统之间的相互关系进行研究，以谋求在生态平衡、经济合理、技术先进条件下的生态与环境的最佳结合以及协调发展。

## 知识回顾

绿色物流是指以降低对环境的污染、减少资源消耗为目标，利用先进物流技术规划和实施运输、储存、包装、装卸、流通加工等物流活动。绿色物流是以经济学一般原理为基础，建立在可持续发展理论、生态经济学理论、生态伦理学理论、外部成本内部化理论和物流绩效评估的基础上的物流科学发展观。同时，绿色物流也是一种能抑制物流活动对环境的污染、减少资源消耗，利用先进的物流技术规划和实施运输、仓储、装卸搬运、流通加工、包装、配送等作业流程的物流活动。内涵绿色物流的内涵包括以下五个方面：集约资源；绿色运输；绿色仓储；绿色包装；废弃物物流。

绿色供应商管理，供应商的原材料，半成品的质量的好坏优劣直接决定着最终产成品的性能，所以要实施绿色物流还要从源头上加以控制。

绿色生产管理，绿色生产又包括绿色原材料的供应、绿色设计与制造以及绿色包装。

绿色运输管理，交通运输工具的大量能源消耗；运输过程中排放大量的有害气体，产生噪声污染；运输易燃、易爆、化学品等危险原材料或产品可能引起的爆炸、泄漏等事故。都会对环境造成很大的影响。因此构建企业绿色物流体系就显得至关重要。

绿色储存管理，储存在物流系统中起着缓冲、调节和平衡的作用，是物流的一个中心环节。储存的主要设施是仓库。现代化的仓库是促进绿色物流运转的物资集散中心。绿色仓储要求仓库布局合理，以节约运输成本。

绿色流通加工管理，流通加工是指在流通过程中继续对流通中商品进行生产性加工，以使其成为更加适合消费者的需求的最终产品。

绿色装卸管理，装卸是跨越运输和物流设施而进行的，发生在输送、储存、包装前后的商品取放活动。实施绿色装卸要求企业在装卸过程中进行正当装卸，避免商品体的损坏，从而避免资源浪费以及废弃物环境造成污染。另外，绿色装卸还要求企业消除无效搬运，提高搬运的活性，合理利用现代化机械，保持物流的均衡顺畅。

绿色物流实施策略主要有：树立绿色物流观念；推行绿色物流经营；开发绿色物流技术；制定绿色物流法规；加强对绿色物流人才的培养。

冷链物流泛指冷藏冷冻类食品在生产、贮藏运输、销售，到消费前的各个环节中始终处于规定的低温环境下，以保证食品质量，减少食品损耗的一项系统工程。它是随着科学技术的进步、制冷技术的发展而建立起来的，是以冷冻工艺学为基础、以制冷技术为手段的低温物流过程。

### 复习思考

1. 什么是绿色物流?
2. 如何进行绿色物流管理?
3. 什么是冷链物流,它的范围有哪些?
4. 我国冷链物流发展状况如何?

### 技能训练

试讨论绿色物流与可持续发展之间的关系。

## 参考文献

1. 张开涛，眭素芳.配送中心运营与管理.武汉：华中科技大学出版社，2010.
2. 李恒兴.采购管理.北京：北京理工大学出版社，2007.
3. 张铎，周建勤.电子商务物流管理.2版.北京:高等教育出版社，2006.
4. 邵建利.物流管理信息系统.上海:上海财经大学出版社，2009.
5. 阎子刚.物流信息技术.北京:高等教育出版社，2008.
6. 刘彦舫，褚建立.电子商务概论.北京:电子工业出版社，2009.
7. 赵一飞.现代物流基础.上海：华东师范大学出版社，2008.
8. 魏修建.电子商务物流管理.重庆：重庆大学出版社，2008.
9. 孙学琴，何民爱.物流中心运作管理.北京：机械工业出版社，2008.
10. 朱新民，林敏晖.物流采购管理.北京：机械工业出版社，2009.
11. 方庆琯，王转.现代物流设施与规划.北京：机械工业出版社，2009.
12. 朱伟生.物流成本管理.北京：机械工业出版社，2009.
13. 汝宜红，宋伯慧.配送管理.北京：机械工业出版社，2010.
14. 魏农建.物流营销与客户关系管理.2版.上海：上海财经大学出版社，2009.
15. 韦红革，何俊梅.物流管理概论.北京：机械工业出版社，2009.
16. 王耀球，施先亮.供应链管理.北京：机械工业出版社，2008.
17. 琚春华，蒋长兵，彭扬.现代物流信息系统.北京：科学出版社，2008.
18. 刘小卉.运输管理学.上海：复旦大学出版社，2008.
19. 姜春华.第三方物流.大连：东北财经大学出版社，2008.
20. 邬星根.仓储与配送管理.上海：复旦大学出版社，2008.
21. 毛禹忠.物流管理.北京：机械工业出版社，2009.
22. 张智清.运输与配送.北京：知识产权出版社，2008.
23. 刘丽华.包装设计.北京：中国青年出版社，2009.
24. 王效孟，徐长春.包装设计.北京：北京理工大学出版社，2009.
25. 郎茂祥.配送车辆优化调度模型与算法.北京：电子工业出版社，2009.
26. 钱芝网.配送管理实务情景实训.北京：电子工业出版社，2009.
27. 李斌成.配送作业实务.北京：化学工业出版社，2009.
28. 王转，程国全，张庆华.配送中心运营与管理.北京：中国电力出版社，2009.
29. 高洁，周鑫，王伟.第三方物流项目管理.上海：上海交通大学出版社，2009.
30. http://www.chinawuliu.com.cn/中国物流与采购联合会.
31. http://www.56888.net/全国物流信息网.
32. http://www.56885.net/物流天下.
33. http://www.ea56.com/易物流网.